annabac
SUJETS et CORRIGÉS 2020

Français 1re
générale

Djamila Belhouchat
Hélène Bernard
Sylvie Dauvin
Mathilde de Maistre
Sophie Saulnier
Swann Spies
Bérangère Touet

Achevé d'imprimer
Par Maury imprimeur à Malesherbes - France
Dépôt légal 05245-1/01 - Août 2019

ISSN 1168-3775 ISBN 978-2-401-05245-1

Hatier

COMPRENDRE LE NOUVEAU BAC Français

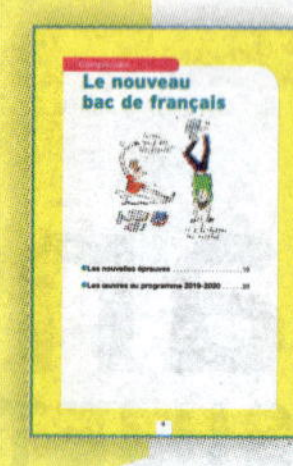

- **Infos** → pages 10 à 17
- **Conseils** → pages 18 à 19

M'ENTRAÎNER POUR L'ÉCRIT

■ Traiter des **sujets de dissertation** sur les œuvres et parcours étudiés en classe :
→ sujets marqués DISSERTATION dans le sommaire

■ Faire des **commentaires de texte**

- poèmes
→ sujets 1, 3, 5, 6
- textes de **littérature d'idées**
→ sujets 8, 10, 11, 13
- extraits de **roman**
→ sujets 15, 17, 18, 20
- scènes de **théâtre**
→ sujets 22, 24, 26

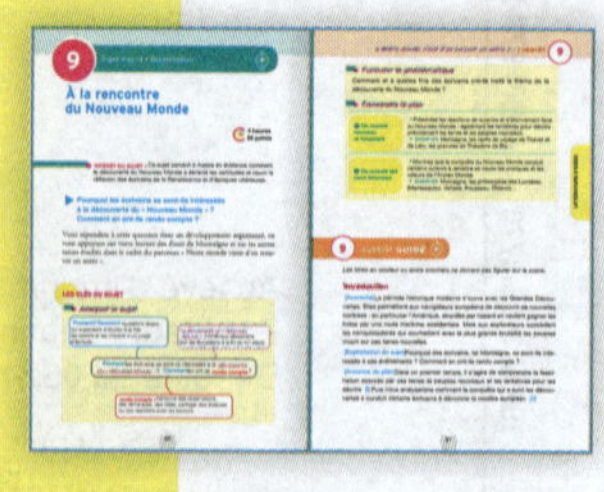

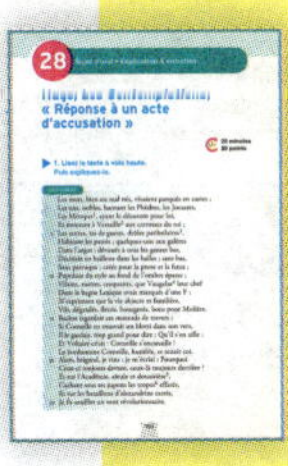

M'ENTRAÎNER POUR L'ORAL

Travailler sur des extraits des **œuvres étudiées**

- le recueil de **poésie**
  → sujets 28 à 33
- l'œuvre de **littérature d'idées**
  → sujets 34 à 39
- le **roman**
  → sujets 40 à 45
- la pièce de **théâtre**
  → sujets 46 à 50

ctif

CONSOLIDER MES CONNAISSANCES

- Les **œuvres au programme**
  → pages 20 à 27

Connectez-vous sur **annabac.com**
pour accéder **GRATUITEMENT**
à des ressources complémentaires

→ Rendez-vous dans la rubrique

J'ACCÈDE À MON OFFRE

SOMMAIRE

Organisez-vous pour mieux réussir !

- **Au fil de vos révisions, indiquez ce que vous avez fait sur ce sommaire.**

☐ À retravailler encore ☒ Désormais ok !

Comprendre le nouveau bac français

Préparer l'épreuve écrite : 27 sujets corrigés

Notez bien :
Corrigé guidé
Corrigé flash

Sujets classés par parcours

LA POÉSIE DU XIXE AU XXIE SIÈCLE

LA LITTÉRATURE D'IDÉES DU XVIE AU XVIIIE SIÈCLE

LE ROMAN ET LE RÉCIT DU MOYEN ÂGE AU XXIE SIÈCLE

LE THÉÂTRE DU XVIIE AU XXIE SIÈCLE

Préparer l'épreuve orale : 23 explications de texte

LES RECUEILS DE POÉSIE AU PROGRAMME

LES ŒUVRES DE LITTÉRATURE D'IDÉES AU PROGRAMME

LES ROMANS AU PROGRAMME

LES PIÈCES DE THÉÂTRE AU PROGRAMME

- Coordination éditoriale : Anaïs Goin, Grégoire Thorel et Luce Valli
- Édition : Christophe Hardy
- Graphisme : Dany Mourain
- Maquette : Hatier et Nadine Aymard
- Illustration : Juliette Baily
- Mise en page : STDI

Comprendre...

Le nouveau bac de français

1 En quoi consistent les épreuves du nouveau bac français ?

Le nouveau bac français est défini dans le Bulletin officiel no 17 du 25 avril 2019. Il fait référence à un programme d'œuvres renouvelé tous les ans (voir p. 20 à 27).

A En résumé

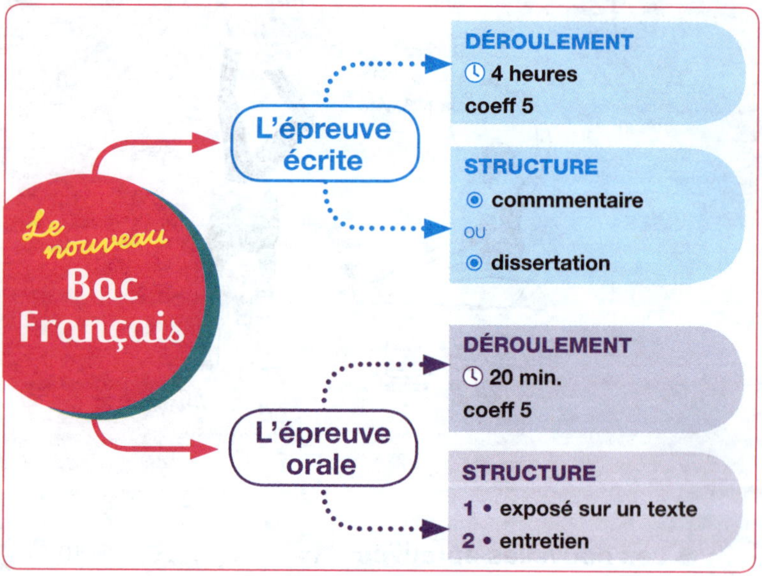

B L'épreuve écrite

1. Le commentaire

● Cet exercice porte sur un texte littéraire, en lien avec un des objets d'étude du programme de 1re.

● Vous devez composer un devoir qui présente de manière **organisée** ce que vous avez retenu de votre lecture, et justifier par des **analyses précises** votre **interprétation** et vos jugements personnels.

2. La dissertation

● Trois sujets de dissertation vous sont proposés : vous choisissez celui qui est **en rapport avec l'œuvre du programme** que vous avez étudiée.

- Cet exercice vous amène à conduire une réflexion personnelle organisée. Pour développer votre argumentation, vous devez vous appuyer sur votre connaissance de l'œuvre et sur les autres textes étudiés dans le cadre du parcours associé, ainsi que sur vos **lectures** et votre **culture personnelle.**

C L'épreuve orale

1. Le déroulement précis de l'épreuve

- Vous vous présentez à l'épreuve orale avec un descriptif des textes des œuvres que vous avez étudiés en classe.
- L'examinateur choisit un des extraits et vous indique, également, la question de grammaire à laquelle vous devez répondre et qui consiste à analyser la syntaxe d'une courte phrase ou d'une partie de phrase.
- Vous avez ensuite un temps de préparation de 30 minutes.

2. L'exposé sur un texte (12 min.)

- Commencez par **lire** l'extrait à voix haute, de manière **expressive**, après l'avoir situé brièvement dans l'œuvre ou le parcours associé.
- Proposez-en une **explication au fil du texte**. Illustrez vos idées par des citations prises dans l'extrait.
- Enfin, répondez à la **question de grammaire** de manière précise.

> REMARQUE **Cette première partie de l'épreuve est notée sur 12 points. L'entretien quant à lui est noté sur 8 points.**

3. L'entretien (8 min.)

- Ce second temps de l'épreuve est consacré à la présentation d'une œuvre que vous avez lue au cours de l'année en lecture cursive. L'examinateur ne revient pas sur la première partie de votre oral.
- Vous commencez par présenter brièvement cette œuvre et exposer les raisons de votre choix.
- L'entretien se poursuit par un échange avec l'examinateur : il s'agit alors de montrer vos capacités à dialoguer, à **étoffer** votre réflexion, à **défendre votre point de vue** en vous appuyant sur la connaissance de l'œuvre.

2 Réussir le commentaire littéraire

Le commentaire littéraire consiste à proposer une interprétation d'un texte de manière argumentée. Le texte proposé au bac relève de l'un des objets d'étude abordés pendant l'année, mais n'appartient pas à une œuvre au programme.

A Lire et comprendre le texte

- Lisez une première fois le **texte**, sans oublier le **paratexte** et les **notes** : cela vous permet d'établir la « carte d'identité » du texte.

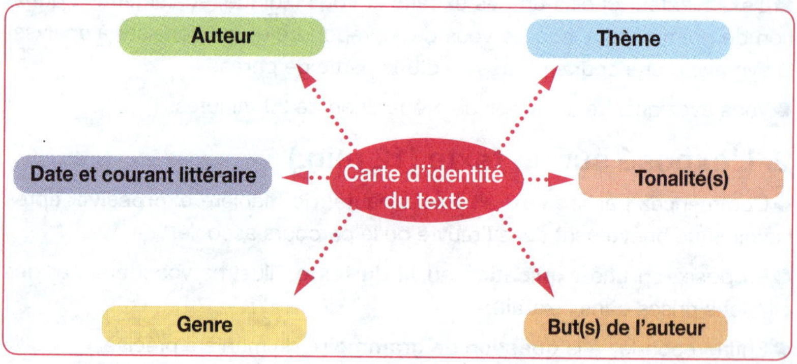

- Notez vos **impressions de lecture** : qu'avez-vous compris ? Quel effet le texte produit-il sur vous ?
- Relisez plusieurs fois le texte en l'annotant : identifiez sa **structure** et repérez les **procédés littéraires** qui vous semblent signifiants. Notez toutes vos remarques en vrac au brouillon.

B Organiser ses idées

- Essayez de résumer la spécificité du texte en une phrase afin de trouver votre **problématique** : quel est l'enjeu principal du texte ? Qu'est-ce qui le rend intéressant, selon vous ?
- Identifiez ensuite **deux ou trois pistes de réponse** (ou axes de lecture) qui structureront votre analyse. Attention, un procédé littéraire ne constitue pas un axe de lecture !

Une description réaliste

[Ce titre de partie constitue bien une piste d'interprétation du texte : vous allez montrer qu'il s'agit d'une description réaliste.]

Le champ lexical de la nature

[Il s'agit ici d'un simple procédé littéraire, qui n'a d'intérêt qu'au sein d'une analyse.]

- Classez les éléments relevés de manière à constituer des parties et des sous-parties équilibrées. Votre plan doit aller **du plus simple au plus complexe**.
- Chaque sous-partie doit comporter :

Des procédés littéraires ········➤ justifiés par **Une idée clé** ········➤ illustrée par **Des citations du texte**

C Rédiger le commentaire

- Rédigez d'abord votre **introduction** au brouillon. Elle doit comporter :

– une phrase d'amorce ;
– une courte présentation du texte (utilisez la carte d'identité élaborée) ;
– votre problématique, de préférence sous forme de question ;
– l'annonce de votre plan.

- Rédigez ensuite votre **développement** en suivant le plan établi au brouillon. Retenez que :

un paragraphe = une sous-partie

- Ménagez des transitions entre vos grandes parties.
- Rédigez enfin une **conclusion** qui synthétise votre démonstration et répond à la problématique. Vous pouvez terminer en ouvrant sur d'autres textes partageant les mêmes enjeux, mais évitez les ouvertures artificielles.

CONSEIL **Gardez au moins 10 minutes pour vous relire : la qualité de la langue fait partie des critères d'évaluation !**

L'ESSENTIEL

Bien gérer son temps le jour J !

Étapes	🕒
① Je choisis mon sujet.	10 min.
② Je travaille au brouillon (lecture et analyse du texte, élaboration de la problématique et du plan détaillé)	2 heures
③ Je rédige mon devoir au propre.	1 heure 30
④ Je me relis attentivement.	15 min.

3 Réussir la dissertation sur une œuvre

Le jour du bac, vous avez le choix entre trois sujets de dissertation sur un même objet d'étude, selon l'œuvre et le parcours que vous avez étudiés en classe. Vous devez montrer que vous en avez compris les principaux enjeux.

A Analyser le sujet et trouver des idées

- Le sujet se présente le plus souvent soit sous la forme d'une **question**, soit sous la forme d'une **citation** suivie d'une question. Une phrase de consigne délimite ensuite le champ de votre réflexion (l'œuvre seule ou l'ensemble des textes pouvant s'inscrire dans le parcours concerné).
- Lisez attentivement le sujet et identifiez les **mots clés**. Reformulez la citation et/ou la question de différentes manières pour vous **l'approprier** et en dégager les éventuels **présupposés**.

> MOT CLÉ **Un présupposé est un énoncé dont la validité est admise (souvent implicitement) dans le sujet : « Dans quelle mesure cette œuvre est-elle réaliste ? » présuppose que l'œuvre est réaliste par certains aspects.**

- Notez en vrac **toutes les idées et les questions** qui vous viennent à l'esprit : à ce stade, il n'y a pas de mauvaise idée.
- Listez au brouillon les œuvres et les textes que vous avez lus dans le cadre du parcours concerné : ils pourront vous fournir de précieux exemples. Quel éclairage apportent-ils sur le sujet ?

B Construire le plan

- La formulation du sujet peut vous indiquer le type de plan à privilégier.
  - Si le sujet vous invite à **discuter** une affirmation, choisissez un **plan dialectique** : vous devez d'abord expliciter l'affirmation (I), puis la nuancer, (II) avant de la reformuler pour dépasser la contradiction (III).
  - Si le sujet vous demande de **prouver** la validité d'une thèse, privilégiez le **plan thématique** : présentez successivement différents arguments en faveur de la thèse proposée.
- Reprenez vos notes et organisez vos idées : vous devez avoir, pour chaque partie, au moins deux **arguments**, illustrés par un ou plusieurs **exemples** chacun. Chaque argument correspond à une sous-partie.
- Vous devez mettre vos connaissances **au service de votre argumentation** : il ne s'agit pas de « recaser » des citations ou des éléments d'analyse appris par cœur, mais de sélectionner les exemples les plus pertinents et de montrer comment ils illustrent votre idée.

C Rédiger la dissertation

- Rédigez d'abord votre **introduction** au brouillon. Elle doit comporter :
– une phrase d'amorce ;
– la citation qui sert de support au sujet (le cas échéant) ;
– une reformulation de la problématique ;
– l'annonce de votre plan.

- Rédigez ensuite votre **développement** en suivant le plan établi au brouillon (une sous-partie = un paragraphe).

> CONSEIL **Ménagez des transitions entre vos grandes parties et utilisez des connecteurs logiques pour aider le correcteur à comprendre la logique de votre argumentation.**

- Rédigez enfin une **conclusion** qui synthétise votre point de vue et répond à la problématique posée par le sujet. Vous pouvez terminer en élargissant le débat (autre époque, autres arts…)

- **Relisez** attentivement l'ensemble de votre devoir : que vous soyez à l'aise ou non en orthographe, on fait souvent des fautes lorsque l'on est pris dans le fil d'une réflexion. L'important est de réussir à les corriger !

L'ESSENTIEL

Choisir un plan adapté

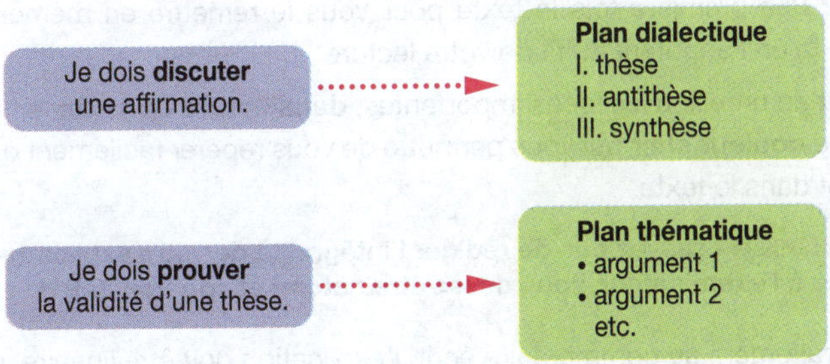

4 Réussir l'épreuve orale

L'épreuve orale dure 20 minutes et vous disposez de 30 minutes de préparation. Vous êtes évalué(e) tant sur vos connaissances que sur votre capacité à vous exprimer à l'oral.

A Comprendre l'épreuve

- L'épreuve orale se déroule comme suit :

1re partie : exposé 12 min. • 12 points
• lecture du texte • explication linéaire • question de grammaire
2e partie : entretien 8 min. • 8 points
• présentation d'une œuvre intégrale • échange avec l'examinateur

B Bien gérer le temps de préparation

1. Préparer l'explication

- Commencez par **délimiter le passage à expliquer** : il ne correspond pas forcément à la totalité de l'extrait étudié en classe.
- **Lisez** une première fois le texte pour vous le remettre en mémoire, puis **relisez-le** en l'annotant au fil de votre lecture.
- Notez au brouillon les idées importantes, **dans l'ordre du texte**, en utilisant **un code couleur clair** qui vous permette de vous repérer facilement dans vos notes et dans le texte.

> CONSEIL **N'essayez pas de rédiger l'intégralité de votre explication : face à l'examinateur, vous devez être naturel et spontané(e).**

- Contrairement au commentaire écrit, l'explication doit être linéaire, c'est-à-dire **suivre le fil du texte**. Vous pouvez la structurer en reprenant les mouvements du texte, mais il ne s'agit pas de construire un plan autour d'axes de lecture.

2. Garder du temps pour les autres parties de l'oral

- Prévoyez environ 5 minutes pour répondre à la question de grammaire, et 5 minutes pour préparer la 2e partie de l'oral, en notant les idées clés de votre présentation.

C Réussir la première partie de l'oral

● Présentez brièvement le texte (auteur, œuvre, époque, parcours dans lequel il s'inscrit), puis **lisez-le** à haute voix.

> CONSEIL **Soignez la lecture : ne parlez pas trop vite, faites les liaisons et utilisez une intonation adaptée.**

● Expliquez ensuite le texte **sans le paraphraser** : il ne s'agit pas de reformuler le propos de l'auteur, mais de proposer une interprétation du texte. Vous devez donc toujours **analyser** les procédés que vous relevez.

● **Concluez** votre explication en synthétisant vos observations : quels sont les principaux enjeux du texte ? Ouvrez éventuellement en évoquant d'autres textes du parcours.

● Répondez enfin à la question de grammaire :
- **citez** la phrase ou le passage concerné ;
- **décrivez**-en la structure en utilisant un vocabulaire adapté.

D Réussir la deuxième partie de l'oral

● Dans un premier temps, l'examinateur vous invite à présenter l'œuvre que vous avez choisie. Soyez **concis mais efficaces** :
- résumez brièvement l'œuvre et ses principaux enjeux ;
- expliquez pourquoi vous avez choisi de la présenter.

● L'examinateur prendra appui sur votre présentation pour vous poser des questions. C'est surtout votre **aptitude à dialoguer** qui est évaluée : efforcez-vous de développer vos réponses et de réagir aux propositions de l'examinateur.

L'ESSENTIEL

Quelques conseils pour être à l'aise à l'oral

Pendant l'année	Le jour J
• Prendre la parole en public dès que possible. • Repérer les tics de langage et les gestes nerveux et s'entraîner à les éliminer.	• Prendre le temps de s'installer confortablement. • Ne pas parler trop vite ni trop bas. • Respirer profondément.

5 Préparer le bac français *sans stress*

SE MAINTENIR EN FORME

- Mangez **sainement** pour vous sentir bien.
Le jour de l'épreuve, ne partez pas le ventre vide.
- Faites de bonnes nuits, **sans téléphone portable** !

les 5 conseils clés

RESTER ZEN

- Alternez les séances de révision avec **d'autres activités**.
Pensez à bouger.
- Si vous êtes stressé la veille des épreuves, faites des **exercices de respiration.**

TRAVAILLER SA MÉMOIRE

C'est en répétant que l'on apprend !
Tout au long de l'année, mettez **votre cours en fiches**.
Relisez-les pour les contrôles et en vue du bac.

BIEN ABORDER L'ÉPREUVE ÉCRITE

- **Lisez sérieusement** les œuvres au programme.
- Dans la dernière ligne droite, **mettez-vous en condition** et travaillez sur des commentaires et des sujets de contraction-essai, en temps limité.

eils

SE PRÉPARER À L'ORAL

Dans les semaines qui précèdent l'épreuve, **demandez à un(e) ami(e) de vous faire passer un oral blanc**, puis faites le point sur ce qui peut être amélioré (posture, voix, contenu).

6 Les recueils de poésie au programme 2019-2020

A Hugo, *Les Contemplations*, I à IV (1856)

1. L'œuvre : fiche d'identité

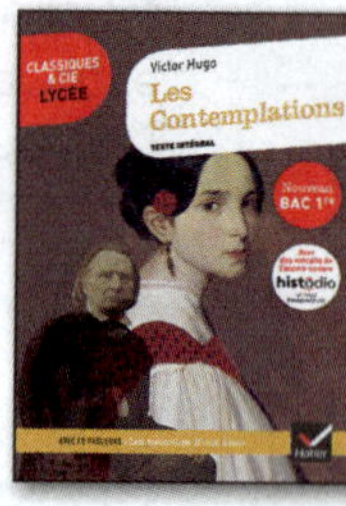

- **genre :** poésie
- **mouvement :** romantisme
- **structure :** deux volumes *Autrefois* et *Aujourd'hui*, composés chacun de trois livres
- **thèmes :** la jeunesse, l'amour, la misère du monde, le deuil, la nature, le poète et la poésie, la vie simple

2. Le parcours • « Les Mémoires d'une âme »

- Le choix de la poésie transforme l'écriture autobiographique et lui donne un caractère éclaté et discontinu.
- Le « je » autobiographique cohabite avec un « je » lyrique, qui, selon Hugo, dépasse sa propre individualité et dans lequel tout lecteur peut se reconnaître.

3. Des pistes de lectures complémentaires

- Baudelaire, *Mon cœur mis à nu* (1864)
- Rimbaud, *Lettre à Izambard* (1871)

> CITATION **« Ce livre contient, nous le répétons, autant l'individualité du lecteur que celle de l'auteur ». *Homo sum*. Hugo, *Les Contemplations* (préface)**

B Baudelaire, *Les Fleurs du mal* (1857)

1. L'œuvre : fiche d'identité

- **genre :** poésie
- **mouvement :** romantisme, symbolisme
- **structure :** six sections
- **thèmes :** le spleen, l'idéal, la beauté, la mort, le temps, les villes, les femmes, le vin, le voyage, la révolte, la débauche

2. Le parcours • Alchimie poétique : la boue et l'or

- Toute poésie, par ses contraintes formelles, sa forme brève, opère une transformation du réel.
- Transformer la boue en or, ce n'est pas mettre un vernis doré sur la boue pour la rendre plus acceptable, c'est chercher le choc des contraires, c'est la violence de l'oxymore.

3. Des pistes de lectures complémentaires

- Lautréamont, *Les Chants de Maldoror* (1868)
- Rimbaud, *Une saison en enfer* (1873)

> CITATION **« Car j'ai de chaque chose extrait la quintessence,**
> **Tu m'as donné ta boue et j'en ai fait de l'or ».**
>
> **Baudelaire, *Les Fleurs du mal*.**

C Apollinaire, *Alcools* (1913)

1. L'œuvre : fiche d'identité

- **genre :** poésie
- **mouvement :** « l'esprit nouveau »
- **structure :** système d'échos thématiques, alternance de poèmes longs et de poèmes courts
- **thèmes :** la fuite du temps, l'amour (malheureux), l'automne, la ville industrielle, la modernité, la religion, les exilés, la mythologie et les légendes

2. Le parcours • Modernité poétique ?

- La modernité ne signifie pas le refus total d'une poésie ancienne, considérée comme dépassée. Au contraire, il s'agit d'un mariage subtil entre passé et présent.
- La modernité consiste aussi dans l'expression d'un « je » à la recherche d'un nouveau lyrisme.

3. Des pistes de lectures complémentaires

- Fernand Léger, *Fonction de la peinture* (1914)
- Blaise Cendrars, *Poèmes élastiques* (1919)

> CITATION
> **« Tu lis les prospectus les catalogues les affiches qui chantent tout haut**
> **Voilà la poésie ce matin. »**
>
> **Apollinaire, *Alcools*, « Zone ».**

7 Les œuvres de littérature d'idées au programme 2019-2020

A Montaigne, *Essais*, I, 31 et III, 6 (1580-1588)

1. L'œuvre : fiche d'identité

- **genre :** littérature d'idées, essai
- **mouvement :** humanisme
- **thème :** l'altérité
- **tonalité(s) :** didactique, polémique
- **but(s) :** convaincre, persuader sur la question indienne

2. Le parcours • « Notre monde vient d'en trouver un autre »

- La découverte du Nouveau Monde suscite une curiosité et une réflexion des humanistes européens sur la notion de civilisation et sur leur propre société.
- En faisant l'éloge des peuples prétendus « barbares », Montaigne inaugure le mythe du bon sauvage qui sera repris deux siècles plus tard par les Lumières.

3. Des pistes de lectures complémentaires

- *Histoire d'un voyage fait en la terre du Brésil*, Jean de Léry (1578)
- *Tristes tropiques*, Claude Lévi-Strauss (1955)

> CITATION **« Je trouve qu'il n'y a rien de barbare et de sauvage en cette nation, à ce qu'on m'en a rapporté ; sinon que chacun appelle barbarie ce qui n'est pas de son usage. »**
>
> **Montaigne, *Essais*, « Des Cannibales » (I, 31)**

B La Fontaine, *Fables*, livres VII à XI (1678-1679)

1. L'œuvre : fiche d'identité

- **genre :** littérature d'idées, fable
- **mouvement :** classicisme
- **thème :** l'étude des mœurs
- **tonalité(s) :** didactique, dramatique, comique
- **but(s) :** plaire et instruire

2. Le parcours • Imagination et pensée au XVIIe siècle

- La classicisme se caractérise notamment par une volonté de « plaire et instruire » : la fiction se met au service de la morale, dans des genres divers, pour servir ce double objectif.
- Alliant imagination et pensée, La Fontaine réinvente le genre antique de l'apologue et « se ser[t] d'animaux pour instruire les hommes ».

3. Des pistes de lectures complémentaires

- *Discours de la méthode*, Descartes (1637)
- *Maximes et réflexions diverses*, La Rochefoucauld (1665)

> **CITATION** **« Si Peau d'âne m'était conté,
> J'y prendrais un plaisir extrême,
> Le monde est vieux, dit-on : je le crois, cependant
> Il le faut amuser encore comme un enfant. »**
>
> **La Fontaine, *Fables*, « Le pouvoir des fables » (VIII, 4)**

C Montesquieu, *Lettres persanes* (1721)

1. L'œuvre : fiche d'identité

- **genre :** littérature d'idées, roman épistolaire
- **mouvement :** Lumières
- **thème :** la satire de la société française
- **tonalité(s) :** comique, dramatique, polémique
- **but(s) :** critiquer

2. Le parcours • Le regard éloigné

- Adopter le point de vue d'un « autre » fictif permet de mettre à distance ce que l'on décrit, de manière souvent ironique.
- Le lecteur est ainsi amené à interroger ses préjugés et à remettre en question sa vision du monde et ses préjugés.

3. Des pistes de lectures complémentaires

- *L'Ingénu*, Voltaire (1767)
- *Le Regard éloigné*, Claude Lévi-Strauss (1983)

> **CITATION** **« Si quelqu'un par hasard apprenait à la compagnie que j'étais persan j'entendais aussitôt autour de moi un bourdonnement : Ah ! ah ! monsieur est persan ? C'est une chose bien extraordinaire ! Comment peut-on être persan ? »**
>
> **Montesquieu, *Lettres persanes*, Lettre XXX**

8 Les romans au programme 2019-2020

A Mme de Lafayette, *La Princesse de Clèves* (1678)

1. L'œuvre : fiche d'identité

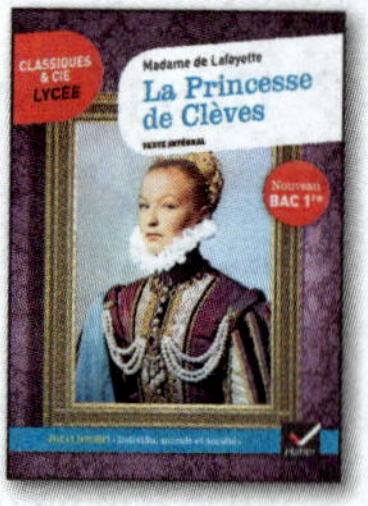

- **genre :** nouvelle historique
- **mouvement :** classicisme
- **thème :** les tourments amoureux
- **tonalité(s) :** lyrique, pathétique, didactique
- **but(s) :** décrire le fonctionnement de l'amour, étudier la lutte entre vertu et passion

2. Le parcours • Individu, morale et société

- L'intrigue s'inscrit dans l'univers mondain de la cour royale : lieu de tous les raffinements, c'est aussi le lieu de l'hypocrisie et de la dissimulation.
- Le récit analyse avec précision les sentiments amoureux : il donne à voir l'intériorité des personnages et la difficulté de leurs choix moraux face à une société étouffante.

3. Des pistes de lectures complémentaires

- *La Princesse de Montpensier*, Madame de Lafayette (1662)
- *Madame Bovary*, Flaubert (1857)
- *Thérèse Desqueyroux*, Mauriac (1927)

> CITATION **« Les passions peuvent me conduire ; elles ne sauraient m'aveugler. »**
>
> **Madame de Lafayette, *La Princesse de Clèves* (Partie IV)**

B Stendhal, *Le Rouge et le Noir* (1830)

1. L'œuvre : fiche d'identité

- **genre :** roman d'initiation
- **mouvement :** entre romantisme et réalisme
- **thème :** l'ascension et la chute de Julien Sorel sous la Restauration
- **tonalité(s) :** volontiers ironique
- **but(s) :** décrire avec férocité la société de l'époque

2. Le parcours • Le personnage, esthétiques et valeurs

- Le roman saisit la société dans sa vérité : il ne recule pas devant l'évocation de ses bassesses.
- Le roman raconte une initiation : le parcours d'un personnage qui cherche à tirer profit de la société pour s'accomplir.

3. Des pistes de lectures complémentaires

- *La Chartreuse de Parme*, Stendhal (1839)
- *Le Père Goriot*, Balzac (1842)
- *Bel-Ami*, Maupassant (1885)

> CITATION **« Grand Dieu ! Pourquoi suis-je moi ? »**
> **Stendhal, *Le Rouge et le Noir* (II, 28)**

C Yourcenar, *Mémoires d'Hadrien* (1951)

1. L'œuvre : fiche d'identité

- **genre :** roman historique, mémoires fictifs
- **mouvement :** tradition romanesque classique, humanisme moderne
- **thème :** le récit de la vie de l'empereur Hadrien
- **tonalité(s) :** grave et sérieuse, parfois lyrique
- **but(s) :** montrer la complexité d'une âme, méditer sur la vie et la mort

2. Le parcours • Soi-même comme un autre

- Un personnage peut se raconter soi-même : Hadrien fait part de ses sentiments et de ses réflexions à travers un témoignage historique.
- Il est difficile de trouver une vérité sur soi-même : l'homme est un être complexe et difficilement saisissable.

3. Des pistes de lectures complémentaires

- *Manon Lescaut*, Prévost (1731)
- *La Vie de Marianne*, Marivaux (1731-1741)
- *La mort est mon métier*, Robert Merle (1952)

> CITATION **« J'emploie ce que j'ai d'intelligence à voir de loin et de plus haut ma vie, qui devient alors la vie d'un autre. *Mémoires d'Hadrien* »**
> **Yourcenar, *Mémoires d'Hadrien*, « Animula vagula blandula »**

9 Les pièces de théâtre au programme 2019-2020

A Racine, *Phèdre* (1677)

1. L'œuvre : fiche d'identité

- **genre :** tragédie
- **mouvement :** classicisme
- **thème :** l'amour coupable de Phèdre pour son beau-fils, Hippolyte
- **tonalité(s) :** tragique, pathétique
- **but(s) :** inspirer la pitié et la terreur

2. Le parcours • Passion et tragédie

- La passion, source de conflits, est frappée du sceau de l'interdit : elle ne peut être assouvie.
- Les personnages ne peuvent échapper à une passion qui n'apporte que souffrance et précipite leur perte.

3. Des pistes de lectures complémentaires

- *Le Cid,* Corneille (1637)
- *Andromaque,* Racine (1667)
- *Bérénice,* Racine (1670)

> **CITATION « Je le vis, je rougis, je pâlis à sa vue ;**
> **Un trouble s'éleva dans mon âme éperdue. »**
>
> **Racine, *Phèdre* (I, 3)**

B Beaumarchais, *Le Mariage de Figaro* (1784)

1. L'œuvre : fiche d'identité

- **genre :** comédie sociale
- **mouvement :** Lumières
- **thème :** les stratagèmes de Figaro pour épouser Suzanne
- **tonalité(s) :** satirique, comique et entraînante
- **but(s) :** éblouir le spectateur par l'invention de Figaro ; dénoncer les abus de l'aristocratie

2. Le parcours • La comédie du valet

- Le personnage de valet est source de comique : par contraste avec son maître, il étonne le spectateur par sa ruse ou son audace.
- Le personnage de valet peut gagner en importance au sein de la comédie : il devient l'enjeu d'une réflexion sur les inégalités sociales.

3. Des pistes de lectures complémentaires

- *Les Fourberies de Scapin*, Molière (1671)
- *Le Jeu de l'amour et du hasard*, Marivaux (1730)
- *Le Barbier de Séville*, Beaumarchais (1778)

> CITATION **« Parce que vous êtes un grand seigneur, vous vous croyez un grand génie !... noblesse, fortune, un rang, des places ; tout cela rend si fier ! Qu'avez-vous fait pour tant de biens ? Vous vous êtes donné la peine de naître, et rien de plus [...]. »**
>
> **Beaumarchais, *Le Mariage de Figaro* (V, 3)**

C Beckett, *Oh les beaux jours* (1963)

1. L'œuvre : fiche d'identité

- **genre :** théâtre
- **mouvement :** théâtre de l'absurde
- **thème :** le quotidien morne et décalé de Winnie et de Willie
- **tonalité(s) :** comique grinçant, tragique renouvelé
- **but(s) :** représenter la condition humaine de manière saisissante

2. Le parcours • Un théâtre de la condition humaine

- L'homme est renvoyé à sa solitude : le langage ne sert plus qu'à se prolonger par les mots.
- Le corps, vieillissant et gesticulant, révèle la tragédie de l'existence humaine.

3. Des pistes de lectures complémentaires

- *Huis clos*, Sartre (1944)
- *En attendant Godot*, Beckett (1953)
- *Fin de partie*, Beckett (1957)
- *Rhinocéros*, Ionesco (1960)

> CITATION **« Rien n'est plus drôle que le malheur. »**
>
> **Beckett, *Fin de partie***

Préparer l'épreuve écrite

27 sujets corrigés

1 Sujet d'écrit • Commentaire

Lamartine, *Œuvre posthume*, « Les Voiles »

4 heures
20 points

INTÉRÊT DU SUJET • Dans ce poème construit sur la métaphore qui assimile la vie à un voyage, Lamartine réussit à renouveler ce lieu commun et à écrire une page autobiographique originale.

Commentez ce texte d'Alphonse de Lamartine, extrait d'*Œuvre posthume*.

DOCUMENT

Lamartine, amateur de voyages, part en 1844 à Ischia, une île au large de Naples. La contemplation de la mer éveille en lui une méditation sur sa vie, alors assombrie par des soucis financiers, et lui inspire simultanément des œuvres autobiographiques en prose (Les Confidences), *mais aussi des poèmes marqués par ses déceptions.*

Quand j'étais jeune et fier et que j'ouvrais mes ailes,
Les ailes de mon âme à tous les vents des mers,
Les voiles emportaient ma pensée avec elles,
Et mes rêves flottaient sur tous les flots amers.

Je voyais dans ce vague où l'horizon se noie
Surgir tout verdoyants de pampre[1] et de jasmin
Des continents de vie et des îles de joie
Où la gloire et l'amour m'appelaient de la main.

J'enviais chaque nef[2] qui blanchissait l'écume,
Heureuse d'aspirer au rivage inconnu,
Et maintenant, assis au bord du cap qui fume,
J'ai traversé ces flots et j'en suis revenu.

Et j'aime encor ces mers autrefois tant aimées,
Non plus comme le champ de mes rêves chéris,
Mais comme un champ de mort où mes ailes semées
De moi-même partout me montrent les débris.

Cet écueil me brisa, ce bord surgit funeste,
Ma fortune[3] sombra dans ce calme trompeur ;
La foudre ici sur moi tomba de l'arc céleste
Et chacun de ces flots roule un peu de mon cœur.

Ischia[4], 1844, septembre.

Alphonse de Lamartine, *Œuvre posthume*, « Les Voiles », 1873.

1. Pampre : branche, rameau de vigne portant des feuilles et des grappes de raisin.
2. Nef (nom féminin) : navire.
3. Ma fortune : mon destin, mon sort, ma vie.
4. Ischia : île de la baie de Naples.

LES CLÉS DU SUJET

Définir le texte

Carte d'identité du texte

- **Époque** : 2e moitié du XIXe siècle
- **Mouvement** : romantisme

- **Genre** : poème en vers réguliers
- **Type de texte** : narratif, descriptif

But : exprimer son état d'âme, donner une image de la vie

Thèmes : le voyage en mer, les états d'âme du poète

- **Tonalités** : lyrique, élégiaque, épique
- **Autres adjectifs** : pictural, allégorique

Construire le plan

1 Un poème tableau	• À partir de la structure du poème, analysez les paysages marins (ou « marines ») que peint le poète. • Comparez-les et dites précisément en quoi ils s'opposent. • Montrez la dimension épique de la description.
2 Un paysage mental exprimant la mélancolie romantique	• En quoi ces tableaux sont-ils en résonance avec l'univers mental de Lamartine ? • Analyser les registres du poème. Quelle progression de ton marque le poème ? • Quelle image de Lamartine se dessine ?
3 Le voyage, allégorie de la vie	• Quelle interprétation symbolique, allégorique du voyage suggère Lamartine ? • Quelle conception de la vie révèle cette allégorie ? • Quel regard Lamartine jette-t-il sur sa destinée ?

1 CORRIGÉ GUIDÉ

Les titres en couleur ou entre crochets ne doivent pas figurer sur la copie.

Introduction

[Présentation du contexte] Le thème du voyage, source d'exotisme, a toujours inspiré les artistes, notamment les écrivains : générateur de beaux « tableaux », il prend aussi chez les poètes de multiples valeurs symboliques Les romantiques l'ont exploité pour son pouvoir évocateur, en l'associant au thème du temps, cher à Lamartine.

[Présentation du texte et annonce du plan] Dans « Les Voiles », le poète romantique évoque des voyages maritimes à travers deux « marines » [I], qui reflètent son paysage mental [II] ; ces voyages sont à l'image de sa vie, sur laquelle il jette un regard rétrospectif, et du destin humain sur lequel il médite [III].

I. Un poème tableau

▶ Le secret de fabrication

Cette partie souligne l'aspect très pictural du poème : elle analyse le contraste entre les deux tableaux de mer et les notations sensorielles qui les accompagnent.

Lamartine déploie devant les yeux du lecteur deux « marines », peintures de la mer qui représentent des navires tantôt en haute mer tantôt rentrés au port. Les deux tableaux, composés lors d'un séjour sur une île italienne « Ischia », forment un diptyque contrasté : le vers 11 marque la transition de l'un à l'autre par la liaison « et maintenant » qui oppose passé et présent.

1. Deux « marines »

• Le poème se déroule comme deux voyages et mentionne de nombreux éléments liés à la navigation. Le titre « Les voiles » fonctionne comme une métonymie de la « nef », dont on discerne à la fin du poème les « débris ».

• Le champ lexical de la navigation, omniprésent, évoque notamment les déplacements du bateau, qui a « traversé » les « flots », qu'un « [écueil] brisa » et qui « sombra ». Tout est en mouvement : les ailes ouvertes du poète-bateau l'emportent, le bord surgit, la foudre tombe, chaque flot « roule »…

• Ces déplacements font voyager le lecteur à travers des paysages divers et s'ouvrent sur des perspectives multiples : les « flots » et leur « calme trompeur », mais aussi « l'horizon », « des continents », des « îles », un « rivage inconnu », un « cap », un « écueil », « l'arc céleste » qui s'ouvre à l'infini.

• Les deux voyages qu'opposent les circonstances temporelles (« autrefois », « maintenant ») n'ont pas la même atmosphère : le premier ressemble aux aventures pleines de « rêves », de « joie », de surprises et de découvertes (« je voyais surgir », « rivage inconnu ») ; le second est une scène de naufrage (« débris », « brisa », « sombra »).

2. Tous les sens sollicités

• Ces marines abondent en notations visuelles : elles dessinent les formes harmonieuses des voiles gonflées par le vent, celles plus escarpées et dures du « cap » et de « l'écueil » ; elles se colorent du « pampre » et du « jasmin » « verdoyants », de la blancheur de « l'écume », des éclairs de la « foudre ».

• Mais les autres sens sont aussi sollicités : l'odorat par la mention du « jasmin » et du cap qui « fume », l'ouïe par l'évocation des « vents », de la foudre qui suggère le tonnerre. Les notations auditives sont accentuées par des jeux sur les sonorités : légères dans les deux premières strophes (le son [è] se combine à la douceur des consonnes (« j », « m » et « l ») : « jeune, *é*tais, fi*er*, ouvr*ais*, *m*es *a*iles, mo*n* âme, me*rs* »...), les sonorités se durcissent dans la dernière strophe (« c/k, p, b » et la sonore « r »).

3. La dimension épique

• L'implication des quatre éléments naturels fait de ces voyages une aventure épique : « les mers » (au pluriel pour en amplifier l'immensité) figurent l'eau, les « vents » l'air, la « foudre » le feu et le « cap » la terre.

• Lamartine ne fait-il pas penser à Ulysse qui, lui aussi, a dû faire face aux « flots amers », au « calme trompeur », a connu le paradis « verdoyants » avec Circé, a vu son navire en « débris », a dû essuyer la « foudre » avant de rentrer chez lui ?

II. Un paysage mental, exprimant la mélancolie romantique

> ▶ **Le secret de fabrication**
>
> Cette partie montre comment le bateau est assimilé au poète et les étapes du voyage, aux différentes étapes de sa vie ; elle analyse le passage du lyrisme à l'élégie.

La confrontation entre le passé et le présent du poète donne à ces voyages une valeur métaphorique : ils peignent, sur un ton à la fois lyrique et élégiaque, la mélancolie romantique.

1. Le motif du poète bateau

Les indices personnels qui parsèment le poème, le « je » qui ouvre le poème et presque toutes les strophes, le vocabulaire affectif (« j'enviais », « j'aime »...), la métonymie « mon cœur », indiquent la forte implication affective de Lamartine. Et par le biais du mot « ailes » qui amène le mot « voiles », le poète devient bateau lui-même ; c'est lui qui est « bris[é] ». S'esquisse alors un double portrait, en écho au double voyage.

2. Du lyrisme...

Le premier portrait, empreint de lyrisme, dessine un être fougueux parce que « jeune », plein de « rêves ». Il multiplie le vocabulaire positif : « verdoyants » (le vert étant symbolique de jeunesse), « joie », « gloire », « amour », « heureuse »... Il est peuplé d'allégories gracieuses et généreuses au geste symbolique d'amitié : « la gloire et l'amour appelaient [le poète] de la main ».

3. …à l'élégie

• Le second portrait, en demi-teinte, a le ton de l'élégie. Les couleurs ont disparu, l'immobilité a gagné : le poète est « assis », songeur, « au bord du cap » comme Le voyageur contemplant une mer de nuages du peintre Caspar David Friedrich (1817). Les mots de la souffrance et des désillusions envahissent le poème, qui semble une déploration funèbre, un « thrène » à l'antique : « champ de mort », « débris », « brisa », « funeste ». L'alexandrin se fait plus lent et s'allonge parfois par un enjambement qui entraîne avec lui la totalité du vers suivant (v. 15-16, 19-20). La valeur symbolique de la « fumée » – les souvenirs – souligne la mélancolie de cette lamentation.

CONSEIL
Si vous connaissez des œuvres (peinture, sculpture, photos…) en rapport avec le texte, mentionnez-les.

• Le poète tout entier est pris dans ce parcours méditatif : corps (« mes ailes »), sens (« je voyais »), cœur (« j'aime »), « pensée » mais aussi « âme ». Le voyage est physique, affectif, intellectuel, moral et philosophique à la fois.

III. Le voyage, allégorie de la vie

▶ Le secret de fabrication
Cette partie montre comment le poème s'ouvre sur une réflexion plus générale sur la vie, la mort et la condition humaine.

Comme dans « Le Lac » (1820) qui évoque aussi des « rivages », « l'océan des âges » et un appel à « jeter l'ancre », Lamartine, par le mot « âme » dès le vers 2, invite à discerner dans « les voiles » la valeur symbolique d'une allégorie : ce voyage-là est celui de la vie.

1. Une structure symbolique

• La structure du poème parfaitement symétrique – ascendant jusqu'au vers 10, descendant à partir du vers 11 qui lui sert de pivot – invite à cette interprétation. De longueur égale, les deux parties qui figurent la jeunesse d'abord, puis, après une brusque rupture, la vieillesse, aboutissent à la mort et se répondent en un réseau d'échos en opposition : « ma fortune sombra » répond à « mes rêves flottaient » et « le champ de mort » au « champ de mes rêves ». Le poème suit la courbe de la vie.

• Chaque mot prend alors un sens figuré qui redonne à des clichés une vie nouvelle : on parle bien des « écueil(s) » de la vie, de « cap » dans la vie, d'une vie « amère » qui coule… (« flots amers »). L'expression « j'en suis revenu » a sans doute un double sens, propre et figuré (= je suis désabusé). On comprend alors les expressions étranges alliant deux mots, l'un de sens concret, l'autre abstrait : « continents de la vie », « îles de joie », « flots amers ».

2. La présence implicite du destin

• Le jeu des temps annonçait dès le début cette évolution et cette méditation sur le destin : des vers 1 à 10, l'imparfait joue son rôle de « temps cruel qui nous présente » « la vie comme quelque chose d'éphémère » (Proust).

• Il est douloureusement souligné par les adverbes « maintenant », « autrefois » et « encor » – tous au milieu du poème – et relayé par le présent, celui de l'écriture du poème qui sera celui du reste de la vie.

3. Un bilan fataliste et attendri

Et c'est bien une méditation, un retour sur soi que propose Lamartine.

• Des événements passés, relatés au passé simple définitivement irrémédiable (« brisa » « tomba »), il tire au présent (celui de l'écriture) mais aussi au passé composé les conséquences de ce qui, bien que passé (signifié par le participe passé) a des répercussions sur son présent (contenu dans l'auxiliaire au présent) : « j'ai traversé », « j'en suis revenu ». Il figure par là tout ce que chaque être au cours de sa vie contient de changement mais aussi de permanence (« j'aime encor ») : les « rêves » ont subsisté.

• Quelle est la teneur de ce bilan ? À l'âge mûr, devenu spectateur de sa vie (il n'est plus, dans la strophe ultime, sujet des verbes mais complément : « *me* brisa »), il ne peut rien contre la fuite du temps qui consacre la défaite de l'homme : tous les temps verbaux sont utilisés, sauf le futur, mais le champ lexical de la mort suffit à l'évoquer (« funeste, champ de mort »).

• Faut-il pour autant sombrer dans le désespoir ? Lamartine, même s'il exprime ses regrets devant ce « naufrage », semble plutôt conseiller la lucidité attristée, une soumission sans révolte (que faire contre les « flots qui roule[nt] un peu de [son] cœur » ?). Mais, symboliquement assis en retrait sur le « cap » et surplombant l'horizon, il teinte ce fatalisme d'un regard bienveillant et indulgent, presque amusé, pour le jeune homme qu'il était et pour ses « rêves » (« j'aime encor »). Il ne renie pas son « beau voyage » qui l'a rendu « heureux » mais, instruit par l'expérience, il s'apprête à accepter son sort avec sa poésie chargée de garder les traces nostalgiques de ses souvenirs.

Conclusion

[Synthèse] Le poème s'appuie sur deux tableaux en contraste pour rendre compte d'un état d'âme et figurer l'écoulement de la vie. Le ton des « Voiles » est fortement marqué par le contexte – le romantisme – et la sensibilité passionnée de Lamartine. [Ouverture] Mais, comme d'autres poètes avant lui – on songe à certains poèmes de Du Bellay – il assigne à sa poésie la fonction de préserver, métamorphosée et pérennisée par la beauté d'une forme, l'image de la vie passée.

Le « je » lyrique : un « je » autobiographique ?

4 heures
20 points

INTÉRÊT DU SUJET • Que dit un poète de lui-même dans ses poèmes ? Le sujet invite à confronter deux genres : l'autobiographie et la poésie.

La poésie romantique se caractérise par la forte présence du « je ». Pensez-vous que ce « je » lyrique soit un « je » autobiographique ?

Vous répondrez à cette question dans un développement argumenté, en vous appuyant sur votre lecture des *Contemplations* de Hugo et sur les autres textes étudiés dans le cadre du parcours « Mémoires d'une âme ».

LES CLÉS DU SUJET

Analyser le sujet

La poésie romantique : elle correspond à la période du romantisme, mouvement qui met le « moi » au centre de l'écriture.

Pensez-vous : attente d'un plan dialectique avec une pensée nuancée.

La **poésie romantique** se caractérise par la forte présence du « je ». **Pensez-vous** que **ce « je » lyrique** soit un **« je » autobiographique** ?

« je » autobiographique : dont l'intention est de raconter sa vie de manière rétrospective et de l'analyser.

« je » lyrique : le poète s'exprime en son nom propre mais son expérience personnelle est le support d'une parole poétique qui dépasse la singularité de l'expérience.

« ce » : le démonstratif associe « je lyrique » et romantisme.

Formuler la problématique

Qu'apporte la dimension autobiographique au « je » lyrique de la poésie romantique ?

Construire le plan

1 La place du « je lyrique » et du « je autobiographique » dans la poésie romantique	• Cherchez ce qui lie lyrisme, poésie romantique, et expression du moi. • EXEMPLES : Lamartine, *Méditations poétiques* ; le mythe d'Orphée ; Musset, *Contes d'Espagne et d'Italie*, « Sonnet » ; Baudelaire, *Les Fleurs du mal*.
2 Le « je » des *Contemplations* peut-il être un « je autobiographique » ?	• Réfléchissez au traitement du temps dans *Les Contemplations*. • Intéressez-vous à la manière dont Hugo présente lui-même son projet. • EXEMPLES : Hugo, *Les Contemplations*.
3 L'association du « je lyrique » et du « je autobiographique » : le miroir du lecteur ?	• Réfléchissez à la comparaison entre la poésie et un miroir et demandez-vous qui peut s'y voir. • EXEMPLES : Musset, « Nuit de décembre » ; Baudelaire, « Au lecteur » ; Rimbaud *Lettre à Izambard* et *Lettre à Demeny* ; Lamartine, *Méditations poétiques*.

2 CORRIGÉ GUIDÉ

Les titres en couleur ou entre crochets ne doivent pas figurer sur la copie.

Introduction

[Accroche] « Qu'est-ce que *Les Contemplations* ? C'est ce qu'on pourrait appeler, si le mot n'avait quelque prétention, les Mémoires d'une âme », écrit Victor Hugo dans sa préface. En insistant sur le caractère autobiographique de son recueil, il semble vouloir faire du « je lyrique », propre à la poésie romantique, un « je autobiographique ».

[Explicitation du sujet] On peut alors se demander ce qu'apporte la dimension autobiographique au « je lyrique » de la poésie romantique.

[Annonce du plan] Nous verrons d'abord quelle place occupent le « je lyrique » et le « je autobiographique » dans la poésie romantique [I] ; nous nous demanderons ensuite, en nous appuyant sur la lecture des *Contemplations*, si le « je lyrique » peut vraiment se glisser dans le « je autobiographique » [II] ; enfin, nous tenterons de savoir si un « je lyrique » qui serait aussi un « je autobiographique » peut devenir le « je » du lecteur [III].

I. La place du « je lyrique » et du « je autobiographique » dans la poésie romantique

> **▶ Le secret de fabrication**
> Le lyrisme est défini comme l'expression forte d'une subjectivité sur des thèmes comme l'amour, la mort, la nature. Mais le « je lyrique » n'est pas obligatoirement un « je autobiographique », dans le sens où il n'est pas nécessaire que le poète ait vécu en personne les événements qu'il prend pour motifs de ses poèmes.

1. Une revendication de l'expression du « je »

Avec le romantisme, le « je lyrique » prend une place nouvelle caractérisée par l'expression des sentiments subjectifs.

• « Je suis le premier qui ai fait descendre la poésie du Parnasse, et qui ai donné à ce qu'on nommait la muse, au lieu d'une lyre à sept cordes de convention, les fibres mêmes du cœur de l'homme, touchées et émues par les innombrables frissons de l'âme et de la nature », écrit Lamartine dans la préface des *Méditations poétiques.*

• La poésie romantique est donc une poésie du cœur, qui cherche à exprimer les émotions directement grâce à un langage poétique moins conventionnel qu'auparavant, plus souple, plus sensible, apte à reproduire les mouvements intimes de l'âme.

• La poésie romantique se réclame d'Orphée, chantant sa douleur après la mort d'Eurydice. Le chant lyrique est incarné par la personne du poète.

2. Le « je lyrique »

La question se pose alors de l'identité de ce « je lyrique » : le poète est-il lui-même le sujet de son écriture, ou un « je » plus universel ?

• C'est ainsi que dans le même recueil, *Méditations poétiques*, Lamartine adresse un « Hymne au soleil », exprime la douleur de la perte d'un amour (« Isolement ») et s'adresse à son lecteur : « Qui n'a pas entendu cette voix dans son cœur ? » (« Vallon »).

• *Méditations poétiques* est un recueil teinté de mélancolie, à l'image de Lamartine, qui, comme Orphée, ne peut voir le monde qu'à travers sa douleur. Mais l'expression de sa mélancolie ne fait pas de son recueil un recueil autobiographique.

3. Le poème autobiographique

Certains poèmes retracent de manière plus explicite le parcours du poète, et pourraient à ce titre être qualifiés d'autobiographiques.

MOT CLÉ
L'autobiographie est un « récit rétrospectif en prose qu'une personne réelle fait de sa propre existence, lorsqu'elle met l'accent sur sa vie individuelle, en particulier sur l'histoire de sa personnalité. » P. Lejeune, *Le Pacte autobiographique*, 1975

• Le poète peut affirmer ses préférences. Ainsi de ce vers « J'aime le souvenir de ces époques nues, / Dont Phoebus se plaisait à dorer les statues », dans lequel Baudelaire expose ses goûts esthétiques.

• La datation et/ou la mention du lieu peuvent ancrer le poème dans la vie du poète : « C'est le temps de la ville. – Oh ! lorsque l'an dernier, /J'y revins, que je vis ce bon Louvre et son dôme, / Paris et sa fumée, et tout ce beau royaume » (Musset, *Contes d'Espagne et d'Italie,* « Sonnet », 1830).

• « Nuit de décembre » de Musset fait figure de poème autobiographique. On le voit écolier, adolescent, jeune homme amoureux, adulte, au chevet de son père ou dans les banquets. On suit son évolution jusqu'au moment de l'écriture du poème : la douleur de la rupture d'avec la femme aimée.

[Transition] Mais la poésie peut-elle vraiment accueillir le projet autobiographique ?

II. Le « je » des *Contemplations* peut-il être un « je autobiographique » ?

▶ Le secret de fabrication
Il s'agit de montrer en quoi le projet autobiographique annoncé par Hugo dans sa préface se différencie de l'autobiographie telle qu'elle est définie par Philippe Lejeune.

1. Brouillage du genre : journal intime, mémoire, autobiographie

À la manière de Rousseau dans son préambule aux *Confessions*, Hugo conclut avec son lecteur « un pacte de sincérité ».

• Lorsqu'il écrit qu'il « a laissé, pour ainsi dire, ce livre se faire en lui », il nous garantit la véracité des événements et des sentiments.

• En affirmant avoir écrit « jour à jour », Hugo présente *Les Contemplations* comme un journal intime. Pourtant elles relèvent bien du genre des mémoires comme le prouvent le sous-titre « Mémoires d'une âme » et le fait qu'il ait écrit le recueil entre 1840 et 1850 (dates qui ne correspondent ni à son enfance ni à son adolescence).

2. Le brouillage du temps

Un projet autobiographique s'inscrit dans une continuité historique, pourtant cette temporalité est brouillée.

• La composition du recueil en deux grandes parties « Autrefois » et « Aujourd'hui », ainsi que les trois livres qui les composent, se succèdent chronologiquement.

• Mais un désordre s'installe : par exemple « À Granville, en 1836 », précède le poème « Vers 1820 ». De plus, les dates sont peu précises : dans le deuxième livre, seul un poème est précisément daté (juin 1839), un autre précise la décennie (septembre 183…). Les autres poèmes ne portent que la mention du mois et du siècle : juin 18…

3. Le discontinu ou l'émiettement du « je »

La poésie, par sa forme même, accueille difficilement le projet autobiographique.

• La prose va de l'avant de manière continue, alors que chaque poème vaut pour lui-même et constitue souvent une forme brève.

• Il suffit d'observer la suite des poèmes du livre I pour voir qu'y règnent le discontinu et l'ellipse. Quelle continuité trouver entre « La vie aux champs » (I, 6) et « Réponse à un acte d'accusation » (I, 7) ou entre « À madame D.G de G. » (I, 10) et « Lise » (I, 11) ?

[Transition] Ainsi, on peut dire avec Maulpoix, que « Là où l'autobiographie tend à centrer la figure, la poésie l'émiette, la disperse et la dé-figure ».

À NOTER
Maulpoix et un poète contemporain, auteur d'essais critiques sur la poésie. Dans un de ses articles, il s'interroge sur la place du « je » dans la poésie.

III. L'association du « je lyrique » et du « je autobiographique » : le miroir du lecteur ?

▶ Le secret de fabrication
Comment le « je » autobiographique et le « je » lyrique, qui, selon Hugo, dépasse sa propre individualité, cohabitent-ils dans la poésie pour devenir le miroir du lecteur ?

1. « On se plaint quelquefois des écrivains qui disent moi. »

Dans sa préface, Hugo reprend un reproche souvent adressé aux poètes romantiques : ils sont trop centrés sur eux-mêmes.

- Un peu plus tard, en 1871, Rimbaud critiquera violemment cette poésie submergée par le « je » : « Sans compter que votre poésie subjective sera toujours horriblement fadasse » écrit-il dans sa *Lettre à Izambard*.
- D'autre part, au lieu de tendre à l'universel, le poème n'est parfois qu'un miroir narcissique. Dans la « Nuit de décembre » de Musset, cet « autre qui [lui] ressemblait comme un frère » et qui revient de manière lancinante n'est que son propre reflet.

2. Le miroir du lecteur ?

Pour éviter cet égocentrisme, Hugo affirme, dans sa préface, que « Ce livre contient, nous le répétons, autant l'individualité du lecteur que celle de l'auteur. *Homo sum*. »

- Le « je » autobiographique est alors un « je » collectif dans lequel le lecteur doit apprendre à se reconnaître, car tous les hommes ont une même destinée, de « l'énigme du berceau » à « l'énigme du cercueil ».
- Il y a une universalité des états d'âme même si les événements qui les provoquent sont différents de ceux vécus par le lecteur : le « je » lyrique s'adresse plus directement au lecteur que le « je autobiographique ».
- Car c'est au lecteur d'apprendre à se reconnaître dans le miroir tendu par le poète : « Hélas ! quand je vous parle de moi, je vous parle de vous. Comment ne le sentez-vous pas ? Ah ! insensé, qui crois que je ne suis pas toi ! », écrit Hugo dans sa préface.

DES POINTS EN +
On peut mettre en relation cette adresse au lecteur avec le poème liminaire des *Fleurs du mal* dans lequel Baudelaire apostrophe le lecteur : « Hypocrite lecteur, – mon semblable, – mon frère ! »

3. Je est un autre

Si la poésie est ce miroir qui fait passer du je au je (Musset), du je au nous (Hugo), elle peut être aussi ce qui permet au « je » de se voir « autre ».

- C'est ce qu'exprime Rimbaud dans sa lettre à Demeny (1871) : « Car Je est un autre. Si le cuivre s'éveille clairon, il n'y a rien de sa faute. Cela m'est évident : j'assiste à l'éclosion de ma pensée : je la regarde, je l'écoute : je lance un coup d'archet : la symphonie fait son remuement dans les profondeurs, ou vient d'un bond sur la scène. »

• C'est ce qu'explique Lamartine dans sa préface aux *Méditations poétiques* : « J'aimais et j'incorporais en moi ce qui m'avait ému ; j'étais une glace vivante qu'aucune poussière de ce monde n'avait encore ternie, et qui réverbérait l'œuvre de Dieu ! De là à chanter ce cantique intérieur qui s'élève en nous, il n'y avait pas loin. Il ne manquait que la voix. Cette voix que je cherchais et qui balbutiait sur mes lèvres d'enfant, c'était la poésie. »

Conclusion

[Synthèse] Il serait vain de tenter de réduire le « je lyrique » au « je autobiographique », ou de rechercher la vérité du « je autobiographique » dans le « je lyrique », car le passage par la poésie trouble par sa nature même, le projet autobiographique.

[Ouverture] Ce « je » qu'il soit lyrique ou autobiographique sera rejeté par les parnassiens et par les symbolistes, et particulièrement par Mallarmé qui cherche la « disparition élocutoire du poète » pour laisser parler la poésie elle-même et passer de la parole poétique à l'acte poétique.

3 Sujet d'écrit • Commentaire

Baudelaire, *Petits poèmes en prose*, « Les yeux des pauvres »

4 heures
20 points

INTÉRÊT DU SUJET • Adressé à une femme autrefois aimée mais désormais haïe, ce poème surprend par sa forme et son propos.

▶ **Commentez ce texte de Baudelaire, extrait des *Petits poèmes en prose*.**

DOCUMENT

Dans cette lettre de rupture atypique, alors qu'il évoque une soirée passée à la terrasse d'un quartier riche du Paris du Second Empire, Baudelaire reproche à une de ses maîtresses et, à travers elle, à tous les nantis, leur indifférence cruelle pour les plus pauvres et fait le constat de l'incommunicabilité entre les êtres.

Ah ! vous voulez savoir pourquoi je vous hais aujourd'hui. Il vous sera sans doute moins facile de le comprendre qu'à moi de vous l'expliquer ; car vous êtes, je crois, le plus bel exemple d'imperméabilité féminine qui se puisse rencontrer.

Nous avions passé ensemble une longue journée qui m'avait paru courte. Nous nous étions bien promis que toutes nos pensées nous seraient communes à l'un et à l'autre, et que nos deux âmes désormais n'en feraient plus qu'une ; – un rêve qui n'a rien d'original, après tout, si ce n'est que, rêvé par tous les hommes, il n'a été réalisé par aucun.

Le soir, un peu fatiguée, vous voulûtes vous asseoir devant un café neuf qui formait le coin d'un boulevard neuf, encore tout plein de gravois[1] et montrant déjà glorieusement ses splendeurs inachevées. Le café étincelait. Le gaz lui-même y déployait toute l'ardeur d'un début, et éclairait de toutes ses forces les murs aveuglants de blancheur, les nappes éblouissantes des miroirs, les ors des baguettes et des corniches, les pages aux joues rebondies traînés par les chiens en laisse, les dames riant au faucon perché sur leur poing, les nymphes et les déesses portant sur leur tête des fruits, des pâtés et du gibier, les Hébés[2] et les Ganymèdes[3] présentant à bras tendu la petite amphore à bavaroises ou l'obélisque bicolore des glaces panachées ; toute l'histoire et toute la mythologie mises au service de la goinfrerie.

Droit devant nous, sur la chaussée, était planté un brave homme d'une quarantaine d'années, au visage fatigué, à la barbe grisonnante, tenant d'une main un petit garçon et portant sur l'autre bras un petit être trop faible pour marcher. Il remplissait l'office de bonne[4] et faisait prendre à ses enfants l'air du soir. Tous en guenilles. Ces trois visages étaient extraordinairement sérieux, et ces six yeux contemplaient fixement le café nouveau avec une admiration égale, mais nuancée diversement par l'âge.

Les yeux du père disaient : « Que c'est beau ! que c'est beau ! on dirait que tout l'or du pauvre monde est venu se porter sur ces murs. » – Les yeux du petit garçon : « Que c'est beau ! que c'est beau ! mais c'est une maison où peuvent seuls entrer les gens qui ne sont pas comme nous. » – Quant aux yeux du plus petit, ils étaient trop fascinés pour exprimer autre chose qu'une joie stupide et profonde.

Les chansonniers disent que le plaisir rend l'âme bonne et amollit le cœur. La chanson avait raison ce soir-là, relativement à moi.

Non seulement j'étais attendri par cette famille d'yeux, mais je me sentais un peu honteux de nos verres et de nos carafes, plus grands que notre soif. Je tournais mes regards vers les vôtres, cher amour, pour y lire ma pensée ; je plongeais dans vos yeux si beaux et si bizarrement doux, dans vos yeux verts, habités par le Caprice et inspirés par la Lune, quand vous me dites : « Ces gens-là me sont insupportables avec leurs yeux ouverts comme des portes cochères[5] ! Ne pourriez-vous pas prier le maître du café de les éloigner d'ici ? » Tant il est difficile de s'entendre, mon cher ange, et tant la pensée est incommunicable, même entre gens qui s'aiment !

Charles Baudelaire, *Petits poèmes en prose*, « Les yeux des pauvres » 1869.

---

1. Gravois : gravats.
2. Hébé : fille de Zeus et d'Héra dans la mythologie grecque. Elle sert le nectar aux dieux et aide aux travaux domestiques.
3. Ganymède : prince légendaire de Troie. Zeus, changé en aigle, l'enlève et l'emporte sur l'Olympe où il devient immortel.
4. L'office de bonne : le travail d'un domestique.
5. Portes cochères : portes dont les dimensions permettent l'entrée en voiture.

LES CLÉS DU SUJET

Définir le texte

Carte d'identité du texte

- Époque : milieu du XIXe siècle
- • **Genre** : poème en prose sous forme de lettre
- • **Type de texte** : narratif, descriptif et argumentatif
- **Thèmes** : la pauvreté, l'indifférence des riches, l'incommunicabilité
- **Buts** : critiquer les riches, exprimer sa compassion pour les miséreux
- • **Tonalité** : pathétique
- • **Autres adjectifs** : contrasté, poignant, critique

Construire le plan

1 Le récit d'une expérience personnelle	• Interrogez-vous sur la forme du poème et sur la situation d'énonciation : qui « parle » à qui ? • Analysez sa structure. Comparez les premier et dernier paragraphes : quelle progression observez-vous ? • Quelle vision de la femme, de l'amour et des rapports entre les êtres le poème révèle-t-il ?
2 Une fable sur les rapports sociaux	• Analysez et comparez les deux « tableaux ». • Quels éléments récurrents prennent une valeur symbolique ? • Quelle image Baudelaire donne-t-il des deux mondes et des personnages qu'il décrit ?
3 Une conception du poète et de la poésie	• Montrez qu'indirectement le poème joue le rôle d'un art poétique. • Quelle image le poème donne-t-il du poète ? de la poésie ?

3 CORRIGÉ GUIDÉ

Les titres en couleur ou entre crochets ne doivent pas figurer sur la copie.

Introduction

[Présentation du contexte] Au XIXe siècle, la ville devient une source d'inspiration privilégiée pour les artistes. Ainsi Paris est pour Baudelaire un thème essentiel des *Fleurs du mal* et des *Petits poèmes en prose*. Sa vision, réelle ou rêvée, du Paris du Second Empire, bouleversé par les grands travaux de rénovation d'Hausmann, fait de la capitale un lieu contrasté, parcouru d'existences contradictoires, laborieuses et oisives, vertueuses et vicieuses, luxueuses et sordides. Paris est aussi le théâtre des aléas des histoires d'amour.

[Présentation du texte] Dans son poème en prose « Les yeux des pauvres », qui s'adresse à une femme naguère aimée, le poète rend compte d'un moment passé à la terrasse d'un café et de la confrontation du couple avec une famille de mendiants.

[Annonce du plan] Mais le poème dépasse l'anecdote, il prend des allures d'apologue et propose plusieurs niveaux de lecture. En effet, il conduit à une réflexion sur l'amour, la femme et l'être humain [I], et le récit de cet épisode apparemment banal ouvre une médiation sur les inégalités entre riches et pauvres [II] et, au-delà, sur les fonctions de la poésie et du poète [III].

I. Le récit d'une expérience personnelle

> **▶ Le secret de fabrication**
> Cette première partie vise à montrer comment ce poème en prose, sous la forme d'une lettre personnelle à une femme autrefois aimée, conduit à une réflexion plus générale.

1. Du lien amoureux à la rupture

• Jalonné d'indices personnels de la 1re personne du singulier – le « je » désigne le poète – le texte a la forme d'une adresse directe à une amante (« cher ange » aux « yeux si beaux et […] doux ») liant « deux âmes ».

• Mais, à travers l'expression brutale « je vous hais », les conditionnels (« seraient », « feraient ») et l'expression « un rêve » qui « n'a été réalisé par personne », Baudelaire marque en fait une rupture. Il suscite ainsi la perplexité chez le lecteur qui se demande ce qui a pu la causer. L'explication, sous forme d'un retour en arrière (« nous avions passé ensemble une longue journée… »), constitue le corps du poème.

2. De l'expérience personnelle à la « leçon »

Baudelaire y révèle sa vision de la femme, de l'amour et des rapports humains.

• De son expérience qu'il sait commune (« rien d'original »), il tire une leçon : la fin du deuxième paragraphe – avec le présent de vérité générale et l'expression « *tous* les hommes » – ressemble fort à la morale d'une fable.

• L'amante, qualifiée ironiquement par le superlatif hyperbolique et l'adjectif antiphrastique de *plus bel* « exemple d'imperméabilité féminine », est désignée par des apostrophes sarcastiques (« cher ange », « cher amour »). Ses yeux si *bizarrement* « doux » sont trompeurs. L'expression « imperméabilité *féminine* » étend à toutes les femmes les reproches adressés à une seule.

• Baudelaire révèle son idéal de communion entre les êtres : « Je tournais mes *regards* vers les vôtres [...] pour y lire *ma* pensée. » Mais ce « rêve » d'un monde où « deux âmes ne feraient qu'une » est balayé par deux termes négatifs qui se font écho, « *im*perméabilité » et « *in*communicable ». Cette vision pessimiste de l'amour renvoie à la solitude qui crée le « spleen ».

II. Une fable sur les rapports sociaux

> ▶ **Le secret de fabrication**
>
> Dans cette partie, on analyse comment Baudelaire oppose le monde insolemment luxueux des riches et celui, pathétique, des plus pauvres ; et dénonce, à la manière d'une fable, l'indifférence des riches pour la misère.

La plus grande partie du poème est consacrée au récit d'une rencontre avec trois pauvres. Cette anecdote est l'occasion, pour Baudelaire, de « peindre » deux tableaux contrastés d'où se dégage une morale implicite sur les rapports entre riches et pauvres.

1. Premier tableau : un couple au milieu des fastes d'un café

Le décor de la rencontre – café chic sur un « boulevard » de Paris – est décrit avec précision et de façon hyperbolique, apparemment positive.

> **MOT CLÉ**
> *Hyperbolique* signifie « très exagéré, excessif » ; l'hyperbole s'exprime à travers des termes exagérément positifs ou négatifs, des superlatifs (*le plus..., très*), des accumulations...

• La répétition de l'adjectif « neuf » renvoie aux travaux de Paris dont Baudelaire rappelle certains accessoires : « gravois », éclairage au « gaz ». Le tableau s'anime grâce à de nombreux verbes d'action.

• Baudelaire multiplie les notations de lumière et de couleurs, accrues par les « miroirs » qui les reflètent : « le café étincelait », l'obélisque est « bicolore », il y a là « des ors ». Les pluriels et les termes mélioratifs (« glorieusement », « splendeur ») soulignent le luxe et la surabondance. Dans une longue énumération, le poète s'attarde sur le foisonnement du décor intérieur, tapisseries et peintures, avec des figures qui créent une impression de foule bariolée : « pages » et « dames riant » côtoient des créatures mythologiques, « Hébés » et « Ganymèdes ». Cet univers surchargé donne l'image d'une fête excessive et artificielle.

2. Second tableau : le pathétique d'une famille de mendiants

• Baudelaire juxtapose à ce tableau celui d'une famille de trois mendiants identifiés par leurs « guenilles », (seul mot péjoratif), présentée en gros plans

– vecteurs d'émotion – sur des éléments significatifs, comme les « visages fatigués », la « barbe grisonnante », les deux « main[s] » qui se tiennent fort.

• L'économie de détails n'empêche pas le pathétique : la qualification méliorative « brave (homme) », l'indication « un petit être trop faible pour marcher » suscitent l'attendrissement. Baudelaire est surtout sensible à leurs « yeux » : le mot, employé quatre fois, rythme le portrait, au point que la famille est résumée par une métonymie frappante, « ces six yeux ».

3. Le sens de cette rencontre entre deux mondes

La comparaison du jeu des regards et des paroles rapportées révèle les réactions des êtres et suggère les divers comportements humains.

• Réunis dans une fascination admirative, les pauvres ne disent rien : le poète imagine leurs pensées, rapportées au style direct (« les yeux [...] disaient »). Elles prennent un tour poétique, avec leurs exclamations lyriques répétées : « Que c'est beau ! » L'image de « l'or du pauvre monde, venu se porter sur ces murs » tire sa force de l'antithèse poignante entre « or » et « pauvre », mais aussi du jeu sur le propre et le figuré.

• De son côté, la femme ne « communique » pas avec les pauvres. Elle les rejette violemment : l'expression « *ces* gens-*là* », l'adjectif « insupportables » sont chargés de mépris. Ses paroles recourent à une image terre à terre : l'élément trivial, symbole de richesse, des « portes cochères ». Cette dureté est en disharmonie avec ses « yeux [verts] si beaux ». Elle est à l'image du Paris nouveau et du somptueux café : superficielle et matérialiste.

• Le poète se tient en retrait. Il est subjugué par cette famille de pauvres, « attendri » par leurs « yeux », il ressent de la pitié. Mais il exprime aussi sa « honte », sa mauvaise conscience face à la richesse. Le tableau surchargé et moqueur du café, qui se clôt sur le nom péjoratif « goinfrerie », exprime la condamnation du luxe tapageur et la « haine » pour les riches insensibles. Dans la scène, le poète ne parle ni aux pauvres, ni à son amante. Tout passe par son regard qui « comprend » les mendiants et interroge sa maîtresse.

III. Une conception du poète et de la poésie

> **▶ Le secret de fabrication**
> Cette partie met en évidence quelle fonction Baudelaire assigne implicitement au poète et à la poésie.

1. Le poète, un être « rêveur », sensible et voyant

Le poème décrit indirectement le poète comme un être qui nourrit des « rêves » impossibles et qui est ainsi condamné à la désillusion. C'est aussi un être au « cœur » sensible et à « l'âme bonne », qui « sent » plus qu'il ne raisonne, « fier d'avoir vécu et souffert dans d'autres que [lui]-même » (« Les Fenêtres »). Il a pour particularité de voir au-delà des apparences, de percer le secret de l'autre. Ici, derrière l'apparence des êtres, il lit dans les yeux silencieux et sur les visages ce que le commun des mortels ne perçoit pas.

2. La poésie témoigne et « explique » : le poète « traducteur »

• Le poète témoigne du monde, de ses travers – le luxe inutile, l'insensibilité – et tire de ses expériences vécues les plus anodines des « leçons » sur l'homme. Non seulement il comprend, mais il sait et doit « expliquer » ; il est, selon l'expression de Baudelaire lui-même, un « traducteur, un déchiffreur ». La poésie prend alors une fonction didactique.

> **MOT CLÉ**
> *Didactique* : qui a pour but de transmettre un savoir, qui donne une leçon. Le registre didactique s'exprime à travers le présent de vérité générale, les tournures impersonnelles, l'usage de connecteurs logiques, le recours à des exemples…

• Le poète a aussi le pouvoir de transformer le monde, voire d'inverser les choses et les valeurs. Il rend les « ors » du luxe et le faste vulgaires. Inversement, à partir du laid, il crée du beau : ici de trois miséreux, il fait une famille humainement riche.

3. La poésie, seul moyen de communiquer ?

• L'anecdote rapportée dans « Les yeux des pauvres » semble consacrer la vanité des paroles, puisque Baudelaire montre qu'il n'a pas su ce soir-là communiquer de vive voix avec sa maîtresse.

• Or c'est le poème – fait de mots – qui renoue le dialogue dans le couple, même si c'est pour prendre acte d'une rupture : ainsi seule la poésie, grâce à l'originalité de sa langue, permet de communiquer. Alors même qu'il affirme que « la pensée est incommunicable », Baudelaire communique avec le lecteur. Son poème est à la fois un paradoxe et un miracle.

Conclusion

[Synthèse] La ville, la femme, les déshérités inspirent fréquemment Baudelaire lorsqu'il veut traduire sa vision du monde et donner à ses poèmes la profondeur d'une leçon existentielle. Ainsi, à partir d'un sujet apparemment banal (des mendiants dans une grande ville), il décrit le choc entre deux mondes pour dénoncer l'inégalité, mener une réflexion sur l'incommunicabilité entre les êtres et révéler sa conception de la poésie.

[Ouverture] Et souvent, comme ici, une femme recueille ses confidences. Ainsi, dans « Une charogne », c'est aussi par un poème en forme d'adresse à une de ses maîtresses qu'il incite au *carpe diem* et définit sa conception de l'art : reconstituer « l'essence divine » de ce que la réalité détruit.

4 Sujet d'écrit • Dissertation

« Tu m'as donné ta boue et j'en ai fait de l'or. »

4 heures
20 points

INTÉRÊT DU SUJET • Le sujet vous permet d'approfondir votre lecture des *Fleurs du mal* et de la mettre directement en relation avec la problématique annoncée par le titre du parcours.

Baudelaire, dans l'appendice aux *Fleurs du mal*, écrit : « Tu m'as donné ta boue et j'en ai fait de l'or. » En quoi ce vers éclaire-t-il votre lecture du recueil de Baudelaire ?

Vous répondrez à cette question dans un développement argumenté, en vous appuyant sur votre lecture du recueil *Les Fleurs du mal* de Baudelaire et sur les autres textes étudiés dans le cadre du parcours « Alchimie poétique : la boue et l'or ».

LES CLÉS DU SUJET

Analyser le sujet

boue : fait référence au vulgaire, au trivial, à l'informe. Le terme est péjoratif et ne semble pas correspondre à ce qui est habituellement considéré comme source ou objet de la poésie.

j'en ai fait : indique non seulement que le poète est celui qui peut opérer cette transformation extraordinaire, mais qu'il le prouve dans son recueil.

« Tu m'as donné ta **boue** et **j'en ai fait** de l'**or**. »
En quoi ce vers **éclaire-t-il** votre lecture du recueil de Baudelaire ?

éclaire-t-il : la consigne ne vous invite pas à discuter la citation (plan dialectique), mais à vous servir de cette phrase comme une clé de lecture du recueil (plan thématique).

or : fait référence au métal précieux et s'oppose en tous points à la boue, comme l'or s'oppose au noir, comme le beau s'oppose au laid.

Formuler la problématique

Comment cette formule provocante permet-elle de mieux comprendre l'esthétique de Baudelaire et sa conception du rôle du poète ?

Construire le plan

1 La présence du mal

- Analysez très précisément le titre du recueil.
- Cherchez les différentes formes du mal dans le recueil.
- EXEMPLE : la section « Spleen et idéal » des *Fleurs du mal*.

2 La beauté du mal

- Demandez-vous ce qui pourrait caractériser une esthétique du mal, selon Baudelaire.
- Demandez-vous quels types de relations peuvent s'opérer entre l'or et la boue.
- EXEMPLES : les poèmes « L'Idéal », « La Charogne », « Hymne à la beauté », « Allégorie », « Un Voyage à Cythère », « L'Amour et le crâne »

3 Il n'y a de poésie que celle qui transforme

- Montrez pourquoi la poésie est un art qui permet cette transformation de la boue en or.
- Demandez-vous quelle est la fonction du poète, selon Baudelaire.
- EXEMPLES : « L'albatros » et « L'Ennemi » de Baudelaire, « Art » de Gautier, la lettre à Demeny de Rimbaud.

4 CORRIGÉ FLASH

Les titres en couleur ou entre crochets ne doivent pas figurer sur la copie.

Introduction

[Citation] Quand Baudelaire, dans l'appendice aux *Fleurs du mal,* écrit « Tu m'as donné ta boue et j'en ai fait de l'or. », il développe le sens de l'oxymore du titre qu'il a choisi pour son recueil et nous ouvre son laboratoire.

[Problématique] Nous verrons comment cette formule provocante permet de mieux comprendre l'esthétique baudelairienne.

[Annonce du plan] Nous commencerons par étudier la présence du mal dans le recueil [I], puis nous nous demanderons ce qui fait la beauté du mal et provoque à la fois fascination et répulsion [II] ; enfin, nous verrons que cette transmutation presque alchimique que suppose la formule baudelairienne est le propre de toute poésie [III].

I. La présence du mal

1. Un titre explicite ?

Le titre d'une des six sections du recueil, devient le titre de l'ensemble et caractérise donc tous les poèmes aussi bien ceux du Spleen que ceux de l'Idéal.

- Baudelaire « dédie ces fleurs maladives », à Théophile Gautier ; chaque poème serait alors une « fleur maladive » où s'exprime la souffrance du poète.
- Mais le titre *Les Fleurs du mal* dépasse l'expérience personnelle du poète pour extraire les fleurs hors du mal (sens local de la préposition « du ») : le mal devient susceptible de produire la beauté.
- La relation entre les fleurs et le mal peut aussi être une relation de possession : les fleurs appartiennent au mal dont le poète deviendrait le porte-parole.

À NOTER

« Des poètes illustres s'étaient partagés depuis longtemps les provinces les plus fleuries du domaine poétique. Il m'a paru plaisant, et d'autant plus agréable que la tâche était plus difficile, d'extraire la Beauté du mal. » (Baudelaire, projet de préface, 1857)

2. La thématique du mal

La thématique du mal est présente sous différents aspects dans le recueil.

- Elle se glisse dans la section « Spleen et Idéal » sous la forme du spleen, ce mal qui ronge le poète et qui empêche toute action et toute élévation (voir les quatre poèmes intitulés « Spleen »).
- Le mal trouve sa personnification dans les appels à la figure de Satan : le Diable est associé à l'Ennui (« Au lecteur »), et de nombreux poèmes décrivent à plaisir des lieux infernaux et les supplices qui s'y pratiquent.
- Le mal présente la double figure de la Débauche et de la Mort offrant « de terribles plaisirs et d'affreuses douceurs » (« Les deux bonnes sœurs »).

[Transition] Comment cette omniprésence de la mort, de la débauche, de figures infernales peut-elle être, paradoxalement, source de beauté ?

II. La beauté du mal

1. Une beauté sinistre et froide

Comment dire la beauté du mal ? Quelles seraient les caractéristiques d'une esthétique du mal ?

- Baudelaire refuse le sentimentalisme, comme il l'écrit dans *L'Art romantique :* « La sensibilité du cœur n'est absolument pas favorable au travail poétique. »

À NOTER

« Ce livre, dont le titre *Fleurs du mal* dit tout, est revêtu, vous le verrez, d'une beauté sinistre et froide ; il a été fait avec fureur et patience. » (Lettre de Baudelaire à sa mère, le 9 juillet 1857)

• Il recherche au contraire la violence du tragique : « Ce qu'il faut à ce cœur profond comme un abîme, / c'est vous, Lady Macbeth, âme puissante au crime / Rêve d'Eschyle éclos au climat des autans » (« L'Idéal »)

• Certains de ses poèmes vont même jusqu'à glorifier le sinistre : « Et le ciel regardait cette carcasse superbe / Comme une fleur s'épanouir. » (« La Charogne »)

• Mais l'effet de fascination et de répulsion vient certainement de l'ambivalence du mal et du bien : « Viens-tu du ciel profond ou sors-tu de l'abîme, / Ô Beauté ? ton regard infernal et divin, / verse confusément le bienfait et le crime » (« Hymne à la beauté »)

2. L'or et la boue

Quelle dialectique peut-on établir entre l'or et la boue ?

• L'or de la boue. Dans « Allégorie », une prostituée « femme belle et de riche encolure / Qui laisse dans son vin traîner sa chevelure », par sa beauté et sa fierté l'emporte sur la Débauche et la Mort : elle est présence (et victoire) de la beauté dans le monde du vice.

• La boue sous l'or. « Un Voyage à Cythère » dénonce l'illusion d'un beau lyrique et heureux et révèle l'omniprésence de la douleur et du macabre.

• La boue et l'or. Dans « L'Amour et le crâne », on voit l'Amour régner sur les hommes et leur faire croire à « un songe d'or » alors qu'il ne s'agit que d'un jeu « féroce et ridicule » mais dont les parties, l'Amour et les hommes, sont indissociables.

[Transition] Ces transmutations qu'opère Baudelaire entre les deux matériaux que sont l'or et la boue, ne sont-elles pas le propre de toute poésie dont le rôle serait de transformer une matière informe en une forme porteuse de sens ?

III. Il n'y a de bonne poésie que celle qui transforme

1. De l'apport des contraintes

Comme le sculpteur transforme une forme (la pierre, le bloc de marbre) en une autre (la statue) grâce à des outils, la poésie transforme une matière (la langue) en une autre (le poème) grâce à ses outils (le rythme, la cadence, la versification…).

CONSEIL
Dans une dissertation en trois parties, faites attention à ce que votre troisième partie ne soit pas trop générale, mais continue bien à traiter le sujet.

• Baudelaire écrit dans *L'Art romantique* : « C'est l'un des prodigieux privilèges de l'Art que l'horrible puisse devenir beauté et que la douleur rythmée et cadencée remplisse l'esprit d'une joie calme. » Or c'est bien la poésie, par son rythme et sa cadence, qui opère cette transformation. La poésie, parce qu'elle est une forme brève, est cet alambic qui permet d'extraire la quintessence du réel pour la mettre en mots, en images, en vers.

• C'est ainsi que le parnassien Gautier cherche un vers plus court que l'alexandrin, pour extraire encore plus de beauté : « Oui, l'œuvre sort plus belle / D'une forme au travail / Rebelle, / Vers, marbre, onyx, émail / Point de contraintes fausses ! / Mais que pour marcher droit / Tu chausses, / Muse, un cothurne étroit… » (« Art »)

2. La fonction du poète

Si le poète est à l'écart des hommes et malheureux dans un monde qui ne le comprend pas, c'est à lui qu'il revient de donner du sens à ce qui ne semble pas en avoir.

• « Le Poète est semblable au prince des nuées / Qui hante la tempête et se rit de l'archer ; / Exilé sur le sol au milieu des huées, / Ses ailes de géant l'empêchent de marcher. » Ce dernier quatrain de « L'albatros » explicite la conception de Baudelaire.

• « Et qui sait si les fleurs nouvelles que je rêve / Trouveront dans ce sol lavé comme une grève / Le mystique aliment qui ferait leur vigueur ? » (L'Ennemi). Tout le travail du poète, et l'ambition de Baudelaire, est bien de donner du sens à ce qui n'en a pas.

• Rimbaud, dans sa lettre à Demeny (1871) veut que le poète soit « vraiment un voleur de feu » tel Prométhée allant voler aux dieux le feu qui éclairera et nourrira les hommes, au propre et au figuré.

Conclusion

[Synthèse] La formule Baudelairienne se révèle fondamentale pour comprendre son esthétique et ce travail de transmutation qu'il opère dans *les Fleurs du mal.* Le mal qui envahit les poèmes sous des formes diverses mais dont la beauté à la fois fascinante et repoussante violente parfois le lecteur, permet à Baudelaire d'explorer les pouvoirs de la poésie.

[Ouverture] C'est sans doute le symbolisme, dont Baudelaire est l'un des précurseurs, qui poussera encore plus loin cette alchimie du sens, au risque, parfois, de le rendre hermétique.

5 Sujet d'écrit • Commentaire

Max Jacob, *Le Cornet à dés*, « Voyages »

4 heures
20 points

INTÉRÊT DU SUJET • C'est un texte bien étrange que vous avez à commenter. Il peut vous dérouter. Lors d'une première lecture, vous le trouverez peut-être trop simple et penserez que vous n'avez rien à en dire. Avec un peu d'attention, vous allez changer d'avis.

Commentez ce texte de Max Jacob, extrait du *Cornet à dés*.

DOCUMENT

Le Cornet à dés *est un recueil de poèmes en prose écrit par Max Jacob en 1917. Dans son « Petit historique du Cornet à dés », Max Jacob explique qu'il s'est « appliqué à saisir en [lui] de toute manière les données de l'inconscient : mots en liberté, associations hasardeuses des idées, rêves de la nuit et du jour, hallucinations, etc. »*

Jamais je n'en sortirai : je cours dire au revoir à ma tante, je trouve la famille sous la lampe ; on me retient pour mille recommandations, ma valise est faite, mais mon complet est encore chez le teinturier : j'ai de la peine à reconnaître mon costume : ce n'est pas mon costume, on l'a changé ! non, c'est lui, mais affreusement gonflé, mutilé, tiré, recousu, bordé de noir. Dehors, dans la rue, deux délicieuses Bretonnes rient près d'une charrette de linge : que n'ai-je le temps de les suivre ; bah ! elles prennent dans la nuit le même chemin que moi. Je remarque que les noms de rue ont changé ; il y a maintenant à Lorient une rue de « l'Énergie Lyrique ». Quel étonnant conseil municipal peut donner des noms pareils à des rues la nuit. À l'hôtel, l'idée me vient de regarder la note du teinturier : 325 francs, on vous l'expédiera. Vais-je devenir fou ? Le café est plein de curieux, je rencontre un peintre de Paris ! que j'ai de peine à m'en débarrasser. Il m'adore ici, bien que nous soyons fâchés ailleurs : je suis si en retard que je renonce à l'embrasser et pas de fiacre ! Pendant qu'on me cherche une voiture, des amis de mon enfance me supplient de m'arrêter au Mans ! non pas au Mans, à Nogent ! non pas à Nogent, parce que nous sommes très mal avec les… ah ! mon Dieu ! je perds le fil de tout… je finis par enlever une promesse à un camionneur de pianos. Et le teinturier ? me voici dans un costume étrange, en somme assez distingué : cette redingote grise, trop ouverte à cause des excès de lingerie que j'ai sur moi pour alléger ma valise ! Ce chapeau haut de forme, quelle tenue de voyage. Ah ! j'ai oublié de dire au revoir à… Et le teinturier ! J'ai laissé passer l'heure du train, du train unique : tout sera à recommencer demain ! je n'en dormirai pas de la nuit !

Max Jacob, « Voyages » *in Le Cornet à dés* 1917

LES CLÉS DU SUJET

Définir le texte

Carte d'identité du texte

- **Contexte** : début du XXe siècle ; modernité et surréalisme
- **Thèmes** : un train raté, la course après le temps, l'énergie lyrique
- **Caractéristiques du poème** : poème en prose
- **Tonalité** : lyrisme

Construire le plan

1 Une course effrénée

- Demandez-vous quelle fonction occupent les personnages dans le projet du poète.
- Montrez comment le texte nous fait ressentir la course folle du poète.
- Observez la structure du poème en prose et demandez-vous en quoi elle permet de prévoir l'échec du projet.

2 Onirisme et folie

- Intéressez-vous aux caractéristiques du rêve.
- Analysez les sentiments éprouvés par le poète.
- Soyez attentif à la phrase « je perds le fil de tout » et demandez-vous en quoi elle éclaire le sens du poème.

5 CORRIGÉ FLASH

Les titres en couleur ou entre crochets ne doivent pas figurer sur la copie.

Introduction

[Présentation du contexte] Max Jacob, poète, peintre et romancier, a participé à l'intense vie intellectuelle du début du XXe siècle et a été proche des surréalistes.

[Présentation du texte] *Le Cornet à dés,* publié en 1917, est un recueil de poèmes en prose qui prennent souvent la forme du récit de rêve. « Voyages » raconte, à la première personne, la course effrénée du poète qui doit prendre un train mais qui rencontre tant d'obstacles qu'il finit par le rater. Le poème est construit sur une telle accumulation de séquences et d'images que le poète, et son lecteur, s'y perdent, comme dans un rêve.

[Problématique] Nous nous demanderons comment le poème joue sur la frontière entre rêve et réalité.

[Annonce du plan] Nous verrons que le poème en prose transforme une course après le temps [I] en un rêve dont il est impossible de sortir [II].

I. Une course après le temps

1. Un départ perturbé

« Voyages » suit la structure d'un récit : le héros (le poète) poursuit un but (prendre le train) et rencontre un obstacle (il a peu de temps) amplifié par des opposants ou atténué par des adjuvants.

- Le manque de temps : indiqué dès le début (« je cours dire au revoir »), repris par l'interro-négative exprimant le regret « que n'ai-je le temps », et par le constat du retard, amplifié par l'intensif *si*, « je suis si en retard ».
- Les opposants : la tante et ses « mille recommandations », le « peintre de Paris », les « amis d'enfance », appartiennent à son cercle familial ou proche. Tous semblent ligués pour retarder le poète qui « peine » à se débarrasser d'eux.
- Les adjuvants : les « délicieuses bretonnes », qualifiées mélioratívement, ne le détournent pas de son chemin ; le « camionneur de pianos » dont il a obtenu « une promesse » (connotation positive).

2. La course, la vitesse : une dégradation du récit

La structure du poème, mimant la course du poète, semble se dégrader au fur et à mesure de l'avancée du texte.

• Le poème débute sur un rythme ternaire dans lequel on reconnaît un heptasyllabe (vers de 7 syllabes) un ennéasyllabe (vers de 9 syllabes) et un décasyllabe ; « tante » et « lampe » sont à la rime. L'effet structurant est amoindri par l'adjonction de six propositions isolées par des virgules, des points virgules et un emboîtement de phrases introduites par deux points (l. 1-3).

• Les hésitations du poète sont indiquées par la répétition du connecteur « mais » (l. 3 et 5), et par les négations « ce n'est pas mon costume », « non c'est lui » (l. 4 et 5).

• Tout le long du texte, la parataxe permet l'énumération rapide d'événements. Des points de suspension interrompent les phrases. De courtes phrases exclamatives ponctuent la fin du récit « et pas de fiacre ! » (l. 16), « Et le teinturier ! » (l. 25)

> **MOT CLÉ**
> La parataxe est une figure de style qui consiste à juxtaposer des phrases simples sans aucun élément de liaison.

3. L'échec

Le poète court à l'échec, échec annoncé dès le début et que la fin confirme.

• « Jamais je n'en sortirai » est une prolepse. Le poète, débordé, est pessimiste sur la réussite du projet. Pourtant cette première phrase n'est pas performative, il pourrait faire mentir la prophétie.

> **MOT CLÉ**
> Une phrase performative est une phrase qui réalise ce qu'elle annonce, ainsi d'une phrase comme « Je vous marie » prononcée par le maître de cérémonie lors d'un mariage.

• Les personnages qui ont fonction d'adjuvants ne l'aident pas. Si sa démarche auprès du camionneur est couronnée de succès, elle a pris du temps : le verbe finir (l. 20) suppose une action longue et difficile.

• « J'ai laissé passer l'heure du train » (l. 25), confirme l'échec. Le passé composé clôt la succession des verbes, jusque-là au présent. L'apposition, « du train unique », rend l'échec encore plus terrible.

[Transition] Cette avalanche de péripéties dans un si court récit nous fait passer de la réalité au rêve. Car c'est bien un rêve dans lequel le poète se perd et qui lui fait craindre de perdre la tête.

II. Onirisme et folie

1. Les caractéristiques du rêve

Le poème partage avec le rêve la transformation du réel en fonction du désir du rêveur, l'incohérence des événements, la bizarrerie des images.

• La ville de Lorient, transformée par le désir du poète, donne aux rues des titres de poèmes : « l'Énergie lyrique ».

• Les réflexions du poète relèvent d'une fausse logique : ce qui est « étonnant » (l. 10) ce n'est pas que le conseil municipal se tienne la nuit, c'est que le poète le croit possible. L'antithèse « il m'adore ici, bien que nous soyons fâchés ailleurs » (l. 15) montre que le rêve ne suit pas la logique de la réalité.

• L'expression « camionneur de pianos » est une invention langagière qui condense l'expression attendue : « le camion du déménageur de pianos », ou « le camionneur spécialisé dans le transport de pianos ». La condensation lance les images (surréalistes) du rêve. Un personnage mi-homme, mi-camion ?

2. Le sentiment d'angoisse

Le poète-rêveur vit des moments d'angoisse et s'interroge sur lui-même comme s'il se dédoublait.

• L'énumération « gonflé, mutilé, tiré, recousu, bordé de noir », commentée par l'adverbe « affreusement », donne vie au costume, mais semble décrire un cadavre. Si le costume est à l'image de celui qui le porte, alors le poète se voit lui-même « bordé de noir », portant son propre deuil.

> **DES POINTS EN +**
> Ce costume peut être l'image d'une certaine poésie dont le poète veut se dégager : une poésie gonflée par le lyrisme élégiaque, mutilée par la lourdeur de la versification, tirée dans tous les sens et mal recousue.

• Le costume, devenu « assez distingué », passe du noir au gris. Le « chapeau haut de forme » inadapté pour le voyage et surtout ce flot de « lingerie » qui déborde de son costume, font du poète un clown triste et dérisoire.

• « Vais-je devenir fou ? » se demande le poète entre deux situations incongrues. Les déictiques « ce », « cette » (l. 13) prennent une connotation péjorative : le poète évalue l'étrangeté de son accoutrement et ne se comprend plus lui-même.

3. Le labyrinthe

Le poète est perdu dans son rêve comme dans un labyrinthe.

• « Jamais je n'en sortirai [...] tout sera à recommencer demain ! ». En reliant la première et la dernière phrase, toutes deux au futur, on comprend que le pronom « en » ne réfère pas aux préparatifs du départ, mais au rêve lui-même : le poète est enfermé dans un rêve itératif dont il ne sortira jamais.

• L'exclamation « Ah ! j'ai oublié de dire au revoir à... » nous fait revenir au début du récit : les adieux à la tante. De même pour l'exclamation « Et le teinturier ! ».

• L'exclamation « ah ! mon Dieu je perds le fil de tout… » peut être comprise comme une référence au fil d'Ariane, qui aide Thésée à sortir du labyrinthe. Mais le poète perd le fil et ne sait quel est son chemin « au Mans ! non pas au Mans ! à Nogent ! non pas à Nogent ! »

Conclusion

[Synthèse] Ce poème en prose, avec une grande économie de moyens, nous entraîne dans une course effrénée à la suite du poète pris dans un tourbillon de situations qui deviennent toutes plus étranges les unes que les autres et qu'il échoue à maîtriser. Il nous entraîne ainsi dans un monde onirique où tout se transforme et dont on comprend que le poète est prisonnier.

[Ouverture] « L'Énergie lyrique », ce nom de rue incongru, caractérise la poésie de Max Jacob qui désire insuffler à ses poèmes en prose cette énergie lyrique qui crée, à partir de faits anodins de la vie quotidienne, une profusion d'images et qui nous emmène dans un autre monde, celui de la poésie.

6 Sujet d'écrit • Commentaire

Éluard, *Pouvoir tout dire*, « Bonne Justice »

4 heures
20 points

INTÉRÊT DU SUJET • Après une série de malheurs, comment ne pas désespérer ? Éluard mobilise les ressources de la poésie pour nous donner des raisons d'espérer en ce qu'il appelle une « Bonne Justice ».

▶ Commentez ce texte de Paul Éluard, extrait de *Pouvoir tout dire*, en vous aidant du parcours de lecture ci-dessous.

DOCUMENT

Paul Éluard après avoir été pendant de longues années profondément désespéré par la mort de sa femme Nusch en 1946, apprend, grâce à des amis et à un nouvel amour qu'il épouse en 1951, à retrouver avec une sage lucidité le chemin de l'espoir et de la confiance en l'homme.

C'est la chaude loi des hommes
Du raisin ils font du vin
Du charbon ils font du feu
Des baisers ils font des hommes

C'est la dure loi des hommes
Se garder intact malgré
Les guerres et la misère
Malgré les dangers de mort

C'est la douce loi des hommes
De changer l'eau en lumière
Le rêve en réalité
Et les ennemis en frères

Une loi vieille et nouvelle
Qui va se perfectionnant
Du fond du cœur de l'enfant
Jusqu'à la raison suprême.

Paul Éluard, *Pouvoir tout dire*, « Bonne Justice », 1951 © Éditions Gallimard.

LES CLÉS DU SUJET

Définir le texte

Carte d'identité du texte

- **Époque** : 2e moitié du XXe siècle
- **Genre** : poème en vers réguliers
- **Type de texte** : descriptif, argumentatif
- **Buts** : donner une leçon de vie, définir la « bonne justice »
- **Thèmes** : la vie, l'humanité
- **Tonalités** : didactique, lyrique
- **Autres adjectifs** : imagé, pessimiste, optimiste

Construire le plan

1 Une leçon de vie et de vérité
- Montrez que le poème prend la forme d'une leçon.
- La vision du monde qui se dégage du poème est-elle négative ou positive, pessimiste ou optimiste ?

2 Peinture, musique et poésie
- En quoi ce poème se rapproche-t-il de la peinture ?
- Pourquoi peut-on parler d'un poème « musical » ?
- Quelle conception du poète et de la poésie se dégage implicitement de ce poème ?

6 CORRIGÉ GUIDÉ

Les titres en couleur ou entre crochets ne doivent pas figurer sur la copie.

Introduction

[Présentation du contexte] Les époques troublées poussent les poètes à s'engager. Ainsi Éluard, aux côtés d'Aragon, de Tardieu, de Desnos…, publie-t-il clandestinement en 1943 un recueil de poèmes de lutte et de résistance (dont son fameux « Liberté »). Les guerres finies, il poursuit sa quête d'une poésie ancrée dans la réalité (*Les Sentiers et les Routes de la poésie*, 1952).

[Présentation du texte] Dans son court poème en vers « Bonne justice », il fait un bilan lucide des « lois » (au sens large et non strictement juridique) qui régissent la vie des « hommes ».

[Annonce du plan] En observateur attentif du monde, il reconnaît que tout dans la vie n'est pas « merveille », mais qu'il faut garder espoir [I]. Cette « leçon » de vie, qui est à la fois peinture et musique, contient aussi un art poétique implicite [II].

I. Une leçon de vie et de vérité

> **▶ Le secret de fabrication**
> Il s'agit de montrer qu'Éluard propose une sorte de « leçon de vie » à son lecteur et d'en dégager le contenu philosophique et moral.

1. Un poème en forme de « leçon »

• Ce poème en vers réguliers est construit sur l'anaphore en tête de trois premières strophes d'une structure syntaxique identique « C'est la [adjectif] loi des hommes », comme si le poète procédait par définitions successives suivies d'exemples pour cerner la notion qu'il approfondit. La dernière strophe se distingue des précédentes par sa forme (phrase nominale) ; elle propose une synthèse à partir des trois strophes précédentes.

• Éluard emploie le présent de vérité générale (« font ») mais aussi l'infinitif, mode impersonnel et intemporel, qui désigne une action dans sa nature et non dans sa temporalité (« se garder » / « changer »).

• L'absence d'intervention directe du poète (le poème ne comporte aucune marque grammaticale de la 1re personne du singulier) donne au propos la valeur d'une vérité immuable. Néanmoins, Éluard étudie les lois humaines dans leur progression au fil de la vie (« Qui va se perfectionnant / Du fond du cœur de l'enfant / Jusqu'à la raison suprême »).

2. Fatalisme et optimisme

• Le poète accepte les misères de la vie avec un fatalisme lucide : c'est une « loi », c'est-à-dire une norme qui règle la vie individuelle et la vie collective. La récurrence du mot, comme un refrain, souligne son caractère inévitable.

• Cependant la leçon du poète est empreinte d'optimisme. Il a l'espoir d'un futur meilleur : la plupart des vers marquent la progression du négatif au positif, la transformation de la réalité brute (le « raisin » devient « vin », le « charbon », feu » qui réchauffe), du mal en bien (« ennemis » / « frères », « mort » / « intact »). Éluard place aussi son espoir dans l'entraide : de telles transformations sont les fruits d'un travail collectif des « hommes » (mot mis en relief à la rime à quatre reprises, avant de se transformer en « frères »).

• Ainsi, le poème résonne comme une profession de foi en l'homme dont il souligne la perfectibilité (« va se perfectionnant »). Éluard croit en l'amélioration des rapports humains ; il pense que la loi « nouvelle » sera comprise et acceptée de tous car l'homme est doué d'une « raison suprême » (l'expression est hyperbolique). Cette « loi nouvelle », fruit d'un large consensus, aboutira à la « Bonne justice », sereine et équilibrée, qu'annonce le titre.

3. Une profession de foi sans dieu

• Dans ce tableau de l'humanité, Dieu n'est pas mentionné : seule demeure la « Justice » qu'une majuscule transforme en figure tutélaire, au seuil du poème. L'homme est l'unique artisan de cette évolution qui aboutit à la perfection.

• Pourtant, le poème a les accents d'un hymne religieux. Éluard s'approprie de nombreux éléments chargés d'une connotation sacrée, présents dans la Bible : le « vin » (image du sang du Christ), « l'eau » purificatrice (du baptême), la « lumière » (du Saint-Esprit qui éclaire), le « feu » (qui purifie)…

• Il écrit donc un hymne profane et laïc, un credo matérialiste et humaniste, un « aime ton prochain » qui est dicté non par Dieu mais par le poète inspiré… qui est aussi un de ces hommes.

II. Peinture, musique et art poétique

> **▶ Le secret de fabrication**
> On étudie ici comment ce poème fait référence à d'autres arts et esquisse une conception de la poésie.

1. Des évocations graphiques

• Passionné par les arts graphiques et la peinture, Éluard avait conçu son poème comme un calligramme symbolique : les strophes s'enroulaient en une spirale parfaite qui culminait sur les derniers mots « raison suprême » – étape ultime de l'humanité en marche vers le progrès. Le poème garde des traces de ce travail visuel : quatre quatrains (4 × 4 vers) composent une sorte de carré poétique, qui rend d'emblée visible l'équilibre vers lequel tend la leçon d'humanité qu'il contient.

> **MOT CLÉ**
> Un calligramme est un poème-dessin qui, par la disposition des mots, reproduit la forme de ce qui est le sujet du poème (ex : « La pluie » d'Apollinaire).

• Les trois premières strophes constituent comme de rapides « croquis » souvent en contraste. Se succèdent une scène champêtre (« raisin, vin »), une scène d'intérieur en hiver (« charbon/feu »), puis une scène amoureuse (« baisers/hommes »), un champ de bataille, un paysage naturel plein de vie (« eau/lumière »), enfin une scène de réconciliation (« ennemis/frères »)…

2. Des airs de musique

• Les poèmes d'Éluard, comme celui-ci, ont été souvent mis en musique. De fait « Bonne Justice » a l'aspect d'une chanson avec une suite de couplets, des mots et formules-refrains (« C'est la loi », « hommes », « ils font »).

• Éluard y joue sur les sonorités : lorsqu'il évoque des réalités positives, il recourt à des rimes féminines qui prolongent un son doux à l'oreille (« hommes », « lumière », « frères », « nouvelle », « suprême ») ; il multiplie les rimes intérieures ou les échos **sonores** dans un même vers (raisin/vin ; charbon/font ; guerres/misère ; malgré/dangers ; vieille/nouvelle) en jouant sur des allitérations (sonorités dures en « r » : garder, malgré, guerres, misère, mort) ou des assonances.

3. Un art poétique

Enfin, de la lecture du poème se dégage implicitement un art poétique. Quels principes essentiels Éluard y défend-il ?

• Le poète puise son inspiration dans le quotidien, la « réalité » : la vie concrète (v. 2-3 ; v. 10) ; la vie affective et les réalités de l'amour (v. 4).

• Le poète doit « Pouvoir tout dire » (titre d'un poème d'Éluard, art poétique explicite cette fois autour des mêmes thèmes), sans chercher à embellir ou à « poétiser » (le terme est péjoratif pour Éluard).

• La poésie doit aborder des sujets sérieux : la vie, la « mort », « la guerre », la « justice », la « misère »… Et le poète doit s'engager : à la fois philosophe et artiste, il doit délivrer aux hommes des leçons de vie.

• En même temps qu'un hymne à la gloire de l'homme, le poème implicitement est l'affirmation d'une confiance en la parole poétique qui éclaire et peut guider les « hommes » sur la voie de la « Bonne Justice ».

Conclusion

[Synthèse] Ce poème est à la fois une leçon de vie, une peinture, un hymne, à travers lesquels se dessine un art poétique.

[Ouverture] Éluard semble confirmer la conception de la poésie de Théodore de Banville : « La poésie est à la fois musique, statuaire, peinture, éloquence […] ; aussi est-ce le seul art, complet, nécessaire, et qui contient tous les autres ». C'est ce qui en fait la force et la beauté.

Comment définir la modernité poétique ?

4 heures
20 points

INTÉRÊT DU SUJET • Le sujet vous permet d'approfondir votre lecture d'*Alcools* et de la mettre directement en relation avec la problématique annoncée par le titre du parcours.

« On ne peut transporter partout avec soi le cadavre de son père […] Mais nos pieds ne se détachent qu'en vain du sol qui contient les morts. » Cette réflexion d'Apollinaire vous permet-elle de définir la modernité poétique ?

Vous répondrez à cette question dans un développement argumenté, en vous appuyant sur votre lecture du recueil *Alcools* d'Apollinaire et sur les autres textes étudiés dans le cadre du parcours « modernité poétique ? ».

LES CLÉS DU SUJET

Analyser le sujet

On ne peut transporter partout avec soi : pour être un créateur, il est nécessaire de s'émanciper de l'influence de ses prédécesseurs.

cadavre de son père : métaphore qui désigne les poètes qui l'ont précédé et influencé.

détachent qu'en vain : il est impossible de s'abstraire de cette poésie ancienne. Cette entreprise est vouée à l'échec.

« **On ne peut transporter partout avec soi** le **cadavre de son père** […] Mais nos pieds ne se **détachent qu'en vain** du **sol qui contient les morts.** » Cette réflexion d'Apollinaire **vous permet-elle de définir la modernité poétique** ?

Vous permet-elle de définir la modernité poétique : Apollinaire ne la définit pas. C'est à vous d'en proposer une définition en vous demandant si l'alliance de l'innovation et de la tradition suffit à rendre compte de cette « modernité poétique ».

sol qui contient les morts : poursuite de la métaphore ; il s'agit de la poésie ancienne.

Formuler la problématique

L'équilibre entre tradition et modernité suffit-il à définir la modernité poétique ?

Construire le plan

❶ Tradition ou modernité ?	• Cherchez ce qui relève de la tradition ou de la modernité dans *Alcools*. • EXEMPLES : Apollinaire, *Alcools* ; Cendrars, *La Prose du Transsibérien et de la petite Jehanne de France* ; Max Jacob, *Le Cornet à dés*.
❷ Un lyrisme nouveau	• Demandez-vous sur quoi peut se fonder et comment s'exprime le lyrisme nouveau réclamé par Apollinaire. • EXEMPLES : Apollinaire, *L'Esprit nouveau et les poètes*, « Zone », « Cortège » ; Cendrars, *Le Lotissement du ciel*, « Menu fretin » ; Reverdy.

7 CORRIGÉ GUIDÉ

Les titres en couleur ou entre crochets ne doivent pas figurer sur la copie.

Introduction

[Accroche] Apollinaire est très souvent présenté comme un poète moderne rompant avec les différentes traditions des siècles passés et introduisant la vie moderne dans ses poèmes.

[Citation] Pourtant s'il affirme qu'« on ne peut transporter partout avec soi le cadavre de son père », il écrit aussi que « nos pieds ne se détachent qu'en vain du sol qui contient les morts. »

[Explicitation du sujet] S'il faut, pour être un créateur, s'émanciper de l'influence de ses prédécesseurs et ne surtout pas se contenter de reproduire ce qu'ils ont fait, il faut aussi savoir puiser dans le passé les éléments d'une poésie nouvelle. On est donc tenu de se demander si cet équilibre entre tradition et modernité suffit à définir la modernité poétique.

[Annonce du plan] Nous verrons tout d'abord quelle dialectique s'opère entre modernité et tradition [I], puis nous chercherons à savoir comment cette alliance entre deux extrêmes peut fonder un lyrisme nouveau [II].

I. Tradition ou modernité ?

▶ Le secret de fabrication
Il s'agit de repérer les indices de la modernité et ceux de la tradition et de montrer comment modernité et tradition peuvent coexister.

1. Les indices de la modernité

La modernité, c'est-à-dire ce qui pourrait rompre avec une certaine tradition, se manifeste au moins sous deux formes.

• Tout d'abord les thèmes. Ils sont pris dans la réalité de ce monde moderne de la fin du XIXe et du début du XXe siècle. Apollinaire, dans *Alcools*, fait l'éloge de la « rue industrielle » et « Zone » commence par l'évocation de la Tour Eiffel. Cendrars, dans *Du monde entier*, consacre un poème au transsibérien et un autre au canal du Panama.

• C'est aussi le travail sur le vers. Cendrars, comme Apollinaire déstabilisent le vers en en supprimant la ponctuation. Ils utilisent le vers libre, en l'allongeant parfois jusqu'à ce qu'il se confonde avec de la prose, ce que note le titre (provocateur) choisi par Cendrars pour un de ses poèmes les plus connus : *La Prose du Transsibérien et de la petite Jehanne de France.* Max Jacob, quant à lui, choisit le poème en prose dans *Le Cornet à dés.*

2. Les indices de la tradition

Mais derrière ces indices d'une modernité revendiquée, on trouve aussi les traces d'une poésie plus traditionnelle.

• Il suffit de regarder la composition du recueil d'Apollinaire pour s'apercevoir que la majorité des poèmes se présentent sous la forme de strophes régulières et que le poète utilise alexandrins, octosyllabes, décasyllabes et heptasyllabes.

• Le poète puise ses références dans les temps anciens, qu'ils soient mythologiques (« Brasier »), bibliques (« Salomé »), appartenant au cycle arthurien (« Merlin et la vieille femme ») ou tous confondus comme dans « La chanson du mal aimé » où se côtoient, entre autres, les références à Ulysse, à la Bible, et à la mythologie hindoue.

• Reverdy, quant à lui intitule certains de ses poèmes « La fuite du temps » ou encore « Jour monotone », qui sont des thématiques traditionnelles.

CONSEIL
Apollinaire fait souvent référence à des personnages ou à des épisodes appartenant aux temps anciens. Cherchez à les élucider, cela vous permettra de mieux comprendre *Alcools*.

3. La coexistence de la tradition et de la modernité

La modernité ne signifie pas le refus total d'une poésie ancienne considérée comme dépassée. Au contraire, il s'agit d'un mariage subtil entre passé et présent.

• Ainsi Apollinaire écrit dans une lettre à sa marraine : « Pour ce qui est de la poésie libre dans *Alcools,* il ne peut y avoir aujourd'hui de lyrisme authentique sans la liberté complète au poète et même s'il écrit en vers réguliers, c'est la liberté qui le convie à ce sujet. Sans liberté il ne saurait y avoir de poésie. »

> **DES POINTS EN +**
> « Je ne me suis jamais présenté comme destructeur mais comme bâtisseur. » Apollinaire, *Lettre à Billy*, 29 juillet 1918.

• Cette liberté peut se manifester dans une utilisation plus prosaïque du vers régulier. Ainsi, dans « Loreley » poème composé d'alexandrins en distiques, se glisse parfois un vers de 14 syllabes ou un vers de 17 syllabes. *A contrario*, un alexandrin peut se glisser dans une strophe en vers libres ; c'est le cas, par exemple, de ce vers de *La Prose du Transsibérien et de la petite Jeanne de France* : « En ce temps-là, j'étais en mon adolescence ».

• Le goût du pastiche, pratiqué par Max Jacob, relève bien de ce mélange entre tradition et modernité : le pastiche (qui imite un ancien) oscille toujours entre éloge et moquerie, comme le montre ce titre « Poème dans un goût qui n'est pas le mien » (*Le Cornet à dés*).

[Transition] Si le jeu entre tradition et modernité est bien un indice d'une modernité poétique, il ne suffit pas à définir cette modernité poétique du début du XXe siècle. Il y faut aussi un souffle nouveau.

II. Un lyrisme nouveau

> **▶ Le secret de fabrication**
> Comment définir le « lyrisme nouveau » auquel aspire Apollinaire ? Quelles en sont les caractéristiques ?

1. « L'esprit nouveau »

Sans être véritablement ce qu'on appelle un chef de file, Apollinaire publie des textes théoriques sur la peinture (le cubisme) et tente de définir ce qu'il appelle « l'esprit nouveau » en poésie.

• En 1917, Apollinaire écrit dans *L'Esprit nouveau et les poètes* que « La surprise est le grand ressort nouveau. C'est par la surprise, par la place importante qu'il fait à la surprise que l'esprit nouveau se distingue de tous les mouvements artistiques et littéraires qui l'ont précédé. »

• Cette recherche de l'effet de surprise se manifeste, par exemple, dans « Chantre » constitué d'un monostiche au sens énigmatique (« Et l'unique cordeau des trompettes marines »), surprise d'autant plus forte que le poème est inséré entre deux poèmes plus longs et aux thématiques différentes.

• Les jeux sur les mots (forme et sens), les calembours relèvent du même effet : « Le cuisinier plume les oies / Ah tombe neige / Tombe et que n'ai-je / Ma bien-aimée entre les bras » (« La blanche neige »)

2. Un lyrisme visuel

Les calligrammes d'Apollinaire ne sont pas une simple fantaisie du poète, mais traduisent la recherche d'une nouvelle poésie visuelle.

• En effet, toujours dans *L'Esprit nouveau et les poètes*, Apollinaire note que « Les artifices typographiques poussés très loin avec une grande audace ont l'avantage de faire naître un lyrisme visuel qui était presque inconnu avant notre époque. Ces artifices peuvent aller très loin encore et consommer la synthèse des arts, de la musique, de la peinture et de la littérature. »

• Apollinaire et Cendrars introduisent des chiffres dans leurs vers : « il y a les livraisons à 25 centimes », « Pie X » (Apollinaire), ou même dans les titres des poèmes « 35° 57' latitude nord 15° 16' longitude ouest » (Cendrars).

• Les poètes s'inspirent des collages des peintres cubistes : Cendrars, dans « Le Panama ou les aventures de mes sept oncles » insère un prospectus en anglais. Reverdy délaisse l'alignement systématique des vers sur la marge gauche et les organise de manière dynamique comme des lignes graphiques sur le blanc de la page.

3. Un lyrisme fondé sur un nouvel élan

Ce lyrisme nouveau prend son essor sur le quotidien, la recherche de soi, et une aspiration à la spiritualité.

• Les poètes continuent à réhabiliter les objets du quotidien, les situations qui pourraient sembler insignifiantes ; comme au début de ce poème de Cendrars, justement intitulé « Menu fretin » : « Le ciel est d'un bleu cru / Le mur d'en face est d'un blanc cru / Le soleil cru me tape sur la tête. »

• Le « je lyrique » est à la recherche de lui-même, comme on le voit dans de nombreux poèmes *d'Alcools* (« Zone » où on suit la déambulation du poète dans la ville ; ou encore dans ce vers de « Cortège » : « Je me disais Guillaume il est temps que tu viennes »).

DES POINTS EN +

« Nous avons vu aussi depuis Alfred Jarry le rire s'élever des basses régions où il se tordait et fournir au poète un lyrisme tout neuf. [...] Aujourd'hui, le ridicule même est poursuivi, on cherche à s'en emparer et il a sa place dans la poésie, parce qu'il fait partie de la vie au même titre que l'héroïsme et tout ce qui nourrissait jadis l'enthousiasme des poètes. » Apollinaire, *L'esprit nouveau,* 1917.

• Cette recherche de soi s'accompagne d'une aspiration à la spiritualité, à l'élévation, à un sens transcendant. Une telle aspiration se manifeste dans « Zone » (« La religion seule est restée toute neuve la religion »), mais aussi chez d'autres poètes comme Max Jacob ou Reverdy. L'ouvrage en prose poétique de Cendrars, *Le Lotissement du ciel*, relève de cette même fascination.

Conclusion

[Synthèse] Comme l'écrit Apollinaire dans sa lettre à Billy, la modernité poétique n'est pas œuvre de destruction, il s'agit plutôt de donner un nouveau souffle au monde ancien, d'en jouer librement afin d'inventer ce lyrisme nouveau où se rencontrent le rire, la surprise, la mélancolie, le trivial, le questionnement de soi et la spiritualité.

[Ouverture] Un art du collage qui se rapproche du renouveau opéré par les peintres cubistes du début du siècle qui mêlent eux aussi dans leurs tableaux, lettres et images, et auquel André Breton rendra hommage.

Léry, *Histoire d'un voyage fait en la terre du Brésil*

4 heures
20 points

INTÉRÊT DU SUJET • Un explorateur aventurier rencontre des peuples qui n'ont pas été en contact avec notre civilisation. Cette expérience le fait réfléchir sur la manière de vivre des Indiens comparée aux mœurs des Européens.

Commentez ce texte de Jean de Léry, extrait d'*Histoire d'un voyage fait en la terre du Brésil*.

DOCUMENT

Artisan d'origine modeste et de religion protestante, Jean de Léry participa à une expédition française au Brésil. À cette occasion, il partagea pendant quelque temps la vie des Indiens Tupinambas. Vingt ans après son retour en France, il fit paraître un récit de son voyage.

Au reste, parce que nos Tupinambas sont fort ébahis de voir les Français et autres des pays lointains prendre tant de peine d'aller quérir[1] leur Arabotan, c'est-à-dire bois de Brésil, il y eut une fois un vieillard d'entre eux qui sur cela me fit telle demande :

« Que veut dire que vous autres Mairs et Peros, c'est-à-dire Français et Portugais, veniez de si loin pour quérir du bois pour vous chauffer, n'y en a-t-il point en votre pays ? »

À quoi lui ayant répondu que oui et en grande quantité, mais non pas de telles sortes que les leurs, ni même[2] du bois de Brésil, lequel nous ne brûlions pas comme il pensait, ains[3] (comme eux-mêmes en usaient pour rougir leurs cordons de coton, plumages et autres choses) que les nôtres l'emmenaient pour faire de la teinture, il me répliqua soudain :

« Voire[4], mais vous en faut-il tant ?

– Oui, lui dis-je, car (en lui faisant trouver bon[5]) y ayant tel marchand en notre pays qui a plus de frises[6] et de draps rouges, voire même (m'accommodant[7] toujours à lui parler de choses qui lui étaient connues) de couteaux, ciseaux, miroirs et autres marchandises que vous n'en avez jamais vu par deçà[8], un tel seul achètera tout le bois de Brésil dont plusieurs navires s'en retournent chargés de ton pays.

– Ha, ha, dit mon sauvage, tu me contes merveilles. »

Puis ayant bien retenu ce que je lui venais de dire, m'interrogeant plus outre, dit :

« Mais cet homme tant riche dont tu me parles, ne meurt-il point ?

– Si fait, si fait, lui dis-je, aussi bien que les autres. »

Sur quoi, comme ils sont aussi grands discoureurs, et poursuivent fort bien un propos jusqu'au bout, il me demanda derechef :

« Et quand donc il est mort, à qui est tout le bien qu'il laisse ?

– À ses enfants, s'il en a, et à défaut d'iceux[9] à ses frères, sœurs et plus prochains parents.

– Vraiment, dit alors mon vieillard (lequel comme vous jugerez n'était nullement lourdaud), à cette heure connais-je[10] que vous autres Mairs, c'est-à-dire Français, êtes de grands fols : car vous faut-il tant travailler à passer la mer, sur laquelle (comme vous nous dites étant arrivés par-deçà) vous endurez tant de maux, pour amasser des richesses ou à vos enfants ou à ceux qui survivent après vous ? La terre qui les a nourris n'est-elle pas aussi suffisante pour les nourrir ? Nous avons (ajouta-t-il), des parents et des enfants, lesquels, comme tu vois, nous aimons et chérissons ; mais parce que nous nous assurons qu'après notre mort la terre qui a nous a nourris les nourrira, sans nous en soucier plus avant, nous nous reposons sur cela. »

Voilà sommairement et au vrai le discours que j'ai ouï de la propre bouche d'un pauvre sauvage américain.

Jean de Léry, *Histoire d'un voyage fait en la terre du Brésil*, chapitre XIII, 1578.

1. Quérir : chercher. 2. Ni même : ni surtout. 3. Ains : mais. 4. Voire : soit. 5. En lui faisant trouver bon : pour le persuader. 6. Frises : étoffes de laine. 7. M'accomodant : essayant. 8. Par deçà : chez les Tupinambas, au Brésil. 9. À défaut d'iceux : s'il n'a pas d'enfants. 10. Je connais : je me rends compte.

LES CLÉS DU SUJET

Définir le texte

Carte d'identité du texte

- **Époque** : 2e moitié du XVIe siècle, Renaissance
- **Mouvement** : humanisme

- **Genre** : récit de voyage
- **Type de texte** : narratif, argumentatif

Buts : critiquer les peuples civilisés, faire l'éloge de la vie naturelle

Thèmes : le nouveau monde, richesse et bonheur, le regard de l'autre

- **Tonalité** : didactique
- **Autres adjectifs** : vivant, élogieux, critique

Construire le plan

1 Un épisode pittoresque	• Étudiez la précision des circonstances du récit. • Précisez le statut du narrateur : comment s'implique-t-il dans son récit ?
2 Le « sauvage » comme révélateur	• Commentez l'importance de l'étonnement du « sauvage » dans la dynamique du dialogue. • Analysez la progression du dialogue : y a-t-il une évolution dans les rapports entre les interlocuteurs ? • Quelle image du « vieillard » ce dialogue donne-t-il ?
3 Critique des Européens, éloge des Indiens	• Quelles sont les cibles de Léry ? • Quelle image Léry donne-t-il des peuples « sauvages » ?

8 CORRIGÉ GUIDÉ

Les titres en couleur ou entre crochets ne doivent pas figurer sur la copie.

Introduction

[Présentation du contexte] Dans un siècle où abondent les récits de voyages – un des effets de la colonisation des Amériques par les Européens – les hommes de la Renaissance et les écrivains humanistes redoublent d'intérêt pour les peuples du Nouveau Monde.

[Présentation du texte] Ainsi, un cordonnier protestant s'embarque en 1557 pour le Brésil. Il partage quelques mois la vie des Indiens Tupinambas. À son retour en France, ses amis le pressent de raconter son expérience et, en 1578, il publie *l'Histoire d'un voyage fait en la terre du Brésil*.

[Annonce du plan] Le récit d'une conversation avec un vieil indien rapportée de façon vive et pittoresque [I] amène Jean de Léry à réfléchir sur notre société : le « sauvage », par son regard candide et décapant, impose sa sagesse [II]. À travers lui, Léry met en lumière les défauts du monde dit civilisé et fait l'éloge de ces prétendus « sauvages » [III].

I. Un épisode pittoresque

> ▶ **Le secret de fabrication**
> Cette partie analyse ce qui donne de l'authenticité et de la vivacité à ce témoignage vécu et pittoresque en étudiant la structure du texte, le portrait des personnages et les marques de l'implication du narrateur.

1. Un récit et un dialogue plaisants, vivement menés

- Les deux interlocuteurs sont, dès le début, clairement définis : d'un côté un narrateur, de l'autre un « vieillard ». L'étrangeté du nom « Tupinambas » stimule l'imagination : le lecteur imagine visuellement le « vieillard » sous les traits d'un de ces Indiens que les voyageurs de l'époque dessinaient.
- L'usage du discours direct donne l'impression d'assister à la conversation. Du coup, le lecteur ne s'étonne pas de l'absence d'interprète et ne se demande pas en quelle langue les deux interlocuteurs communiquent.
- La vivacité du dialogue crée une impression d'authenticité. La conversation progresse naturellement par un jeu de questions-réponses, (voir les nombreux verbes de parole : « demande, ayant répondu, répliqua, lui dis-je, dit ») Elle ne semble pas artificielle : elle ne fait pas l'économie de l'étonnement des Tupinambas, « ébahis » devant les efforts déployés par les Européens pour se procurer le bois du Brésil.

2. Un narrateur soucieux d'authenticité

- Le statut du narrateur, sa présence et ses choix narratifs contribuent à donner de l'authenticité à la scène. L'emploi de la première personne du singulier tout au long du texte et du verbe « j'ai ouï » dans la dernière phrase le pose en témoin véridique.
- Si le récit est au passé simple, Léry utilise par endroits le présent (« nos Tupinambas sont fort ébahis », « ils sont aussi grands discoureurs et poursuivent… ») qui réactualise l'anecdote, vieille de plus de vingt ans.

3. Un narrateur attentif et curieux

• Le narrateur jette sur les Indiens un regard attentif et curieux. Il émaille le récit de termes empruntés à la langue des Indiens, qu'il prend soin de traduire pour ses lecteurs : « *Arabotan,* c'est-à-dire bois de Brésil », « *Mairs et Peros*, c'est-à-dire Français et Portugais »…

• Il mentionne aussi leurs us et coutumes : il précise par exemple le parti que ces Indiens tirent du bois (« pour rougir leurs cordons de coton, plumages et autres choses ») ; il rappelle leurs liens familiaux (ils « aim[ent] et chériss[ent] » leurs « parents » et « enfants »)…

II. Le « sauvage » comme révélateur

> **▶ Le secret de fabrication**
>
> Il s'agit de montrer comment, au fil du dialogue, l'étonnement du vieux « sauvage » sert le projet argumentatif de l'auteur.

1. L'étonnement révélateur d'incompréhension

• Avec la mention de la grande surprise des Tupinambas, « fort ébahis », l'étonnement devient un motif qui assure la dynamique du texte, à travers les multiples questions que pose le « vieillard » et qui font progresser le dialogue.

• Elles révèlent l'incompréhension du comportement des Européens. Le texte tourne alors à la critique : elle se fait plus franchement explicite à travers certains propos du « sauvage », qui use du mot « merveilles » (qui a encore au XVIe siècle le sens fort de « choses incompréhensible ») ou, plus brutalement, du mot « fols » (au sens très fort de « qui ont perdu la raison »).

2. Un renversement des rôles dans le dialogue

• Au début, le narrateur s'impose : ses répliques se déploient en longues phrases didactiques, structurées par de nombreux connecteurs logiques (« mais non pas », « ni même », « ains », « car », « voire même ») et par des subordonnées relatives. Son souci de convaincre le « sauvage » se marque dans ses interventions entre parenthèses (« en lui faisant trouver bon », « m'accommodant toujours à lui parler de choses qui lui étaient connues »).

• Mais, progressivement, le « vieillard » prend de l'assurance et il domine la fin de la conversation. Il clôt le dialogue par une longue intervention, au ton oratoire et persuasif. Sa tirade, qui démarre sur un adverbe assertif (« Vraiment… »), est parfaitement construite sur une succession d'interrogations rhétoriques et de connecteurs logiques (« car », « mais, parce que… ») ;

> **MOT CLÉ**
>
> La question rhétorique est une fausse question qui contient implicitement la réponse.

LITTÉRATURE D'IDÉES

elle oppose de façon très équilibrée la folie des Européens (« vous autres ») à la sagesse des Indiens (« nous… »).

• Le narrateur, à court d'arguments, ne trouve même pas quoi répondre.

3. Le « vieillard » reconnu comme l'incarnation de la sagesse

• Ce renversement fait du « vieillard » l'incarnation de la sagesse (ce que son âge laissait symboliquement présager) ; il peut donc, à la fin du dialogue, souligner les incohérences de ceux que l'on dit civilisés.

• Ses questions rhétoriques (« faut-il tant… pour… ? »), la forme interro-négative (« la terre n'est-elle pas suffisante… ? ») présentent comme une évidence la leçon qu'il donne aux Européens.

• Le narrateur s'incline devant cette force persuasive et doit même reconnaître – et faire reconnaître au lecteur pris à témoin – les qualités oratoires et argumentatives de ce qu'il qualifie avec un respect admiratif de « discours ».

• Le narrateur semble définitivement déserter le « camp » des civilisés : il reprend sur un ton ironique, pour en souligner l'erreur, des propos qui traitent avec un mépris injustifié le « vieillard » de « pauvre sauvage américain ».

III. Critique des Européens, éloge des Indiens

> **▶ Le secret de fabrication**
> Cette partie explicite la réflexion à laquelle son expérience a conduit l'auteur : elle dégage les griefs adressés implicitement aux Européens et les qualités reconnues aux Indiens injustement considérés comme sauvages.

1. La critique des Européens

Les griefs contre les nations européennes sont multiples et précis.

• Le premier reproche est concret, irréfutable : il part d'une constatation objective qui concerne la vie quotidienne des indigènes. Le sauvage dénonce le pillage des ressources naturelles du Brésil, notamment du « bois » : « Voire, vous en faut-il autant ? »

• Plus largement, l'Indien pointe du doigt l'avidité des Européens qui ne cherchent que l'enrichissement des « marchand[s] ». Ce grief était déjà préparé par le narrateur lui-même qui souligne l'abondance (« en grande quantité ») ; puis il est soutenu par l'accumulation des « marchandises » (« couteaux, ciseaux, miroirs… »), l'expression « *tout* le bois » et l'évocation très visuelle des « navires » alourdis par leur chargement.

• Enfin est dénoncée l'inconscience des « civilisés » face aux dangers et aux souffrances que produit leur cupidité : le vieillard le résume de façon saisissante : « vous endurez tant de *maux,* pour amasser des *richesses* ». De façon plus générale encore, il souligne le manque de mesure des Européens en répétant l'adverbe de quantité « tant » (« vous en faut-il *tant* ? », « cet homme *tant* riche », « *tant* de maux »…).

• En homme pratique, le « sauvage » clôt sa diatribe sur un fait concret : il s'étonne de la pratique de l'héritage que vient de lui expliquer son interlocuteur, fait incompréhensible pour les peuples indigènes. Indirectement le narrateur introduit ainsi la notion de relativité des coutumes, donc de l'absurdité à vouloir imposer sa culture à autrui.

MOT CLÉ
La relativité est le caractère de ce qui est relatif, c'est-à-dire de ce qu'on ne peut affirmer de façon absolue ; elle suppose que rien n'est vrai ou bon en soi, mais varie en fonction des circonstances et des cas.

2. L'éloge de la culture indienne

• Les Tupinambas vivent dans un profond respect de la nature, mère nourricière envers laquelle il faut avoir de la reconnaissance. L'expression « terre […] qui [les/nous] a nourris » est répétée, le verbe « nourrir » est employé trois fois (au passé et au futur).

• Ce ne sont pas des « sauvages » étrangers à tout sentiment : ils ont le sens de la famille marquant leur affection et leurs égards aussi bien pour leurs « enfants » que pour leurs ascendants et leurs proches (« des parents »).

• Enfin, ils ne sont ni inconscients ni insouciants : ils savent se projeter vers l'avenir : « nous nous assurons que […] la terre […] nourrira [nos enfants] ». Cela leur donne une sérénité que les Européens ont perdue (« nous nous reposons sur cela »).

Conclusion

[Synthèse] À travers un dialogue qui semble pris sur le vif, Jean de Léry dresse un réquisitoire contre les pays dits « civilisés » et un éloge des civilisations « sauvages ». Son témoignage personnel est porteur des valeurs humanistes et a sans doute influencé les réflexions de Montaigne dans le chapitre des *Essais* intitulé « Les Cannibales »

[Ouverture] Il est aussi précurseur des combats du siècle des Lumières : Montesquieu reprendra dans *Lettres persanes* (1721) le procédé du regard naïf de l'étranger qui voyage, Voltaire s'en inspirera dans ses contes philosophiques (*L'Ingénu*, par exemple) et le mythe du bon sauvage prendra ses racines dans des récits de voyage de ce type.

LITTÉRATURE D'IDÉES

9 Sujet d'écrit • Dissertation

À la rencontre du Nouveau Monde

4 heures
20 points

INTÉRÊT DU SUJET • Ce sujet conduit à mettre en évidence comment la découverte du Nouveau Monde a ébranlé les certitudes et nourri la réflexion des écrivains de la Renaissance et d'époques ultérieures.

Pourquoi les écrivains se sont-ils intéressés à la découverte du « Nouveau Monde » ? Comment en ont-ils rendu compte ?

Vous répondrez à cette question dans un développement argumenté, en vous appuyant sur votre lecture des *Essais* de Montaigne et sur les autres textes étudiés dans le cadre du parcours « Notre monde vient d'en trouver un autre ».

LES CLÉS DU SUJET

Analyser le sujet

Pourquoi/ Comment : questions larges, qui supposent d'étudier à la fois les raisons et les moyens d'un projet d'écriture.

la découverte du « Nouveau Monde » : l'Amérique découverte par les Européens à la fin du XVe siècle.

Pourquoi les écrivains se sont-ils intéressés à la **découverte du « Nouveau Monde »** ? **Comment** en ont-ils **rendu compte** ?

rendu compte : transcrire des observations, des remarques, des idées, partager des analyses ou des réactions avec les lecteurs.

Formuler la problématique

Comment et à quelles fins des écrivains ont-ils traité le thème de la découverte du Nouveau Monde ?

Construire le plan

① Un monde nouveau et fascinant	• Présentez les réactions de surprise et d'étonnement face au Nouveau Monde ; également les tentatives pour décrire précisément les terres et les peuples nouveaux. • EXEMPLES : Montaigne, les récits de voyage de Thevet et de Léry, les gravures de Théodore de Bry…
② Un monde qui nous interroge	• Montrez que la conquête du Nouveau Monde conduit certains auteurs à remettre en cause les pratiques et les valeurs de l'Ancien Monde. • EXEMPLES : Montaigne, les philosophes des Lumières (Montesquieu, Voltaire, Rousseau, Diderot)…

9 CORRIGÉ GUIDÉ

Les titres en couleur ou entre crochets ne doivent pas figurer sur la copie.

Introduction

[Accroche] La période historique moderne s'ouvre avec les Grandes Découvertes. Elles permettent aux navigateurs européens de découvrir de nouvelles contrées : en particulier l'Amérique, abordée par hasard en voulant gagner les Indes par une route maritime occidentale. Mais aux explorateurs succèdent les conquistadores qui soumettent avec la plus grande brutalité les peuples vivant sur ces terres nouvelles.

[Explicitation du sujet] Pourquoi des écrivains, tel Montaigne, se sont-ils intéressés à ces événements ? Comment en ont-ils rendu compte ?

[Annonce du plan] Dans un premier temps, il s'agira de comprendre la fascination exercée par ces terres et peuples nouveaux et les tentatives pour les décrire [I]. Puis nous analyserons comment la conquête qui a suivi les découvertes a conduit certains écrivains à dénoncer le modèle européen [II].

I. Un monde nouveau et fascinant

▶ **Le secret de fabrication**

Il s'agit dans cette partie de décrire les sentiments divers que suscite la découverte du Nouveau Monde à l'époque de Montaigne, ainsi que les tentatives pour rendre compte de terres et de peuples si différents de ceux de la vieille Europe.

1. Des réactions variées

La découverte du Nouveau Monde engendre des réactions différentes, selon le regard que les auteurs portent sur les peuples qui le composent.

• Le protestant Jean de Léry découvre avec fascination les mœurs et les lois civiles des Indiens Tupinambas. Dénué de préjugés, il décrit dans son *Histoire d'un voyage fait en la terre du Brésil* (1578) la beauté de ce territoire et de ce peuple. Son témoignage direct exercera une influence majeure sur Montaigne.

• Dans le chapitre « Des cannibales » des *Essais*, Montaigne présente la terre des Indiens comme « la plus riche et belle partie du monde » et souligne les qualités morales de ce peuple naturel et simple.

• Dans son journal de bord, le navigateur Christophe Colomb exprime un tout autre point de vue. Il promet aux rois d'Espagne une colonisation qui rapportera des « profits très substantiels », quitte à exploiter les populations autochtones : « Les Indiens sont propres à être commandés et à ce qu'on les fasse travailler, semer et mener tous autres travaux dont on aurait besoin ».

2. Comparer l'Ancien et le Nouveau Monde

Décrivant ce monde radicalement nouveau, les écrivains de la Renaissance soulignent tout ce qui l'oppose à l'Ancien Monde.

• Prenons l'exemple d'André Thevet qui, au milieu du XVIe siècle, part pour le Brésil dans une expédition destinée à fonder la France antarctique (colonie française dans la baie de Guanabara, au Brésil). Dans les *Singularités de la France antarctique* (1557), il décrit précisément ce qui peut choquer un Européen dans la vie et les mœurs des Tupinambas, en expliquant par exemple la pratique du cannibalisme.

• Montaigne est troublé par les différences entre les peuples indigènes d'Amérique du Sud et les Européens, mais explique que c'est ce qui fait leur richesse : « Il y a une merveilleuse distance entre leur forme et la nôtre. »

3. Décrire, nommer, classer

Les relations de voyage de l'époque traduisent la volonté de rendre compte précisément des terres et des peuples nouveaux, avec une ambition qui annonce l'ethnologie moderne.

- Jean de Léry décrit avec précision la nourriture, la langue et les rites des indigènes qu'il rencontre, et dont il partage le quotidien.
- Montaigne, fasciné par les peuples amérindiens, souligne l'importance d'une connaissance directe de leurs modes de vies. Dans « Des cannibales », il raconte sa propre rencontre avec des Amérindiens à Rouen.
- Bien qu'il n'ait jamais visité les Amériques, Théodore de Bry crée un grand nombre de gravures, basées sur les observations communiquées par des explorateurs et destinées à être diffusées à grande échelle. Cette entreprise de vulgarisation des connaissances sur l'Amérique sera poursuivie ultérieurement, notamment à travers l'immense projet de l'*Encyclopédie*, mené par Diderot dès le milieu du XVIIIe siècle (l'article « Amérique » y liste les infinies ressources de ce continent.)

II. Un monde qui nous interroge

> **▶ Le secret de fabrication**
> Vous devez montrer ici que la confrontation avec le Nouveau Monde conduit certains auteurs à valoriser des peuples « sauvages » et, ce faisant, à souligner les limites de « l'Ancien Monde ».

1. La question du statut des Indiens

Mais qui sont ces Indiens du Nouveau Monde ? Des êtres inférieurs que les Européens sont donc autorisés à réduire en esclavage ? Ou des êtres humains à l'égal des Européens ?

- Au milieu du XVIe siècle, les théologiens s'affrontent, lors la controverse de Valladolid, sur cette question. C'est le prêtre Las Casas, qui a pris la défense des Indiens contre les conquérants espagnols dans sa *Très Brève Relation de la destruction des Indes* (1542), qui l'emporte finalement.
- Plus de quatre cents ans plus tard, Jean-Claude Carrière met en scène cette confrontation dans le récit *La Controverse de Valladolid* (1992). Le dénouement, tout positif (et symbolique) qu'il soit pour les Indiens, met tout de même en lumière avec ironie la cruauté humaine : il est décidé que ce seront les Africains qui seront réduits en esclavage à la place.
- Dans « Des coches », Montaigne critique l'incapacité des conquistadores européens à concevoir l'existence d'êtres humains différents d'eux-mêmes. La réponse des Indiens face à la sommation des envahisseurs montre pourtant leur supériorité morale : les autochtones sont lucides quant au véritable motif – la soif de richesse – qui anime les Européens débarquant en Amérique.

> **MOT CLÉ**
> Les conquistadores sont les conquérants espagnols du Nouveau Monde, tels que Cortés et Pizarro.

LITTÉRATURE D'IDÉES

2. L'idéalisation du « bon sauvage »

MOT CLÉ
Le stoïcisme est une philosophie de l'Antiquité qui professe le détachement des passions pour parvenir à la sagesse et au bonheur.

• Montaigne tombe sous le charme de la simplicité des Amérindiens. Prenant le vocabulaire à rebours, il explique que la « sauvagerie » est de détourner les fruits de la nature – ce que ne font pas les Cannibales. Les Indiens font d'ailleurs preuve de vertus majeures, rappelant les préceptes stoïciens : « hardiesse et courage, […] fermeté, constance, résolution contre les douleurs et la faim et la mort » : ces « bons sauvages » ne seraient-ils pas de vrais philosophes ?

• Ce mythe du « bon sauvage » est repris et développé par Jean-Jacques Rousseau dans son *Discours sur l'origine de l'inégalité* (1755) : il y explique qu'aucune nécessité ne conduit automatiquement de « l'état de nature » à l'état social, et fait l'éloge de cet état originel, pur et non corrompu.

• De même, Diderot dans son *Supplément au Voyage de Bougainville* (1772), met en scène le discours d'un vieillard tahitien qui fait l'éloge de la libération des mœurs, et d'une société affranchie de toutes les tyrannies. Ce « sauvage » apparaît comme un sage face à des Européens orgueilleux.

3. La dénonciation de la barbarie

L'exploitation du Nouveau Monde, sa colonisation brutale conduisent d'ailleurs certains auteurs à dénoncer la barbarie des Européens eux-mêmes.

• Montaigne critique ainsi sévèrement ses contemporains : le cannibalisme est une barbarie, certes, mais présentée comme moins condamnable que celle des guerres de religion qui ravagent la France. La plus grande cruauté, pour Montaigne, est celle des Européens qui veulent imposer aux Amérindiens leur vision du monde et leurs valeurs. Il condamne avec virulence les conquistadores qui ont exterminé les Aztèques et les Incas, par pure cupidité.

• L'abbé Raynal, dans son *Histoire des deux Indes* (1770), dénonce les abus des Européens, notamment l'esclavage, dans les colonies de l'Inde orientale et du Nouveau Monde. Voltaire, dans *Candide* (1759), et Montesquieu, dans *De l'esprit des lois* (1748), dénoncent également cette pratique inhumaine.

Conclusion

[Synthèse] La découverte du Nouveau Monde bouscule les idées reçues de Montaigne et de ses contemporains. L'asservissement des Indiens met en évidence la « barbarie » des colons avides d'accaparer leurs richesses.

[Ouverture] Au XXe siècle, les anthropologues s'inscrivent dans le sillage des *Essais* de Montaigne. Dans *Tristes Tropiques* (1955), Claude Lévi-Strauss enrichit ses descriptions ethnographiques des Indiens du Brésil de réflexions philosophiques sur le sens de la civilisation.

10 Sujet d'écrit • Commentaire

Bergerac, *L'Autre Monde ou Histoire comique des États et Empires de la Lune et du Soleil*

4 heures
20 points

LITTÉRATURE D'IDÉES

INTÉRÊT DU SUJET • Comment critiquer les institutions les plus respectées tout en divertissant son lecteur ? Cyrano de Bergerac y parvient en racontant avec une fantaisie débridée un voyage interstellaire.

Commentez ce texte de Cyrano de Bergerac, extrait de *L'Autre Monde ou Histoire comique des États et Empires de la Lune et du Soleil*.

DOCUMENT

Cet ouvrage, ancêtre français de la « science-fiction », présente les voyages imaginaires du héros-narrateur, qui après avoir visité la Lune, se retrouve sur le Soleil. Là, il va être jugé par les oiseaux qui peuplent cet astre et traitent les hommes en ennemis. Une pie qui a séjourné sur Terre prend sa défense.

Elle[1] achevait ceci, quand nous fûmes interrompus par l'arrivée d'un aigle qui se vint asseoir entre les rameaux d'un arbre assez proche du mien. Je voulus me lever pour me mettre à genoux devant lui, croyant que ce fût le roi, si ma pie de sa patte ne m'eût contenu en mon assiette[2]. « Pensiez-vous donc, me dit-elle, que ce grand aigle fût notre souverain ? C'est une imagination de vous autres hommes, qui à cause que vous laissez commander aux plus grands, aux plus forts et aux plus cruels de vos compagnons, avez sottement cru, jugeant de toutes choses par vous, que l'aigle nous devait commander.

« Mais notre politique est bien autre ; car nous ne choisissons pour notre roi que le plus faible, le plus doux, et le plus pacifique ; encore le changeons-nous tous les six mois, et nous le prenons faible, afin que le moindre à qui il aurait fait quelque tort, se pût venger de lui. Nous le choisissons doux, afin qu'il ne haïsse ni ne se fasse haïr de personne, et nous voulons qu'il soit d'une humeur pacifique, pour éviter la guerre, le canal de toutes les injustices.

« Chaque semaine, il tient les États[3], où tout le monde est reçu à se plaindre de lui. S'il se rencontre seulement trois oiseaux mal satisfaits de son gouvernement, il en est dépossédé, et l'on procède à une nouvelle élection.

« Pendant la journée que durent les États, notre roi est monté au sommet d'un grand if sur le bord d'un étang, les pieds et les ailes liés. Tous les oiseaux l'un après l'autre passent par-devant lui ; et si quelqu'un d'eux le sait coupable du dernier supplice, il le peut jeter à l'eau. Mais il faut que sur-le-champ il justifie la raison qu'il en a eue, autrement il est condamné à la mort triste. »

Je ne pus m'empêcher de l'interrompre pour lui demander ce qu'elle entendait par le mot triste et voici ce qu'elle me répliqua :

« Quand le crime d'un coupable est jugé si énorme, que la mort est trop peu de chose pour l'expier, on tâche d'en choisir une qui contienne la douleur de plusieurs, et l'on y procède de cette façon :

« Ceux d'entre nous qui ont la voix la plus mélancolique et la plus funèbre, sont délégués vers le coupable qu'on porte sur un funeste cyprès. Là ces tristes musiciens s'amassent autour de lui, et lui remplissent l'âme par l'oreille de chansons si lugubres et si tragiques, que l'amertume de son chagrin désordonnant l'économie de ses organes et lui pressant le cœur, il se consume à vue d'œil, et meurt suffoqué de tristesse.

« Toutefois un tel spectacle n'arrive guère ; car comme nos rois sont fort doux, ils n'obligent jamais personne à vouloir pour se venger encourir une mort si cruelle.

« Celui qui règne à présent est une colombe dont l'humeur est si pacifique, que l'autre jour qu'il fallait accorder[4] deux moineaux, on eut toutes les peines du monde à lui faire comprendre ce que c'était qu'inimitiés[5]. »

Cyrano de Bergerac, *L'Autre Monde ou Histoire comique des États et Empires de la Lune et du Soleil*, 1657-1662.

---

1. Elle : la pie.
2. Ne m'eût contenu en mon assiette : ne m'eût fait conserver ma position.
3. Il tient les États : il tient une assemblée.
4. Accorder : mettre d'accord, réconcilier.
5. Inimitié : dispute, hostilité, haine.

LES CLÉS DU SUJET

Définir le texte

Carte d'identité du texte

- **Époque** : 2e moitié du XVIIIe siècle
- **Mouvement** : baroque

- **Genres** : roman de science-fiction, apologue, utopie
- **Type de texte** : narratif, argumentatif

Buts : dépayser, décrire une société idéale, critiquer la société européenne

Thèmes : oiseaux parlants, société utopique, organisation politique

- **Tonalités** : humoristique, satirique
- **Autres adjectifs** : pittoresque, vivant, critique

Construire le plan

1 L'attrait du dépaysement et de l'exotisme	• Analysez les caractéristiques du récit : situation, décor, personnages. • D'où viennent l'étrangeté et l'humour de ce récit ? • Analysez le personnage du roi et les pratiques décrites.
2 Une république utopique	• Étudiez les différentes composantes du régime politique des oiseaux. • Quelles sont les valeurs de cette société idéale ?
3 Une satire implicite mais virulente de notre monde	• Quels sont les rapports entre la pie et le narrateur ? • Montrez que la pie dresse le réquisitoire des sociétés humaines. Quels sont ses griefs ?

10 CORRIGÉ GUIDÉ

Les titres en couleur ou entre crochets ne doivent pas figurer sur la copie.

Introduction

[Présentation du contexte] Dans la lignée de l'*Histoire véritable* de l'écrivain grec Lucien (IIe siècle), où le personnage voyage sur la Lune, ou de l'*Utopia* de l'humaniste Thomas More, Cyrano de Bergerac, écrivain et scientifique libertin du XVIIe siècle, écrit *L'Autre Monde ou Histoire comique des États et Empires du Soleil*. Dans ce roman burlesque et fantaisiste, précurseur de la science-fiction, le narrateur-héros, un humain, voyage sur la Lune et sur le Soleil. Au fil de ses découvertes, il a des conversations philosophiques avec les habitants de ces mondes lointains.

[Présentation du texte] Sur le Soleil, au cours d'une discussion avec une pie, il découvre un nouveau système politique et social, la République des Oiseaux. Mais le texte dépasse l'anecdote, il prend des allures d'apologue et propose plusieurs niveaux de lecture.

[Annonce du plan] Le récit qui dépayse le lecteur en le faisant voyager dans un monde fantaisiste [I] dessine, à travers le discours de la pie, les contours d'une société utopique, très en avance sur son temps [II] et dresse implicitement la satire de l'organisation sociale et politique de notre monde [III].

I. L'attrait du dépaysement et de l'exotisme

> **▶ Le secret de fabrication**
> Cette partie vise à analyser comment l'auteur, grâce à son imagination, divertit le lecteur en le dépaysant. Elle s'appuie sur le relevé et l'identification des détails fantaisistes (décor exotique, personnages mi-animaux mi-humains) et sur l'étude des sources de l'humour.

1. Mi-oiseaux, mi-humains

• Le pittoresque du passage tient au cadre et à la nature des personnages. Le lecteur se trouve transporté dans un monde où toutes sortes d'« oiseaux » – « pie, aigle, moineaux, colombe » – vivent dans les « rameaux » des arbres « if, cyprès » au bord d'un « étang ». Logiquement, ces oiseaux se distinguent par leur « voix » (leur chant).

• Mais, en même temps, ces oiseaux semblent étrangement humains. L'aigle vient « s'asseoir » (et non se percher), il a les « pieds » liés ; les moineaux sont des « musiciens ». Ils sont aussi dotés de la parole – ils savent même

« justifie[r] » la raison de leurs démarches – et de sentiments : il est question de « haine », de vengeance, de « chagrin », d'« humeur pacifique », de « tristesse », de « tragique »… Ils ont aussi un système « politique » qui semble organisé selon des critères humains : ils tiennent des « États » (= des assemblées), ils ont un « gouvernement », des « élections », un « roi ».

- Ce mélange de caractéristiques animales et humaines incite Cyrano à adapter avec humour certaines expressions figurées de notre monde à ce nouvel univers : ainsi « mourir de chagrin » devient l'amusant pléonasme « mort triste » ; « être pieds et poings liés » devient « pieds et ailes liés » et l'expression « jeter à l'eau [le roi] » rappelle l'expression « faire tomber un roi » !

2. Un étrange monarque

- S'il répond bien au titre de « roi », le « souverain » est en tout point opposé au roi qui règne alors en France, comme le souligne l'erreur du narrateur qui prend l'aigle pour le roi et qui, « sottement » – comme le lui dit la pie – veut se « mettre à genoux devant lui ».
- Le groupe ternaire de superlatifs qui qualifie leur roi – « le plus faible, le plus doux, le plus pacifique », trois qualités explicitées dans la fin du paragraphe s'oppose à un autre groupe ternaire qui caractérise les souverains des hommes : « aux plus forts, aux plus grands, aux plus cruels ».

3. D'étranges pratiques

Enfin, certaines pratiques semblent fort curieuses, comme le « supplice de la mort triste ». La musique et le chant ont le pouvoir non de divertir et de plaire, mais produisent des effets « psychosomatiques » qui « désordonn[ent] l'économie [des] organes et press[ent] le cœur » jusqu'à la mort.

II. Une république utopique

> **▶ Le secret de fabrication**
>
> L'objectif de cette partie est de lire, derrière la fantaisie, le tableau d'un système politique et social idéal.

Mais derrière cette fantaisie, à travers le discours didactique de la pie, se dessine l'image d'une vie politique et sociale idéale, pleine de sagesse, en tout point contraire à celle des hommes.

1. Une république démocratique

- L'organisation politique décrite correspond à celle d'une république démocratique. Elle repose sur une « élection » (et non sur une monarchie héréditaire de droit divin) à laquelle participe tout le peuple : « *nous* […] choisissons » renvoie au suffrage universel, comme le soulignent la fréquence du pronom « nous » et les expressions « où tout le monde est reçu » et « tous les oiseaux ».

• Cette vie politique est précisément balisée et réglée. L'élection est relativement fréquente : « tous les six mois » et c'est « chaque semaine » que se « tiennent les États » qui durent « une journée » et se déroulent toujours dans un même lieu (« au sommet d'un grand if » qui n'est pas sans rappeler, de façon humoristique le « grand chêne » au pied duquel Saint Louis rendait la justice !). Les procès se tiennent lors de ces États.

2. Un roi soumis et sous surveillance

• C'est la volonté de tous et de chacun (« seulement trois oiseaux », quelqu'un d'« eux ») qui peut infléchir la vie politique en cas d'erreur, comme en témoignent les champs lexicaux du choix et du changement : « choisissons (deux fois), dépossédé, nouvelle (élection), changeons, prenons, voulons ».

• Le roi, loin d'être un monarque absolu, est soumis « pieds et ailes liés » à la décision de son peuple ; il peut être destitué à tout moment.

3. Une république pacifique et mesurée

• L'identité du monarque qui guide ce monde d'oiseaux lors de la visite du narrateur est symbolique : il s'agit d'une « colombe », emblème de la paix et de la concorde, « dont l'humeur est si pacifique » (l'adjectif est utilisé deux fois) qu'elle ne conçoit pas l'existence de la violence et ne comprend pas « ce que c'était qu'inimitiés ».

• C'est aussi un monde dont les passions sont exclues : le roi est choisi de façon qu'il « ne haïsse ni ne se fasse haïr de personne ».

• La peine de mort existe mais elle n'est utilisée que pour punir le roi s'il est vraiment « coupable du dernier supplice » ou châtier tout oiseau qui l'aurait accusé à tort. Quoi qu'il en soit, tous essaient d'éviter « une mort si cruelle » et « un tel spectacle n'arrive guère ». Elle n'existe donc que pour sa force dissuasive. Le texte se présente bien comme une utopie.

> **MOT CLÉ**
> L'utopie est un genre littéraire qui, à l'occasion du récit d'un voyage, décrit une société imaginaire idéale. Elle a pour fonction de faire réfléchir sur le monde réel et d'en critiquer les défauts.

III. Une satire implicite mais virulente de notre monde

> **▶ Le secret de fabrication**
> Il s'agit ici de montrer que la description de cette société idéale imaginaire mène, par la comparaison implicite avec la nôtre, à une réflexion critique.

En filigrane se dessine une satire implicite du monde des humains.

1. Une pie critique et un narrateur-homme remis à sa place

• La pie semble donner une leçon au narrateur. Son discours, très didactique, est rigoureusement structuré. Après avoir remis à sa place son auditeur, elle progresse de la théorie à l'exemple : elle explique l'organisation politique générale des oiseaux, puis l'illustre par la description de la « mort triste » pour conclure sur le portrait du roi idéal. Elle suit une progression allant du plus général au plus précis, marquée par les indications temporelles : « tous les six mois », « chaque semaine », « la journée ».

• En face de cette pie qui sait raisonner, le narrateur (et avec lui les hommes) ne fonde son jugement que sur des croyances ou des imaginations (« pensiez-vous donc », « c'est une imagination », « vous avez sottement *cru* »).

2. La critique des humains

• Mais l'exposé tient aussi du réquisitoire. La pie ne cesse d'égratigner la société des humains, en dénonçant leur anthropocentrisme et leur intolérance (« vous avez sottement cru, jugeant de toutes choses par vous »).

• La pie condamne la guerre de façon très explicite comme le pire des fléaux à travers la périphrase et la métaphore qui la désignent en fin de paragraphe : « le canal de toutes les injustices ». Elle la présente comme la conséquence du mauvais choix des rois chez les humains. En effet, si les deux adjectifs qui les désignent comme « [les] plus grands, [les] plus forts » peuvent paraître laudatifs, le dernier qualificatif « [les] plus cruels » annule toute connotation positive des deux premiers et établit le lien entre le monarque et la guerre.

• Par ailleurs, la description du système politique des oiseaux comme une république montre bien que la monarchie est présentée comme obsolète : le roi des oiseaux n'a en fait plus rien d'un roi européen.

• Enfin, à la base de cette situation, la pie met en cause la soumission aveugle des hommes qui « laisse[nt] commander » à ceux qui ne le méritent pas.

Conclusion

[Synthèse] Le roman de Cyrano, apparemment plaisant et pittoresque, aborde en fait des sujets très sérieux et osés.

[Ouverture] Parodie des récits de voyage et des éloges à la mode, mais aussi apologue, il ouvre la voie, par sa stratégie, son humour et sa fantaisie, au conte philosophique du XVIIIe siècle, comme *Candide*, et au roman de science-fiction du XIXe siècle.

LITTÉRATURE D'IDÉES

11 Sujet d'écrit • Commentaire

La Bruyère, *Les Caractères*, « De l'homme », XI

4 heures
20 points

INTÉRÊT DU SUJET • La Bruyère, en moraliste avisé, caricature les défauts humains et tire profit des ressources de l'imagination pour nous donner une leçon morale.

▶ Commentez ce texte de Jean de La Bruyère, extrait des *Caractères*.

DOCUMENT

Dans Les Caractères, *La Bruyère observe en moraliste les comportements de ses contemporains et des hommes en général.*

Irène se transporte à grands frais en Épidaure[1], voit Esculape dans son temple, et le consulte sur tous ses maux. D'abord elle se plaint qu'elle est lasse et recrue de fatigue ; et le dieu prononce que cela lui arrive par la longueur du chemin qu'elle vient de faire. Elle dit qu'elle est le soir sans appétit ; l'oracle lui ordonne de dîner peu. Elle ajoute qu'elle est sujette à des insomnies ; et il lui prescrit de n'être au lit que pendant la nuit. Elle lui demande pourquoi elle devient pesante, et quel remède ; l'oracle répond qu'elle doit se lever avant midi, et quelquefois se servir de ses jambes pour marcher. Elle lui déclare que le vin lui est nuisible : l'oracle lui dit de boire de l'eau ; qu'elle a des indigestions : et il ajoute qu'elle fasse diète. « Ma vue s'affaiblit, dit Irène. – Prenez des lunettes, dit Esculape. – Je m'affaiblis moi-même, continue-t-elle, et je ne suis ni si forte ni si saine que j'ai été. – C'est, dit le dieu, que vous vieillissez. – Mais quel moyen de guérir de cette langueur[2] ? – Le plus court, Irène, c'est de mourir, comme ont fait votre mère et votre aïeule. – Fils d'Apollon, s'écrie Irène, quel conseil me donnez-vous ? Est-ce là toute cette science que les hommes publient, et qui vous fait révérer de toute la terre ? Que m'apprenez-vous de rare et de mystérieux, et ne savais-je pas tous ces remèdes que vous m'enseignez ? – Que n'en usiez-vous donc, répond le dieu, sans venir me chercher de si loin, et abréger vos jours par un long voyage ? »

Jean de La Bruyère, *Les Caractères*, « De l'homme », XI, 1688.

---

1. Épidaure : région de Grèce où se trouve le temple d'Esculape, dieu de la médecine. Esculape est le fils d'Apollon.
2. Langueur : manque d'énergie.

LES CLÉS DU SUJET

Définir le texte

Carte d'identité du texte

- **Époque** : 2e moitié du XVIIe siècle
- **Mouvement** : classicisme

- **Genre** : portrait sous forme de dialogue, fable, petite comédie
- **Type de texte** : narratif, descriptif, argumentatif

Buts : amuser, critiquer, donner des conseils de vie

Thèmes : santé et maladie, la cour, la condition humaine

- **Tonalités** : satirique, ironique
- **Autres adjectifs** : vivant, fantaisiste, critique

Construire le plan

1 La fantaisie : un portrait entre fable et comédie

- Analysez les personnages de cette saynète : en quoi s'opposent-ils ?
- Comment le portrait d'Irène est-il construit ? Quels sont ses points communs avec une fable ? une comédie ?
- Quel est le registre de ce texte ?

2 La leçon implicite d'un auteur classique

- Quels conseils La Bruyère donne-t-il pour la vie de tous les jours ?
- Quelles sont les cibles ? Quel travers dénonce-t-il ?
- Quelle image donne-t-il de l'être humain ?

11 CORRIGÉ GUIDÉ

Les titres en couleur ou entre crochets ne doivent pas figurer sur la copie.

Introduction

[Présentation du contexte] Au XVIIe siècle les moralistes adoptent diverses stratégies pour dénoncer les travers humains et « instruire » les hommes : certains optent pour l'argumentation directe (La Rochefoucauld, *Maximes*) ; d'autres prennent des voies détournées pour « instruire » mais aussi « plaire » (comédies de Molière qui « corrigent les mœurs par le rire », ou *Fables* de La Fontaine).

[Présentation du texte] Le moraliste La Bruyère, dans *Les Caractères et mœurs de ce siècle*, dresse une galerie de portraits qui lui permet de donner une image variée de l'« ample comédie » humaine, de critiquer les comportements humains et d'amener son lecteur à un jugement personnel. Dans « De l'homme », il rapporte une anecdote située dans un passé fictif, et fait, sous forme de dialogue, le portrait d'Irène venue consulter un dieu sur ses maux.

[Annonce du plan] La fantaisie de cette scène [I] amène le lecteur à une réflexion morale sur la nature humaine et donne des conseils de vie [II].

I. La fantaisie : un portrait entre fable et comédie

> **▶ Le secret de fabrication**
> Cette partie analyse la vivacité, la fantaisie imaginative et l'humour du portrait à partir de l'étude de sa structure, du contexte temporel, du dialogue et du traitement des personnages.

S'agit-il d'un portrait, d'une fable, d'une comédie ? Les trois à la fois : ce pourrait être une fable dont le titre serait « Le Dieu et l'Hypocondriaque » ou une comédie dont le titre serait *La Malade imaginaire*.

> **À NOTER**
> La Fontaine définit ses *Fables* comme « une ample comédie aux cent actes divers ».

1. La progression d'une fable

- Le portrait présente brièvement les personnages (Irène et le dieu Esculape), campe le décor (Épidaure), précise le sujet : une consultation.

- Le corps de l'anecdote s'articule en deux parties. La première aborde les petits maux de la vie quotidienne – « fatigue », manque d'« appétit », « insomnies », intolérance à certains mets ou boissons (le « vin »), « indigestions ». La seconde partie concerne des maux plus sérieux, voire existentiels (aléas liés à la vieillesse – baisse de la vue, « langueur » – ; mort).

• Pour rendre son récit plus plaisant, La Bruyère en varie le mode. La première partie est rapportée au style indirect, d'un ton un brin moqueur ; la multiplication de la conjonction de coordination « et » qui débute chaque plainte d'Irène et la répétition de séquences identiques – plainte d'Irène/remède d'Esculape – donnent une impression de « mécanique plaquée sur du vivant » et crée un comique de répétition. Dans la deuxième partie, la consultation est retranscrite au style direct : on y assiste comme si elle se passait devant nous.

• La Bruyère soigne aussi le rythme du récit : il en accélère le tempo en précipitant les répliques qui se succèdent rapidement et s'abrègent.

• Ainsi, pour ne pas « apporter de l'ennui », La Bruyère allie deux principes opposés : répétition et variation, comme dans une comédie burlesque.

2. Un mélange plein de fantaisie

• La vivacité de l'anecdote tient aussi au mélange de deux mondes : l'humain – « Irène » est bien un nom humain – et le divin : « Esculape » est le dieu grec de la médecine. Mais nous sommes dans un monde de fantaisie où ces deux personnages dialoguent sans problème, comme dans un conte.

À NOTER
La Fontaine dit, à propos de l'apologue, qu'« une morale nue apporte de l'ennui / [et que] Le conte fait passer la morale avec lui ».

• Mélange des époques également, de l'Antiquité au siècle de Louis XIV.

– Le décor est celui d'une Grèce antique de convention : « Épidaure », ville sanctuaire de la médecine ; « temple », lieu de pèlerinage païen, où règne le « dieu Esculape », désigné par la périphrase « fils d'Apollon » ou par sa fonction : « l'oracle ».

– Mais, par ailleurs, le mode de vie d'Irène renvoie à la vie d'excès, à l'opulence de la cour : « dîner[s] » trop abondants qui provoquent des « indigestions », arrosés de « vin », veillées tardives et paresse au lit jusqu'à « midi ». Irène se fait transporter en voiture… Quelques détails – la mention des « lunettes » ou celle de la maladie de « langueur » – nous entraînent sans hésitation possible du côté du XVIIe siècle.

3. Des personnages de comédie

Les deux personnages, bien dessinés et en forte opposition – l'aristocrate hypocondriaque et le dieu farceur – pourraient figurer dans une comédie de Molière ou une fable de La Fontaine.

• Pour un lecteur savant le nom d'Irène implique une femme pondérée (le grec *eirênê* signifie « la paix »), alors qu'il constitue ici une antiphrase ironique : Irène est anxieuse et tourmentée. Son tempérament hypocondriaque s'impose à travers l'accumulation de plaintes qui, en réalité, ne portent au début que sur des maux courants (fatigue, mauvaise digestion, vue déficiente…). À la fin, elle se laisse aller à la colère (« elle s'écrie ») et oublie tout respect pour le dieu : elle lui adresse trois questions rhétoriques qui mettent en doute sa « science » et prétend pour finir être son égale (« ne savais-je pas tous ces remèdes »). Son irrespect se marque dans la nuance péjorative des adjectifs indéfinis et démonstratifs associés : « *toute cette* science, *tous ces* remèdes ».

• Face à elle, Esculape descend de son piédestal antique (comme le Mercure que Molière ou La Fontaine mettent en scène, l'un dans sa comédie *Amphitryon,* l'autre dans sa fable « Le Bûcheron et Mercure »). Il a les traits d'un dieu ironique, sans cœur : ses réponses sont lapidaires – elles ne répondent pas du tout aux espérances d'Irène. Plus la consultation avance, plus ses interventions sont acerbes, mordantes, frappées d'un bon sens cruel : il conseille à Irène de « se servir de ses jambes pour marcher », affirme que, pour mettre fin à tous ses maux, « le plus court, c'est de mourir ». Il ne ménage pas son interlocutrice : « c'est que vous vieillissez », lui déclare-t-il.

II. La leçon implicite d'un auteur classique

▶ Le secret de fabrication

Cette partie dégage le message implicite de cette saynète cocasse et explicite la « leçon », aussi bien pratique qu'existentielle, que le moraliste classique délivre à travers elle.

1. Une fable à clé ?

MOT CLÉ
Un texte à clé met en scène des événements et des personnages réels sous couvert de la fiction, pour éviter la censure tout en faisant une satire.

• Pour le lecteur de l'époque, derrière Irène se profile Mme de Montespan, l'autoritaire maîtresse de Louis XIV, qui vivait « à grands frais », se disait toujours « recrue de fatigue » et avait une crainte maladive de mourir.

• Le long voyage d'Irène pour consulter un médecin (« de si loin ») rappelait aux contemporains les fréquentes cures thermales de Mme de Montespan pour guérir « tous ses maux ». Un médecin lui aurait répondu comme Esculape. Enfin, le nom d'Irène, ancienne impératrice de Byzance et conspiratrice ambitieuse, pouvait faire penser à la favorite officielle du roi.

• À travers Irène, La Bruyère fait la peinture de la vie des courtisans, avec son intempérance, ses nuits sans sommeil, ses fêtes et sa paresse ; le portrait tourne alors à la satire de la cour. C'est là le contraire de l'idéal classique de la juste mesure que le dieu rappelle par les mots « peu », « diète » ou la négation restrictive (« *n'*[être au lit] *que*… »).

2. L'analyse d'un moraliste classique sur la condition humaine

• L'homme aime se lamenter sur son sort, comme en témoignent les multiples doléances d'Irène, émaillées de mots négatifs (« sans [appétit] », « ni… ni… ») et péjoratifs (« maux », « lasse »…).

• La Bruyère montre aussi que l'homme manque de bon sens : il connaît les « remèdes » à ses « maux », mais il espère en trouver de plus doux auprès d'autrui (ici, Esculape).

• La Bruyère souligne également la conduite paradoxale de l'homme face à la vieillesse et à la mort : il veut vivre longtemps, mais néglige sa santé.

• Enfin, Esculape se moque d'Irène par une lapalissade féroce (« le plus court [moyen] […] de guérir de cette [langueur] c'est de mourir »), qui ne saurait à l'évidence constituer un vrai « remède » à la misère de l'homme.

3. Une leçon de vie

• Concrètement, à travers le dieu, le moraliste donne des conseils élémentaires de vie : la médecine ne peut tout soigner ; mais, pour garder la santé, il faut être tempérant, ne pas hésiter devant l'effort et se fier à son bon sens.

• D'un point de vue plus existentiel, La Bruyère indique les erreurs à éviter : ne pas vouloir rester toujours jeune, ne pas aller contre la condition humaine, ne pas commettre la faute de Prométhée qui voulait égaler les dieux immortels.

• Implicitement, et plus positivement, dans sa dernière phrase, c'est une leçon de lucidité que délivre le dieu : plutôt que de se plaindre, l'homme doit profiter du temps qui lui est accordé, sans le perdre dans de « longs voyages ».

MOT CLÉ
Un moraliste est un auteur qui, spectateur attentif de la société et des comportements humains, traite des mœurs et de la morale et enseigne à conduire sa vie. Montaigne, La Rochefoucauld, Pascal, La Bruyère, La Fontaine sont parmi les plus connus.

Conclusion

[Synthèse] La Bruyère a su adopter une stratégie adaptée à ses lecteurs mondains qui se plaisaient à ces sortes de croquis et se reconnaissaient dans cette « ample comédie » à la manière d'un Molière ou d'un La Fontaine. Mais ses portraits servent aussi son projet de moraliste : donner une image de l'homme, amener les lecteurs de tout temps à réfléchir sur la destinée humaine.

[Ouverture] Amusés par le tour ingénieux du portrait, les lecteurs se laissent à la fois convaincre et persuader plus facilement que par d'austères maximes, à la manière de celles de La Rochefoucauld.

Récit et moralité dans les *Fables* de La Fontaine

4 heures
20 points

INTÉRÊT DU SUJET • Au moyen d'un plan dialectique, vous allez montrer comment l'on peut dépasser l'apparente contradiction entre récit et moralité, imagination et pensée au sein des fables.

Dans la préface des *Fables*, La Fontaine affirme que « l'apologue est composé de deux parties dont on peut appeler l'une le corps, l'autre l'âme. Le corps est la fable ; l'âme, la moralité ». Selon vous, les fables des livres VII à XI donnent-elles la primauté au récit ou à la moralité ?

Vous répondrez à cette question dans un développement argumenté, en vous appuyant sur votre lecture des *Fables* de La Fontaine et sur les autres textes étudiés dans le cadre du parcours « Imagination et pensée au XVIIe siècle ».

LES CLÉS DU SUJET

Analyser le sujet

l'apologue : récit allégorique à visée morale désignant la fable.

fable : court récit allégorique qui illustre un principe moral.

Dans la préface des *Fables*, La Fontaine affirme que « **l'apologue** est composé de deux parties dont on peut appeler l'une le corps, l'autre l'âme. Le corps est la **fable** ; l'âme, la moralité ». Selon vous, les fables des livres VII à XI donnent-elles la **primauté** au **récit** ou à la **moralité** ?

primauté : prédominance, supériorité.

moralité : énoncé explicite ou implicite qui tire la leçon générale de la fable.

récit : narration d'événements (réels ou imaginaires).

Formuler la problématique

La fable est-elle un genre fondamentalement narratif qu'accessoirement on considérerait comme un genre moral ?

Construire le plan

1 La prééminence du récit sur la moralité	• Quelle est la part du récit par rapport à la « leçon » qu'on en tire finalement ? • Réfléchissez à la possibilité de supprimer l'un ou l'autre (récit ou moralité) : le résultat peut-il être encore qualifié de fable ? • EXEMPLES : « Les Animaux malades de la peste », VII, 1 ; *L'Émile* de Rousseau ; *Maximes* de La Rochefoucauld…
2 La primauté de la moralité sur le récit	• Montrez que la moralité constitue la finalité du récit. • Interrogez la dimension didactique et morale de la fable : serait-elle possible sans la moralité ? • EXEMPLES : « Le rat et l'Eléphant », VIII, 15 ; « Le gland et la Citrouille », IX, 4 ; « Le Berger et son Troupeau », IX, 19…
3 Le double statut générique de la fable (narrative et argumentative)	• Comment récit et morale s'articulent-ils dans le texte au niveau de l'argumentation ? • Comment imagination et pensée s'étayent-elles mutuellement au niveau rhétorique ? • EXEMPLES : « Le Pouvoir des fables », VIII, 4 ; « Le Pâtre et le Lion », VI, 1…

LITTÉRATURE D'IDÉES

12 CORRIGÉ GUIDÉ

Les titres en couleur ou entre crochets ne doivent pas figurer sur la copie.

Introduction

[Accroche] L'argumentation n'apparaît pas toujours d'une manière explicite dans un texte ; elle peut passer par un biais qui lui est apparemment étranger. C'est sur ce modèle d'argumentation indirecte que fonctionne la fable : constituée en majeure partie d'un récit, elle ne relève pas moins de la littérature d'idées, ce dont témoigne, le plus souvent, la présence d'une morale.

[Citation] La Fontaine le notait dans la préface de ses *Fables* : « l'apologue est composé de deux parties dont on peut appeler l'une le corps, l'autre l'âme ». Et il précisait : « Ce corps est la fable ; l'âme, la moralité ».

[Explicitation du sujet] Pour La Fontaine, l'apologue aurait, à l'image de l'homme, une nature double, partagée entre son corps – le récit – et son âme – la morale. L'un ne pouvant aller sans l'autre, cela tendrait à prouver l'égalité absolue de deux parties. Pourtant, l'importance croissante accordée au récit à partir du septième recueil des *Fables* pourrait donner à penser que La Fontaine affirme sa prééminence sur la moralité. On pourrait dès lors se demander à qui, du récit ou de la moralité, les fables donnent la primauté. Autrement dit, c'est la question de la particularité générique de la fable qui se trouve posée : est-elle un genre narratif ou argumentatif ?

[Annonce du plan] Nous examinerons d'abord la prééminence du récit [I] puis montrerons la primauté de la morale [II] pour enfin nous demander si la séparation de ces deux entités est même possible [III].

I. La prééminence du récit sur la morale

> **▶ Le secret de fabrication**
> La première partie s'attache à montrer la prédominance du récit dans la fable. Il faut donc répertorier des arguments qui le prouvent : quelle place occupe le récit et quel rôle joue-t-il ?

1. La part dévolue au récit

• Si le récit semble le plus important, c'est d'abord parce qu'il occupe la plus grande place. Il s'impose comme la partie la plus longue de la fable : plusieurs dizaines de phrases contre à peine quelques-unes pour la leçon.

• C'est le cas, par exemple, dans « Les Animaux malades de la peste » (VII, 1) : la morale « Selon que vous serez puissant ou misérable, / Les jugements de cour vous rendront blanc ou noir » clôt de manière lapidaire et synthétique un récit de plus de cinquante vers.

• Cela influence le statut même du texte : les enfants lisent avant tout les *Fables* comme un texte narratif et l'abordent en général comme un conte. C'est, au reste, le reproche que Rousseau fait à La Fontaine dans *L'Émile* : pour lui, les jeunes esprits sont portés à s'identifier au personnage le plus fort qui n'est souvent pas l'être le plus moral mis en scène dans le récit.

2. Des fables sans morale

• La primauté du récit semble confirmée par l'examen des fables sans moralité explicite, qui n'en sont pas moins considérées comme des apologues. Dès lors, la morale semble superflue et on peut la supprimer sans opérer un changement de catégorie littéraire. Pourtant, l'opération inverse paraît impossible : cela provoquerait une mutation générique du texte qui, de fables, deviendrait maximes.

• L'expérience peut être tentée avec le recueil de La Fontaine ; en ne gardant que les morales exprimées, on obtiendrait un recueil de sentences générales proches formellement des *Maximes* d'un La Rochefoucauld.

[Transition] Ainsi, certains arguments semblent prouver la primauté du récit sur la morale dans la fable : il occupe un volume plus important dans le texte. De plus, la fable apparaît régulièrement sans morale alors que, sans récit, elle devient simple maxime et perd son statut d'apologue. Mais alors pourquoi, si seul le récit compte dans la fable, cette dernière ne se confond-elle pas avec les genres narratifs ? Pourquoi occupe-t-elle une place spécifique dans la nomenclature des genres ? C'est peut-être que la morale est moins négligeable qu'il y semblait.

CONSEIL
Pour assurer la transition d'une partie à l'autre et amorcer la réflexion à suivre sans dévoiler son contenu, on peut recourir à la modalité interrogative, qui soutient l'intérêt et dynamise la démonstration.

LITTÉRATURE D'IDÉES

II. La primauté de la réflexion sur le récit

▶ Le secret de fabrication
La deuxième partie va chercher des arguments en faveur de la primauté de la réflexion. Il faut donc réévaluer la part de la réflexion dans la fable : cette dernière ne se définit-elle pas d'abord comme un genre didactique ?

1. La moralité comme finalité de la fable

• Si le récit constitue la plus large partie de la fable, sa leçon n'en est pas moins importante. On peut en effet considérer que le récit n'est que le moyen de l'apologue, alors que la morale en est la fin. La réflexion constitue donc le but vers lequel tend le récit.

• C'est ce qui apparaît si l'on observe la place qu'occupe traditionnellement la moralité dans la fable, le plus souvent située à un endroit stratégique : soit l'ouverture (« Le Rat et l'Éléphant », VIII, 15 ou « Le Gland et la Citrouille », IX, 4), soit la clôture (« Le Rat et l'Huître » ou « Le Berger et son Troupeau », IX, 19). Lui réserver une telle place d'honneur, c'est donc bien le signe de l'importance capitale qui lui est accordée.

2. La fable comme genre didactique

• Si le récit peut prendre en charge la dimension argumentative de la fable, seule la morale, explicite ou implicite, peut révéler son rôle didactique.

• Or La Fontaine précise, dans la préface des *Fables*, que « par les raisonnements et conséquences que l'on peut tirer de ces fables, on se forme le jugement et les mœurs, on se rend capable de grandes choses ». Le but premier de l'apologue est donc bien l'enseignement que le lecteur peut en tirer. L'apologue se distingue par sa dimension didactique et morale, que lui confère la moralité.

[Transition] Si certains arguments semblaient prouver la prééminence du récit, d'autres au contraire montrent celle de la moralité : elle paraît, par sa place même dans la fable, constituer le but ultime du récit ; la leçon finale est la seule à pouvoir prendre en charge la dimension didactique de l'apologue alors que le récit assurait sa fonction argumentative. Comment, dès lors, dépasser cette apparente contradiction dans la définition générique de la fable ? À moins que ce ne soit précisément cette dualité qui fasse la spécificité du genre ?

III. Le double statut générique de la fable

> **▶ Le secret de fabrication**
> Cette partie cherche à dépasser l'opposition des deux premières. Conclure à la primauté du récit ou de la moralité, c'est méconnaître le genre même de la fable, qui repose précisément sur l'articulation entre les deux.

1. L'articulation argumentative

• Récit et réflexion sont complémentaires dans l'apologue, d'abord parce que si la leçon est la thèse du texte, le récit en est à la fois l'exemple et l'argument.

• Par exemple, dans « Le Pouvoir des fables » (VIII, 4), La Fontaine exprime la nécessité de divertir les hommes par des contes plaisants. Cette thèse est exprimée par la moralité finale, affirmant qu'il faut « amuser encor [le monde] comme un enfant », c'est-à-dire satisfaire la part d'enfance présente en chaque lecteur. Et elle est illustrée par le récit qui précède, où l'on voit le peuple athénien plus captivé par l'apologue de l'orateur que par sa harangue sur la patrie en danger.

• Le récit est donc bien à la fois l'illustration et l'argument de la thèse de la fable. Ce qui importe alors, ce n'est pas le récit ou la moralité, mais la façon dont s'articulent l'un et l'autre.

2. L'articulation rhétorique

• Toutefois, cette articulation n'est pas seulement argumentative, elle est aussi rhétorique. En effet, l'apologue, conformément à la doctrine héritée d'Horace et reprise explicitement par La Fontaine dans « Le Pâtre et le Lion » (VI, 1), se doit d'« instruire et de plaire » (*docere et placere*) ; ce qui fonde la particularité du genre apologétique, c'est justement cette double ambition qui le distingue des autres genres de la littérature d'idées.

• Cependant, on n'instruit pas toujours un lecteur avec les armes qu'on utilise pour lui plaire : la dualité rhétorique de la fable rencontre alors sa dualité générique. Généralement, la morale, explicite ou implicite, instruit et fait réfléchir, tandis que le récit séduit le lecteur.

• Abandonner l'une ou l'autre de ces deux dimensions, c'est donc oublier ce qui fait l'originalité du genre : la fable instruit en plaisant et plaît en instruisant ; plus encore, c'est parce que le récit flatte l'imagination qu'il pousse à la réflexion, et c'est parce qu'il donne à penser qu'il plaît.

Conclusion

[Synthèse] Il n'y a donc pas de primauté d'un récit, souvent développé, au détriment d'une morale esquissée, voire parfois implicite. Si des arguments jouent tantôt en faveur de l'une ou de l'autre des composantes de la fable c'est bien qu'il faut garder à l'esprit la dualité fondatrice du genre.

[Ouverture] Ni simple récit, ni pure morale, la fable est à l'image de l'homme, « corps et âme », à quoi La Fontaine ajoute encore une dimension poétique en proposant des apologues versifiés.

CONSEIL
L'ouverture peut être l'occasion d'élargir la perspective, en rappelant par exemple que les fables relèvent aussi du genre lyrique.

Voltaire, *L'Ingénu*, « Les deux captifs étaient fort d'accord... »

4 heures
20 points

INTÉRÊT DU SUJET • Dans le style plaisant qui caractérise les contes philosophiques de Voltaire, cet extrait de *L'Ingénu* délivre en peu de lignes les principaux messages philosophiques du conte.

▶ Commentez ce texte de Voltaire, extrait de *L'Ingénu*.

DOCUMENT

Voltaire met en scène un Huron, fraîchement arrivé dans la France du XVIIe siècle et découvrant de son regard neuf les usages du pays. Débarqué en Bretagne, le héros s'est rendu à Versailles pour y obtenir la récompense de services militaires qu'il a rendus et l'autorisation d'épouser celle qu'il aime. À la suite d'une discussion au sujet de l'Église et du roi, il se retrouve emprisonné à la Bastille avec Gordon, un prêtre janséniste.

Les deux captifs étaient fort d'accord sur l'injustice de leur captivité. « Je suis cent fois plus à plaindre que vous, disait l'Ingénu ; je suis né libre comme l'air ; j'avais deux vies, la liberté et l'objet de mon amour : on me les ôte. Nous voici tous deux dans les fers, sans en savoir la raison et sans pouvoir la demander. J'ai vécu Huron vingt ans ; on dit que ce sont des barbares, parce qu'ils se vengent de leurs ennemis ; mais ils n'ont jamais opprimé leurs amis. À peine ai-je mis le pied en France, que j'ai versé mon sang pour elle ; j'ai peut-être sauvé une province, et pour récompense, je suis englouti dans ce tombeau des vivants, où je serais mort de rage sans vous. Il n'y a donc point de lois dans ce pays ? On condamne les hommes sans les entendre ! Il n'en est pas ainsi en Angleterre. Ah ! ce n'était pas contre les Anglais que je devais me battre. » Ainsi sa philosophie naissante ne pouvait dompter la nature outragée dans le premier de ses droits, et laissait libre cours à sa juste colère.

Son compagnon ne le contredit point. L'absence augmente toujours l'amour qui n'est pas satisfait, et la philosophie ne le diminue pas. Il parlait aussi souvent de sa chère Sainte-Yves que de morale et de métaphysique. Plus ses sentiments s'épuraient, et plus il aimait. Il lut quelques romans nouveaux ; il en trouva peu qui lui peignissent la situation de son âme. Il sentait que son cœur allait toujours au-delà de ce qu'il lisait. « Ah ! disait-il, presque tous ces auteurs-là n'ont que de l'esprit et de l'art. » Enfin le bon prêtre janséniste devenait insensiblement le confident de sa tendresse. Il ne connaissait l'amour auparavant que comme un péché dont on s'accuse en confession. Il apprit à le connaître comme un sentiment aussi noble que tendre, qui peut élever l'âme autant que l'amollir, et produire même quelquefois des vertus. Enfin, pour dernier prodige, un Huron convertissait un janséniste.

Voltaire, *L'Ingénu*, chapitre XIV, 1767.

LES CLÉS DU SUJET

Définir le texte

Carte d'identité du texte

- **Époque :** XVIIIe siècle, les Lumières
- **Thème :** les rapports de la nature et de la culture
- **But de l'auteur :** la critique des mœurs et des institutions
- **Tonalités :** polémique, satirique, ironique, lyrique

Construire le plan

❶ La prison : un lieu dialectique	• Intéressez-vous à la relation de l'Ingénu et Gordon : qu'est-ce qui réunit les deux compagnons d'infortune ? • Étudiez le traitement du thème de la liberté. Comment le héros en prend-il conscience ?
❷ L'éducation sentimentale de l'Ingénu	• Analysez l'évolution du sentiment amoureux chez le héros : peut-on encore parler de passion ? comment l'émotion a-t-elle cédé la place à la réflexion ? • Qualifiez la sensibilité de l'Ingénu : qu'est-ce qui, dans sa conception de l'amour, annonce le romantisme ?
❸ Une conversion « prodige »	• Montrez que, plus qu'à une inversion des rôles, le passage propose une pédagogie mutuelle. Comment la raison triomphe-t-elle finalement des préjugés ? • Portez votre attention sur la phrase de chute : que traduit-elle de la pensée de l'auteur ?

13 CORRIGÉ FLASH

Les titres en couleur ou entre crochets ne doivent pas figurer sur la copie.

Introduction

[Présentation de l'œuvre et de l'extrait] Paru en 1767, *L'Ingénu* de Voltaire situe son intrigue dans la France de Louis XIV et retrace les aventures d'un « Sauvage » devenu « philosophe intrépide », modèle des Lumières. Au chapitre XIV, l'auteur rapproche malicieusement dans l'univers confiné d'une prison son héros et un homme de religion : alors que tout semble les opposer, Gordon va apporter au Huron la culture qui lui fait défaut ; en retour, l'Ingénu va transmettre au janséniste l'esprit de tolérance qui lui manquait. Le chapitre XIV offre donc un exemple de pédagogie singulier où la culture vient perfectionner la nature et le bon sens naturel se dresser contre les désordres de la civilisation.

[Problématique] Comment dès lors comprendre cet éloge paradoxal sous la plume de Voltaire ?

[Annonce du plan] Il s'agira d'envisager d'abord la prison comme un lieu dialectique [I] puis d'étudier l'éducation sentimentale du captif [II] pour, enfin, s'interroger sur la conversion du religieux [III].

I. La prison : un lieu dialectique

1. Gordon et l'Ingénu : deux frères dans l'adversité

Lieu d'enfermement, la cellule va paradoxalement permettre le rapprochement des deux personnages que tout oppose.

• La connivence qui s'établit entre les deux prisonniers procède de leur infortune commune liée à l'arbitraire du pouvoir : « Les deux captifs étaient fort d'accord sur l'injustice de leur captivité ». L'injustice scelle une fraternité matérialisée par l'emploi du pronom personnel de la première personne du pluriel : « Nous voici tous les deux dans les fers sans en savoir la raison, et sans pouvoir la demander ».

• Le regard éloigné du Huron lui permet d'exercer, mieux que Gordon, un regard critique sur la civilisation : « je suis cent fois plus à plaindre que vous ; je suis né libre comme l'air ». L'arbitraire de la condamnation qui le frappe est rendu sensible par l'utilisation du pronom indéfini : « on me les ôte », « on condamne les hommes sans les entendre ! », où la modalité exclamative souligne l'indignation du héros.

À NOTER
Le Huron ne prend pas seulement son pays natal comme point de comparaison, mais également l'Angleterre (l. 12). Voltaire fait ici une référence indirecte à l'*Habeas corpus Act* (1679) qui protégeait la liberté individuelle contre les arrestations et les détentions arbitraires.

2. La liberté redéfinie en captivité

Parce qu'elle est menacée et mise à mal par la société, la liberté devient à la Bastille un « droit » pour lequel se battre.

• C'est au nom de la liberté redécouverte en captivité que parle l'Ingénu, comme en témoigne le champ lexical correspondant : « captifs », « captivité », « libre » « liberté » « fers », « dompter »... Inconsciente chez le sauvage et liée à sa condition même d'homme naturel, la liberté devient primordiale dans la mesure où la civilisation peut décider à tout moment de la suspendre.

• L'oxymore, « ce tombeau des vivants » rend compte de la dialectique que découvre l'Ingénu emprisonné : la liberté se définit par rapport et par contraste avec la captivité. Ainsi le héros naît à la philosophie, comme l'indique l'expression « sa philosophie naissante », dans l'espace d'une cellule où l'enfermement aiguise l'esprit.

[Transition] De victime aux côtés de Gordon, l'Ingénu passe juge de la civilisation au nom de la liberté reconnue comme un droit : le héros accède ainsi à un degré supérieur d'éducation et de conscience. Ces progrès intellectuels s'accompagnent d'une évolution sentimentale.

II. L'éducation sentimentale de l'Ingénu

1. L'épuration de la passion amoureuse

L'amour de l'Ingénu pour sa bien-aimée Saint-Yves a gagné en spiritualité.

- Si « l'objet de [son] amour » demeure bien présent à l'esprit du héros, la passion s'est « épuré » : « Il parlait aussi souvent de sa chère Saint-Yves que de morale et de métaphysique ».
- L'Ingénu n'aime pas moins, au contraire : « Plus ses sentiments s'épuraient, et plus il l'aimait » : le comparatif en emploi corrélatif indique un rapport de proportionnalité, plus qualitatif que quantitatif.

2. La réflexion sur le sentiment

À ce stade de l'évolution sentimentale du personnage éponyme, l'amour est devenu une émotion plus qu'une ardeur.

- L'amour devient l'objet d'une réflexion mûrie et générale. La maxime enchâssée dans la narration, « L'absence augmente toujours l'amour qui n'est pas satisfait et la philosophie ne le diminue pas », entérine le changement qui s'est opéré dans le héros : le sentiment s'est enrichi d'une dimension spirituelle.
- L'émotion amoureuse peut être soumise à la confrontation esthétique avec les représentations des « romans nouveaux » ; mais ses lectures déçoivent le jeune homme : « Il en trouva peu qui lui peignissent la situation de son âme ».

3. Un héros pré-romantique

Éloigné de celle qu'il aime, l'Ingénu fait l'épreuve de l'absence et nourrit une sensibilité largement développée au siècle suivant par les Romantiques.

- Les lectures du héros le ramènent insensiblement à l'être cher et nourrissent une sorte de vague à l'âme pré-romantique.
- Le héros fait l'épreuve de l'indicible de la passion : la combinaison de « l'esprit » et de « l'art » de « ces auteurs-là » ne peut rivaliser avec l'amour vécu, comme le déplore le héros.

DES POINTS EN +
Les affres de l'Ingénu pourraient être résumés par ce vers du poète romantique Lamartine : « Un seul être vous manque et tout est dépeuplé » (« L'isolement », 1820)

[Transition] La fréquentation des belles lettres, autrement dit des productions de la culture, provoque la métamorphose de l'Ingénu. Cette évolution frappe aussi son compagnon de manière spectaculaire.

III. Une conversion « prodige »

1. La victoire de la raison sur les préjugés religieux

Le changement intervenu chez le héros trouve à s'opérer également chez son compagnon par un effet de « contamination ».

- Le « bon prêtre janséniste » est devenu « le confident de [l]a tendresse » de son compagnon. Il se met alors à tourner le dos à ses certitudes d'ordre religieux et métaphysique appelées « faussetés obscures ».
- L'Ingénu impose finalement au janséniste sa philosophie naturelle et le relie aux sentiments dont il s'était coupé : « Il apprit à connaître [l'amour] comme un sentiment aussi noble que tendre, qui peut élever l'âme autant que l'amollir, et produire même quelquefois des vertus ».

2. Le triomphe de la religion naturelle

La conclusion aussi concise que séduisante du chapitre plaide en faveur d'une religion, celle du Huron, débarrassée de ses préjugés et croyances obscures.

Voltaire offre en guise de chute une pointe saisissante : « Enfin, pour dernier prodige, un Huron convertissait un janséniste ». La syllepse sur le mot « prodige » renvoie simultanément au surnaturel religieux et à l'univers merveilleux du conte ; l'imparfait à valeur durative pérennise la transformation ; l'oxymore interpelle le lecteur. Aussi cette brillante conclusion rejoint bien la double ambition du conte philosophique qui veut instruire de manière plaisante.

MOT CLÉ
Une syllepse est une figure qui consiste à jouer sur le double sens d'un mot.

Conclusion

[Synthèse] L'Ingénu découvre la culture en prison par le commerce des livres et de son compagnon d'infortune ; c'est aussi dans sa cellule qu'il éprouve les limites de la civilisation et d'un pouvoir plus préoccupé d'ordre que de justice. Si la culture enrichit la nature sur le plan de la raison et du cœur, la religion et les préjugés l'abiment.

[Ouverture] Pour autant, nulle nostalgie des origines chez Voltaire à l'instar de Rousseau : l'éloge de la raison n'empêche pas de célébrer les vertus de la culture, du dialogue et de la philosophie, ni d'envisager une religion naturelle.

LITTÉRATURE D'IDÉES

14 Sujet d'écrit • Dissertation

Les vertus du regard éloigné

4 heures
20 points

INTÉRÊT DU SUJET • À partir de l'exemple des *Lettres persanes*, il s'agit de s'interroger sur l'efficacité du procédé du « regard persan » pour faire voir avec un œil neuf et dénoncer ce qu'on ne voit plus.

Les *Lettres persanes* donnent à lire la correspondance fictive entre des Persans séjournant à Paris et leurs amis restés en Perse. Pourquoi adopter ce procédé dit du regard éloigné ? En quoi celui-ci peut-il servir à défendre des idées ?

Vous répondrez à cette question dans un développement argumenté, en vous appuyant sur votre lecture du roman *Lettres persanes* de Montesquieu et sur les autres textes étudiés dans le cadre du parcours « le regard éloigné ».

LES CLÉS DU SUJET

Analyser le sujet

Pourquoi, En quoi : les questions appellent un plan thématique qui présente les différents enjeux du sujet.

regard éloigné : regard qui prend des distances (dans le temps, dans l'espace et au plan culturel).

Les *Lettres persanes* donnent à lire la correspondance fictive entre des Persans séjournant à Paris et leurs amis restés en Perse. **Pourquoi** Montesquieu a-t-il adopté ce procédé dit du **regard éloigné** ? **En quoi** celui-ci peut-il servir à **défendre des idées** ?

défendre des idées : présenter une thèse critique particulière et donner des arguments pour la soutenir.

Formuler la problématique

Pourquoi peut-il être judicieux, dans une œuvre argumentative, d'adopter le principe du regard éloigné ?

Construire le plan

❶ Un regard neuf	• Réfléchissez aux caractéristiques du regard éloigné : qu'est-ce qui peut retenir son attention ? • Envisagez les différents types de regard éloigné et leurs effets de décalage, souvent comiques. • EXEMPLES : Montesquieu (*Lettres persanes*) bien sûr, mais aussi Voltaire (*L'Ingénu*), Montaigne (*Essais*), Érasme (*Éloge de la folie*), Swift (*Les Voyages de Gulliver*).
❷ Un dispositif critique et une invitation à penser autrement	• Adopter un regard éloigné n'assure-t-il pas à un auteur une plus grande liberté de propos ? • En quoi ce procédé permet-il d'aborder certains sujets sous un angle plus percutant ? • EXEMPLES : Cyrano de Bergerac (*États et Empires de la Lune et du Soleil*), Diderot (*Supplément au Voyage de Bougainville*), Voltaire (*Candide* et *Micromégas*).

14 CORRIGÉ GUIDÉ

Les titres en couleur ou entre crochets ne doivent pas figurer sur la copie.

Introduction

[Accroche] Au XVIIIe siècle, la fascination pour les pays d'Orient amène les auteurs français à y faire référence dans leurs œuvres : ce sont les débuts de l'orientalisme.

[Explicitation du sujet] Les *Lettres persanes,* roman épistolaire du siècle des Lumières, ont fait date ; le principe du regard étranger qu'adopte Montesquieu s'y révèle ingénieux. Même si, dans sa préface, l'auteur affirme proposer au lecteur la traduction d'une correspondance persane authentique, celle-ci est pure invention. Quel est, pour lui, l'intérêt d'adopter le point de vue de Persans pour rapporter un voyage dans la France de la Régence ? En quoi, de manière plus générale, ce procédé du regard éloigné peut-il servir à défendre un point de vue ?

[Annonce du plan] Après avoir montré comment ce procédé permet de présenter une réalité sous un jour nouveau [I], nous nous attacherons à souligner sa portée argumentative [II].

I. Un regard neuf

▶ Le secret de fabrication

On montre ici qu'adopter le principe du regard éloigné est une source de plaisirs mais aussi une manière pour l'écrivain de se protéger.

1. L'étonnement du regard

Le regard persan permet de regarder de l'extérieur une société que le voyageur découvre pour la première fois. Ce regard va à l'essentiel : il se concentre sur ce qui le frappe d'emblée.

• Ainsi Rica, dans les *Lettres persanes*, s'étonne-t-il du rythme de vie effréné des Parisiens ou de leurs maisons qui semblent conçues pour des « astrologues ». À travers un tel regard, le lecteur du XVIIIe siècle redécouvre ce qu'il n'apercevait plus.

• Dans *L'Ingénu* (1767), le Huron, qui s'exprime avec franchise et spontanéité, formule son incompréhension devant des pratiques galantes dont il souligne ainsi l'étrangeté ou l'incohérence.

• Montaigne utilise également ce procédé en évoquant dans « Des cannibales » (*Essais*) des Amérindiens du Brésil, rencontrés à Rouen en 1562, qui s'étonnent d'une société où « tant de grands hommes, portant barbes, forts et armés, [obéissent] à un enfant ».

2. Un regard moqueur

Le regard porté sur la réalité observée est souvent moqueur et suscite le rire.

• Rica relate ainsi avec humour son propre étonnement devant l'étonnement des Parisiens, dont il attire fort l'attention : « Ah ah ! Monsieur est Persan ? C'est une chose bien extraordinaire ! Comment peut-on être Persan ? ». Sur un ton badin, il s'amuse des « caprices de la mode » en soulignant leur instabilité bouffonne.

• Érasme, dans son *Éloge de la Folie* (1509), donne comiquement la parole à celle-ci ; elle fait son propre éloge et pointe une folie généralisée, chez les théologiens, les politiques, les grands, les poètes… L'éloge devient satire mordante d'un monde qui dysfonctionne.

3. Une extériorité qui innocente

On remarquera également que le regard éloigné place l'auteur qui l'adopte dans une posture qui l'innocente et assure son impunité.

• Dans *L'Ingénu* (1767), Voltaire utilise ce même procédé pour se mettre à l'abri de la censure : le regard de ce Huron, plein de fougue et d'inexpérience, débarqué du Canada en 1689, permet de manière détournée, de formuler une critique religieuse et politique féroce contre les jésuites et le roi.

• Montesquieu se présente ainsi dans *Lettres persanes* comme non pas l'auteur mais un simple collecteur et traducteur de lettres authentiques. Le recours au regard du (faux) naïf protège l'écrivain.

CONSEIL
Le XVIIIe siècle apprécie particulièrement le regard éloigné du naïf, qui fait rire et constitue, pour l'auteur, un paravent derrière lequel formuler des critiques.

II. Un dispositif critique, une invitation à penser autrement

▶ Le secret de fabrication
Le regard « neuf » est non seulement une invitation à prendre du recul sur ce qui nous entoure, mais, de façon plus offensive, un dispositif critique efficace pour dénoncer des pratiques ou des opinions et inciter à y renoncer.

1. Un regard qui confronte de manière dérangeante

Le regard éloigné met en évidence des passerelles troublantes entre les cultures ou les sociétés.

• Dans les *Lettres persanes*, les mêmes menaces semblent peser sur l'Orient et l'Occident : le despotisme oriental offre une image à peine déformée des abus de pouvoir de la monarchie française.

• Dans *Les États et Empires de la Lune* (1657), Cyrano de Bergerac crée un monde inversé, qui prend le contre-pied des valeurs et des mœurs traditionnelles, illustrant ainsi le relativisme des comportements humains et invitant à la tolérance.

• Dans *Micromégas* (1752), Voltaire reprend la tradition du voyage interplanétaire pour relativiser la place de l'homme dans l'univers : la Terre n'est qu'une « petite fourmilière » peuplée de « mites » humaines qui « ne considèrent rien au-delà de [leurs] usages ». Prendre conscience de notre petitesse permettrait peut-être d'éviter les fanatismes et les guerres dérisoires et destructrices.

2. Un regard qui interroge nos pratiques, parfois inacceptables

Le regard éloigné provoque des questionnements sur la légitimité de certaines pratiques.

• Le portrait des Français qu'esquissent les Persans n'est guère flatteur : ils sont légers, superficiels, agités, futiles, orgueilleux. La puissance du roi, « grand magicien », et les pratiques de l'Église sont raillées comme artificielles et arbitraires.

• Dans le conte philosophique *Candide* (1759), le héros découvre les maux universels. La rencontre d'un esclave noir permet de dénoncer le commerce triangulaire, en cherchant ainsi à dessiller le regard du lecteur : « C'est à ce prix que vous mangez du sucre en Europe ».

• Montesquieu feint, dans *L'Esprit des lois*, d'adopter le point de vue d'un esclavagiste qui justifierait cette pratique d'un autre âge. D'une ironie mordante, ce procédé invite à saisir l'absurdité et l'ignominie de l'esclavage : le discours s'effondre de lui-même.

• Dans le *Supplément au voyage de Bougainville* (1773), Diderot imagine le discours d'adieu qu'un vieux Tahitien aurait tenu au navigateur : il s'agit d'un blâme violent du colonialisme, révélant toutes les contradictions des Européens.

3. Un regard qui invite à adopter une vision plus juste

En définitive, le procédé du regard éloigné invite à adopter une vision plus juste sur la société contemporaine du lecteur, et à retrouver l'esprit critique caractéristique de la philosophie des Lumières.

• Cet esprit critique est sollicité par le jeu des points de vue que permet la forme épistolaire des *Lettres persanes* : le lecteur y sonde les contradictions des personnages. Peu à peu, des valeurs universelles émergent : la raison, la justice, la modération, la vérité et la tolérance.

• Diderot joue de cette même confrontation des regards dans *Le Neveu de Rameau* (1805, posth.) en créant un dialogue satirique entre « Lui », original, bohème excentrique et amoral, qui vit en parasite, et « Moi », son opposé. « Lui » pose un regard amusé et acéré sur les mœurs en général ; la pensée s'enrichit de la vision très singulière d'un personnage marginal, campant sur des positions où les frontières entre sagesse et folie sont floues.

> **CONSEIL**
> Appuyez-vous sur des textes de genres variés (roman épistolaire, dialogue, conte philosophique, pamphlet…) pour enrichir l'argumentaire, en insistant sur leurs forces respectives.

Conclusion

[Synthèse] Ainsi, le regard éloigné présente des vertus vivifiantes pour le lecteur, sommé de s'étonner de ce qu'il n'interroge plus tant est puissante la force de l'habitude, d'en sourire parfois, et d'opérer un retour critique sur lui-même, sa société, sa culture. Le regard de l'autre, singulier, décalé, incisif, renvoie à soi avec une acuité particulière, ouvrant des questionnements multiples. La littérature devient l'école d'un regard qu'elle tâche d'ajuster.

[Ouverture] Sans doute n'est-ce pas là l'une des moindres vertus de la littérature ; le scientifique Descartes déclare ainsi dans son *Discours de la méthode* (1637) que « la lecture de tous les bons livres est comme une conversation avec les plus honnêtes gens des siècles passés [qui] ne nous livrent que les meilleures de leurs pensées. »

Mme de Lafayette, *La Princesse de Montpensier*

4 heures
20 points

INTÉRÊT DU SUJET • La princesse de Montpensier, « femme fatale » du XVIe siècle, est entourée de prétendants subjugués par sa beauté. Voici donc les tourments d'une femme tiraillée entre sa vertu et la passion amoureuse.

Commentez ce texte de Madame de Lafayette, extrait de *La Princesse de Montpensier*.

DOCUMENT

Deuxième moitié du XVIe siècle. Mlle de Mézières, amoureuse dans sa jeunesse du duc de Guise, a dû se résoudre à épouser le prince de Montpensier. Quelques années plus tard, le duc de Guise la rencontre par hasard : ses sentiments renaissent. Le duc d'Anjou tombe aussi sous le charme de la princesse. Tous se retrouvent alors à la cour royale, à Paris.

La beauté de la princesse de Montpensier effaça toutes celles qu'on avait admirées jusques alors ; elle attira les yeux de tout le monde par les charmes de son esprit et de sa personne. Le duc d'Anjou ne changea pas en la revoyant les sentiments qu'il avait conçus pour elle à Champigny[1], et prit un soin extrême de les lui faire connaître par toutes sortes de soins et de galanteries, se ménageant[2] toutefois à ne lui en donner des témoignages trop éclatants, de peur de donner de la jalousie au prince son mari. Le duc de Guise acheva d'en[3] devenir violemment amoureux et, voulant par plusieurs raisons tenir sa passion cachée, il se résolut de la déclarer d'abord[4] à la princesse de Montpensier, pour s'épargner tous ces commencements qui font toujours naître le bruit et l'éclat[5]. Étant un jour chez la reine à une heure où il y avait très peu de monde, et la reine étant retirée dans son cabinet pour parler au cardinal de Lorraine, la princesse arriva.

ROMAN

Le duc se résolut de prendre ce moment pour lui parler, et, s'approchant d'elle : « Je vais vous surprendre, madame, lui dit-il, et vous déplaire en vous apprenant que j'ai toujours conservé cette passion qui vous a été connue autrefois, et qu'elle est si fort augmentée, en vous revoyant, que votre sévérité, la haine de M. le prince de Montpensier et la concurrence du premier prince du royaume[6] ne sauraient lui ôter un moment de sa violence[7]. Il aurait été plus respectueux de vous la faire connaître par mes actions que par mes paroles, mais, madame, mes actions l'auraient apprise à d'autres aussi bien qu'à vous, et je veux que vous sachiez seule que je suis assez hardi pour vous adorer. » La princesse fut d'abord si surprise et si troublée de ce discours qu'elle ne songea pas à l'interrompre, mais ensuite, étant revenue à elle, et commençant à lui répondre, le prince de Montpensier entra. Le trouble et l'agitation étaient peints sur le visage de la princesse sa femme. La vue de son mari acheva de l'embarrasser, de sorte qu'elle lui en laissa plus entendre que le duc de Guise n'en venait de dire.

La reine sortit de son cabinet, et le duc se retira pour guérir la jalousie de ce prince. La princesse de Montpensier trouva le soir dans l'esprit de son mari tout le chagrin à quoi elle s'était attendue. Il s'emporta avec des violences épouvantables, et lui défendit de parler jamais au duc de Guise. Elle se retira bien triste dans son appartement, et bien occupée[8] des aventures qui lui étaient arrivées ce jour-là.

Madame de Lafayette, *La Princesse de Montpensier*, 1662.

---

1. Champigny : endroit où le duc d'Anjou est tombé sous le charme de la princesse.
2. Se ménageant : faisant attention.
3. Acheva d'en : finit par.
4. D'abord : immédiatement.
5. Le bruit et l'éclat : le duc de Guise semble vouloir éviter tout ce qui, au début d'une relation amoureuse, est trop visible et fait naître des rumeurs.
6. Il s'agit du duc d'Anjou, frère du roi Charles IX.
7. Guise affirme que malgré tous les obstacles (l'indifférence affichée de la princesse, le mari, le rival), son amour pour la princesse est extrêmement fort.
8. Occupée : préoccupée par.

LES CLÉS DU SUJET

Définir le texte

Carte d'identité du texte

- **Contexte** : XVIIe siècle, le classicisme
- **Thème** : les tourments de l'amour
- **But de l'auteur** : montrer la force et le danger des passions amoureuses
- **Tonalités** : lyrique, pathétique

Construire le plan

La problématique est la suivante : comment cette scène de déclaration d'amour montre-t-elle la force des passions, mais aussi leurs dangers ?

1 Des individus face à leurs passions

- Montrez ce qui fait de l'héroïne un personnage idéalisé.
- Intéressez-vous à la manière dont naît ou renaît l'amour chez les prétendants de la princesse.
- Comment cette passion s'exprime-t-elle ?

2 Des passions dangereuses

- Montrez comment les personnages cherchent à dissimuler leur amour.
- Comment perçoit-on le poids des apparences dans la société de l'époque ?
- Intéressez-vous au danger de la jalousie engendrée par la passion.

15 CORRIGÉ GUIDÉ

Les titres en couleur ou entre crochets ne doivent pas figurer sur la copie.

Introduction

[Présentation du contexte] Au XVIIe siècle, le goût littéraire désire davantage de brièveté et de mesure.

[Présentation du texte] Madame de Lafayette s'empare du genre de la nouvelle en écrivant *La Princesse de Montpensier* (1662), qui met en scène plusieurs personnages historiques du siècle précédent. La princesse est au centre d'une rivalité amoureuse : mariée à un prince jaloux, elle est courtisée par le duc d'Anjou, frère du roi, et par le duc de Guise, son amour de jeunesse.

[Problématique] Comment cette scène de déclaration d'amour montre-t-elle la force des passions, mais aussi leurs dangers ?

[Annonce du plan] Nous étudierons dans un premier temps les personnages comme objets de passions intenses [I] avant de montrer, dans un second temps, que ces passions sont associées à de multiples périls [II].

I. Des êtres objets de passions

> **▶ Le secret de fabrication**
> Il s'agit dans cette partie d'étudier en quoi cette scène montre l'omniprésence de passions fortes et incontrôlables, qui amènent les personnages – notamment le duc de Guise – à déclarer leur amour à la princesse de Montpensier, personnage d'une beauté hyperbolique.

1. Un personnage féminin idéalisé

• La beauté de l'héroïne est décrite de manière superlative : elle « effaça toutes celles qu'on avait admirées jusques alors ». Madame de Lafayette idéalise la jeune femme et en fait un être d'exception.

• L'héroïne allie beauté physique et vertu morale : « les charmes de son esprit et de sa personne ». Ses tourments en seront d'autant plus forts.

• La beauté hyperbolique de la princesse a des effets merveilleux, à la manière des contes de fées : « elle attira les yeux de tout le monde ». L'expression globalisante souligne l'aspect magnétique et enchanteur du personnage, qui semble être au centre des préoccupations de la cour dès qu'elle arrive à Paris.

2. Des sentiments intenses et durables

• Ce personnage d'exception provoque logiquement des sentiments d'exception. C'est ce que l'on retrouve dans l'adverbe qui qualifie l'amour très intense du duc de Guise : « [Il] acheva d'en devenir violemment amoureux ». Plus loin, la même violence caractérise le discours du duc.

• La résurgence du passé dans le discours lyrique du duc montre la force des passions, qui ne peuvent jamais s'estomper : « j'ai toujours conservé cette passion qui vous a été connue autrefois ». Ces passions rejaillissent avec puissance, comme le montre l'intensif : « elle est *si fort* augmentée, en vous revoyant ».

• Le duc de Guise n'est pas seul à tomber sous le charme de la princesse. Le duc d'Anjou « ne changea pas en la revoyant les sentiments qu'il avait conçus pour elle à Champigny » : la négation et le plus-que-parfait montrent la constance des sentiments chez les prétendants de la princesse.

> **CONSEIL**
> Pensez à observer les procédés syntaxiques et non uniquement les figures de style !

3. Des démonstrations d'amour

• Au XVIe siècle, l'amant doit faire preuve d'actions galantes vis-à-vis de la femme aimée. Ainsi le duc d'Anjou « prit un soin extrême de les lui faire connaître par toutes sortes de soins et de galanteries ». Le duc de Guise souligne l'importance de ce geste, même si c'est pour s'en dédire : « Il aurait été plus respectueux de vous la faire connaître par mes actions que par mes paroles ».

• Le duc de Guise choisit de déclarer son amour par la parole. La passion rend capable de braver tous les obstacles, comme le montre l'énumération des périls qu'il ose enjamber : « votre sévérité, la haine de M. le prince de Montpensier et la concurrence du premier prince du royaume ».

• L'aveu amoureux est une manière d'exprimer une certaine forme de bravoure : « je suis assez hardi pour vous adorer ». Madame de Lafayette ici s'inscrit dans la tradition d'une certaine courtoisie médiévale.

[Transition] Ces passions amoureuses omniprésentes, qui semblent correspondre à un idéal, ont pourtant un aspect plus sombre.

II. Des passions dangereuses

> **▶ Le secret de fabrication**
> Dans cette partie, il faut montrer le côté sombre des passions amoureuses, qui sont irrémédiablement liées à la dissimulation, aux dangers de la jalousie et du mensonge, corollaires des normes morales de l'époque.

1. Le sceau du secret

• L'amour est marqué par la nécessité de la discrétion, comme le sait le duc d'Anjou : « se ménageant toutefois à ne lui en donner des témoignages trop éclatants ». L'adverbe « trop » montre l'exigence d'une démonstration d'amour aussi mesurée que possible, afin de ne pas attirer les regards d'autrui.

• Le duc de Guise maîtrise, lui aussi, l'art de la dissimulation, comme le montre la subordonnée finale : « voulant par plusieurs raisons tenir sa passion cachée [...] pour s'épargner tous ces commencements qui font toujours naître le bruit et l'éclat ». L'entreprise de séduction est semée d'embûches, à commencer par la peur de la rumeur qui pourrait la mettre à mal.

• Les circonstances des rencontres du duc de Guise avec la princesse sont donc savamment étudiées : « à une heure où il y avait très peu de monde, et la reine étant retirée dans son cabinet ». Les propositions circonstancielles montrent la volonté du duc de se soustraire aux regards : « Le duc se résolut de prendre ce moment pour lui parler ».

ROMAN

2. Le poids des apparences

• La société aristocratique de l'époque est en effet marquée par l'importance des apparences. C'est ce qu'indique le système hypothétique du discours du duc de Guise : « mes actions l'auraient apprise à d'autres aussi bien qu'à vous ». Il faut dissimuler aux autres les passions que l'on éprouve, ainsi que le montre l'adjectif : « je veux que vous sachiez seule ».

• Or le champ lexical du bouleversement sentimental montre la difficulté pour la princesse de maîtriser et de cacher ses émotions : « La princesse fut d'abord si surprise […] Le trouble et l'agitation étaient peints sur le visage de la princesse sa femme ».

• La physionomie trahit les sentiments. La parole a moins de force que les apparences : « La vue de son mari acheva de l'embarrasser, de sorte qu'elle lui en laissa plus entendre que le duc de Guise n'en venait de dire. »

3. La violence de la jalousie

• En préparant l'aveu du duc de Guise (« Je vais vous surprendre, madame, lui dit-il, et vous déplaire »), Madame de Lafayette souligne ici qu'il agresse la vertu.

• Les personnages masculins sont conscients du danger de la jalousie que peut créer leur amour : le duc d'Anjou reste discret « de peur de donner de la jalousie au prince son mari » ; après l'entretien « le duc [de Guise] se retira pour guérir la jalousie de ce prince ». La princesse s'attend aussi au « chagrin » (mot très fort dans la langue classique) de son mari jaloux.

> **À NOTER**
> Dans l'Ancien Régime, le mariage aristocratique n'a quasiment jamais de lien avec l'amour : il s'agit souvent d'une union politique ou patrimoniale.

• L'extrait se clôt sur une démonstration de violence de la part du mari jaloux contre son épouse. Le simple fait d'avoir reçu le discours du duc de Guise constitue pour lui une transgression inadmissible des normes morales de la société : « Il s'emporta avec des violences épouvantables, et lui défendit de parler jamais au duc de Guise. Elle se retira bien triste dans son appartement, et bien occupée des aventures qui lui étaient arrivées ce jour-là. » La princesse est présentée comme un personnage pathétique, victime d'une société oppressante.

Conclusion

[Synthèse] Cette scène présente ainsi des personnages traversés par des passions intenses et secrètes, qui mènent irrémédiablement au malheur à cause de leur inadéquation avec les normes sociales de l'époque.

[Ouverture] Cette tension entre passion et vertu rappelle le dilemme que vit la princesse de Clèves face à son amour pour le duc de Nemours dans une autre nouvelle de Madame de Lafayette.

16 Sujet d'écrit • Dissertation

Le personnage de roman, un modèle de vertu ?

4 heures
20 points

INTÉRÊT DU SUJET • Que faire quand nos aspirations entrent en conflit avec les valeurs de la société ? En s'appuyant sur des personnages de fiction, la littérature présente des réponses très variées à ce questionnement éthique.

▶ ***La Princesse de Clèves*** **s'achève ainsi : « Sa vie, qui fut assez courte, laissa des exemples de vertu inimitables. » Un personnage de roman doit-il forcément être un modèle de vertu ?**

Vous répondrez à cette question dans un développement argumenté, en vous appuyant sur votre lecture du roman *La Princesse de Clèves* de Mme de Lafayette et sur les autres textes étudiés dans le cadre du parcours « Individu, morale et société ».

LES CLÉS DU SUJET

Analyser le sujet

personnage : être fictif dont on suit le parcours, il peut incarner des valeurs et des questionnements.

doit-il forcément : induit une démarche dialectique, avec arguments et contre-arguments.

La Princesse de Clèves s'achève ainsi : « Sa vie, qui fut assez courte, laissa des exemples de vertu inimitables. » Un **personnage** de roman **doit-il forcément** être un **modèle de vertu** ?

modèle de vertu : personne qui incite les autres à agir dans le sens du bien, suivant l'idéal moral qu'elle incarne.

Formuler la problématique

Un personnage de roman doit-il s'imposer comme un idéal ? En quoi et comment le romancier donne-t-il à réfléchir sur des questions éthiques, en s'appuyant sur des personnages plus ou moins droits ?

Construuire le plan

1 La tradition du héros exemplaire	• La tradition romanesque comprend de nombreux héros exemplaires. Quelles sont leurs caractéristiques ? Quels avantages présente ce choix ? • EXEMPLES : *La Princesse de Clèves* bien sûr, *La Princesse de Montpensier*, les romans du Moyen Âge, *Les Misérables* de Hugo, *La Condition humaine* de Malraux…
2 L'intérêt des personnages non vertueux	• Pourquoi des personnages plus sombres, voire immoraux, nous fascinent-ils ? De quoi sont-ils révélateurs ? • EXEMPLES : *Les Liaisons dangereuses* de Laclos, *Bel-Ami* de Maupassant…
3 Le choix de personnages complexes	• Les personnages qui ne sont pas tout d'une pièce et qui sont confrontés à des problèmes éthiques sont peut-être les plus intéressants. • EXEMPLES : *Madame Bovary* de Flaubert, *L'Étranger* de Camus…

16 CORRIGÉ GUIDÉ

Les titres en couleur ou entre crochets ne doivent pas figurer sur la copie.

Introduction

[Accroche] Certaines époques ont affirmé qu'elles croyaient dans les pouvoirs de la littérature, notamment dans sa capacité d'influencer les mœurs. C'est vrai du XVIIe siècle : les écrivains du classicisme cherchent à plaire et à instruire à travers leurs personnages et leurs récits.

[Explicitation du sujet] Dans cette perspective, la fin de *La Princesse de Clèves* est éloquente : « Sa vie, qui fut assez courte, laissa des exemples de vertu inimitables. » Un personnage de roman doit-il forcément être un modèle de vertu ? Doit-il être considéré comme l'incarnation d'un idéal ou d'une certaine morale que l'écrivain propose à son lecteur ?

[Annonce du plan] Nous verrons d'abord que certains personnages sont construits autour de la notion d'exemplarité morale [I], avant de montrer que les personnages à la moralité plus discutable présentent également un intérêt pour le lecteur [II]. Ce sont cependant les personnages complexes, tourmentés, qui s'avèrent probablement les plus attachants [III].

I. La tradition du héros exemplaire

> **▶ Le secret de fabrication**
> Il s'agit ici d'examiner comment et pourquoi certains personnages apparaissent effectivement comme des modèles. Selon les époques et les esthétiques, les partis pris varient sensiblement.

1. Des héros aux qualités exceptionnelles

Certains héros de roman, personnages extraordinaires, sont érigés en modèles de conduite.

- La princesse de Clèves est louée à de multiples reprises pour ses qualités hors du commun, physiques et morales, à grand renfort de superlatifs. Ses actions et sentiments sont présentés comme singuliers ; elle évite jusqu'au bout de céder à sa passion, ce qui en fait un modèle de maîtrise de soi.
- Au Moyen Âge, les romans de chevalerie abondent en personnages que leurs multiples qualités (générosité, fidélité, courage, don de soi…) distinguent. Elles suscitent l'admiration du lecteur et lui donne l'envie de les imiter. Citons par exemple *Yvain ou le chevalier au lion* de Chrétien de Troyes.
- Dans *La Condition humaine* de Malraux, Katow, arrêté, doit être jeté vivant dans le foyer d'une locomotive ; du cyanure pourrait lui épargner cette mort atroce, mais il l'offre par solidarité à ses deux jeunes compagnons, qui doivent subir le même sort, et se sacrifie avec altruisme et générosité.

ROMAN

2. Des récits à visée édifiante, qui condamnent les comportements déviants

> **À NOTER**
> Le personnage « modèle » est aujourd'hui plus rare qu'aux débuts de l'histoire du roman : la littérature s'emploie de plus en plus à faire apparaître des failles.

Dans les récits à visée édifiante, tels ceux de Mme de Lafayette, certains personnages permettent de dénoncer des comportements qui s'écartent des codes moraux ou sociaux.

- L'histoire du vidame de Chartres attire l'attention sur les dangers de la duplicité et de l'infidélité. Le vidame s'est engagé auprès de plusieurs femmes, auxquelles il ment effrontément. Son secret est éventé après la perte malencontreuse d'une lettre, qui met fin à sa liaison en partie intéressée avec la reine Catherine de Médicis.
- Dans *La Princesse de Montpensier*, Madame de Lafayette jette un regard critique sur son héroïne, qui meurt d'avoir suivi sa passion : en cédant au duc

de Guise, elle perd l'estime de son mari trahi, tandis que son amant l'abandonne bien vite pour une autre. Ainsi s'achève le récit : « [Elle] aurait été la plus heureuse si la vertu et la prudence eussent conduit toutes ses actions ».

II. L'intérêt des personnages non vertueux

▶ Le secret de fabrication

Sans contredire ce qui a été exposé dans la partie précédente, il convient ici de nuancer la réflexion en soulignant l'intérêt des personnages qui s'écartent des idéaux, en expliquant comment et pourquoi ils le font, et quel attrait le lecteur peut y trouver.

1. Des personnages qui évoluent au contact de la société

Certains personnages se forgent en se frottant à la société, ce qui provoque leur chute ou leur triomphe.

- La princesse de Montpensier est d'abord présentée comme un modèle féminin ; mais sa vertu est menacée par sa passion pour le duc de Guise. Elle finit par lui céder, la cour (lieu de tentation) les ayant rapprochés.
- Georges Duroy, dans *Bel-Ami* de Maupassant, est un anti-héros aigri par sa pauvreté qui profite de diverses rencontres pour faire sa place dans le milieu journalistique. De plus en plus sournois et calculateur, il connaît une ascension fulgurante dans une société corruptrice et corrompue dont il a bien saisi le fonctionnement.

2. Des personnages immoraux qui fascinent

La fascination exercée par des personnages franchement immoraux n'est pas à négliger. André Gide, écrivain du XXe siècle, déclare non sans malice qu'« on ne fait pas de bonne littérature avec de bons sentiments » !

- Dans *La Princesse de Clèves*, la cour du roi est le lieu par excellence des intrigues. Sans le jeu des passions et le divertissement qu'elles procurent, la vie y serait morne et peu romanesque. Les récits enchâssés (le vicomte de Chartres, madame de Tournon…) foisonnent en tromperies. Nemours transgresse les codes sociaux en volant le portrait de la Princesse et en s'introduisant de nuit dans son jardin ; ces infractions excitent l'intérêt du lecteur.
- *Les Liaisons dangereuses* de Laclos, roman épistolaire, donnent à voir les manipulations de deux libertins, évoluant dans une société décadente et hypocrite ; ils se jouent de leurs victimes naïves par goût du défi et par volonté de pouvoir.

III. Le choix de personnages complexes

▶ Le secret de fabrication

On peut pousser le raisonnement plus loin, en montrant que les personnages les plus fascinants sont dotés d'une certaine complexité, qui suscite des questionnements éthiques.

1. Des personnages confrontés à des choix délicats

Le personnage peut être placé dans une situation difficile et être tenté de faire le « mauvais choix ». Le lecteur est invité à partager ses doutes.

- M. de Clèves est confronté à une situation inédite, après l'aveu de sa femme, qui en aime un autre ; se pose la question de l'attitude à adopter. Passionnément épris, il cède à la jalousie, outrepasse son rôle de mari et meurt de désespoir, n'ayant su rester mesuré.

- La princesse de Clèves est, elle aussi, soumise à un choix terrible dès lors qu'elle est exposée au milieu dangereux de la cour : Mme de Chartres, mourante, alerte sa fille : « Vous êtes sur le bord du précipice : il faut de grands efforts et de grandes violences pour vous retenir. »

- Dans *Les Misérables* de Hugo, Jean Valjean, ancien bagnard, s'est refait une vie sous un autre nom. Dans le chapitre « Tempête sous un crâne », il est placé face à un dramatique cas de conscience : il s'agit de faire condamner un innocent à sa place et de tirer définitivement un trait sur son passé, ou de se livrer à la justice.

2. Des personnages qui présentent la complexité du vivant

Le personnage de roman dépasse souvent le manichéisme pour devenir un être complexe, ni totalement bon, ni complètement mauvais.

- Les choix de la princesse de Clèves peuvent interroger. L'aveu de sa passion à son mari, présenté comme une démarche très singulière, est-il une preuve de vertu ? une simple faute qui entraîne la jalousie et la mort de M. de Clèves ? Le choix final de la princesse, retranchée derrière son « devoir » et son « repos », laisse songeur : elle s'invente des codes moraux, en marge d'une société qui aurait pu accepter son union avec Nemours.

- Dans *Madame Bovary*, Flaubert imagine une femme fascinée par ses lectures romantiques et ses rêves romanesques, qui contrastent de manière saisissante avec sa vie de petite-bourgeoise provinciale auprès d'un mari médiocre. La tentation de l'adultère puis la chute qui lui succède éveillent des sentiments très mêlés chez le lecteur, qui comprend la frustration d'Emma Bovary, tout en en saisissant le ridicule.

• Meursault, dans *L'Étranger* de Camus, tue un Arabe sans mesurer la portée de son geste ; incompris et rejeté, il semble agir en dehors des critères du bien et du mal, en marge des codes sociaux, ce qui rend le personnage profondément troublant. Les valeurs deviennent flottantes et instables.

Conclusion

[Synthèse] Nombre de personnages fonctionnent comme des modèles ou des contre-modèles sur le plan moral, invitant le lecteur à des questionnements éthiques : le roman n'est pas prescriptif, mais permet une réflexion plus profonde sur l'individu et ses rapports plus ou moins tendus avec la société.

[Ouverture] Le théâtre a pu lui aussi renvoyer le spectateur à une interrogation sur les valeurs et les mœurs : le théâtre classique de Molière est à cet égard exemplaire.

17 Sujet d'écrit • Commentaire

Flaubert, *Madame Bovary*

4 heures
20 points

INTÉRÊT DU SUJET • Loin d'être un ornement inutile du roman, la description des lieux contribue à la construction du personnage romanesque et ouvre l'accès à la connaissance du cœur humain.

Commentez ce texte de Gustave Flaubert, extrait de *Madame Bovary*.

DOCUMENT

Emma Bovary, épouse d'un médecin de campagne, retrouve tous les jeudis son amant Léon à Rouen.

Léon, sur le trottoir, continuait à marcher. Elle le suivait jusqu'à l'hôtel ; il montait, il ouvrait la porte, il entrait… Quelle étreinte !

Puis les paroles, après les baisers, se précipitaient. On se racontait les chagrins de la semaine, les pressentiments, les inquiétudes pour les lettres ; mais à présent tout s'oubliait, et ils se regardaient face à face, avec des rires de volupté et des appellations de tendresse.

Le lit était un grand lit d'acajou en forme de nacelle[1]. Les rideaux de levantine[2] rouge, qui descendaient du plafond, se cintraient trop bas vers le chevet évasé ; – et rien au monde n'était beau comme sa tête brune et sa peau blanche se détachant sur cette couleur pourpre, quand, par un geste de pudeur, elle fermait ses deux bras nus, en se cachant la figure dans les mains.

Le tiède appartement, avec son tapis discret, ses ornements folâtres et sa lumière tranquille, semblait tout commode pour les intimités de la passion. Les bâtons se terminant en flèche, les patères[3] de cuivre et les grosses boules de chenets[4] reluisaient tout à coup, si le soleil entrait. Il y avait sur la cheminée, entre les candélabres[5], deux de ces grandes coquilles roses où l'on entend le bruit de la mer quand on les applique à son oreille.

ROMAN

Comme ils aimaient cette bonne chambre pleine de gaieté, malgré sa splendeur un peu fanée ! Ils retrouvaient toujours les meubles à leur place, et parfois des épingles à cheveux qu'elle avait oubliées, l'autre jeudi, sous le socle de la pendule. Ils déjeunaient au coin du feu, sur un petit guéridon incrusté de palissandre[6]. Emma découpait, lui mettait les morceaux dans son assiette en débitant toutes sortes de chatteries ; et elle riait d'un rire sonore et libertin quand la mousse du vin de Champagne débordait du verre léger sur les bagues de ses doigts. Ils étaient si complètement perdus en la possession d'eux-mêmes, qu'ils se croyaient là dans leur maison particulière, et devant y vivre jusqu'à la mort, comme deux éternels jeunes époux. Ils disaient notre chambre, notre tapis, nos fauteuils, même elle disait mes pantoufles, un cadeau de Léon, une fantaisie qu'elle avait eue. C'étaient des pantoufles en satin rose, bordées de cygne. Quand elle s'asseyait sur ses genoux, sa jambe, alors trop courte, pendait en l'air ; et la mignarde chaussure, qui n'avait pas de quartier[7], tenait seulement par les orteils à son pied nu.

Gustave Flaubert, *Madame Bovary*, troisième partie, chapitre 5, 1857.

1. En forme de nacelle : en forme de barque.
2. Levantine : étoffe de soie.
3. Patères : crochets muraux.
4. Chenets : supports métalliques pour surélever les bûches dans le foyer d'une cheminée.
5. Candélabres : grands chandeliers.
6. Guéridon incrusté de palissandre : petite table en bois exotique.
7. Quartier : partie de la chaussure qui couvre le talon.

LES CLÉS DU SUJET

Définir le texte

Carte d'identité du texte

- **Époque** : 2e moitié du XIXe siècle
- **Mouvement** : réalisme

- **Genre** : roman
- **Type de texte** : narratif, descriptif

Buts : décrire indirectement les personnages, donner une vision de l'humanité

Thèmes : une chambre, un adultère

- **Tonalités** : lyrique, ironique
- **Autres adjectifs** : réaliste, intense, ambigu

Construire le plan

1 Une description réaliste	• Analysez la description des lieux, sa construction et sa progression. • Est-elle strictement réaliste et objective ?
2 Un couple d'amants	• Appréciez l'érotisme de la scène. • Comment sont décrits les personnages et leurs gestes ?
3 Le regard ironique et ambigu du narrateur	• Quel regard Flaubert porte-t-il sur les personnages ? • Quelle vision de l'homme et du monde traduit cette scène ?

17 CORRIGÉ GUIDÉ

ROMAN

Les titres en couleur ou entre crochets ne doivent pas figurer sur la copie.

Introduction

[Présentation du contexte] Déchiré entre la tentation réaliste et la tentation romantique, Flaubert sentait en lui, selon ses termes, « deux bonshommes distincts : un épris de lyrisme [...] ; un autre qui fouille et creuse le vrai tant qu'il peut ». De l'héroïne de son roman *Madame Bovary*, il aurait dit « Madame Bovary, c'est moi », reflétant sa propre dualité à travers l'histoire d'une jeune femme, fille d'un riche paysan, à l'imagination nourrie par des romans sentimentaux et qui, mariée à un médecin de campagne peu séduisant, cherche à oublier la médiocrité de la vie provinciale dans les bras d'amants conformes à ses rêves.

[Présentation du texte] Dans cet extrait, le récit s'attarde sur la liaison d'Emma avec Léon, un jeune homme qu'elle rencontre régulièrement dans un hôtel de Rouen. [Annonce du plan] Flaubert décrit précisément la chambre qui sert de cadre régulier à la rencontre amoureuse [I]. Tout en rendant sensible l'ardeur passionnée des amants [II], Flaubert jette un regard ironique et lucide sur les illusions dont ils se bercent et, d'une façon plus générale, sur la comédie humaine que se jouent hommes et femmes [III].

I. La description réaliste d'une chambre d'hôtel

▶ Le secret de fabrication
Cette partie analyse la technique de description – choix des éléments décrits et progression – ; on y étudie le mélange d'objectivité réaliste et de transformation du lieu en harmonie avec ce moment de passion amoureuse.

Flaubert décrit avec précision la chambre d'hôtel où se retrouvent Emma et Léon, mais la description reflète aussi la perception qu'ils ont du lieu.

1. Des précisions objectives

• La description de la chambre vient après l'étreinte passionnée des amants, comme si Flaubert suivait la retombée de l'élan des amants : une fois leurs sens apaisés, les amants prêtent attention à ce qui les entoure.

• Flaubert se concentre d'abord en gros plan sur le lit, dont il précise le matériau (« acajou ») et la forme de « nacelle », sur le tissu et la couleur des rideaux « pourpre » qui met en valeur la blancheur de la peau d'Emma et le brun de sa chevelure. Il élargit ensuite la description à l'ensemble de l'appartement, avec son « tapis », sa « pendule », ses « fauteuils », son « guéridon » en « palissandre ».

• Il s'attarde sur les accessoires en cuivre dont il précise le nom technique (« bâtons, patères, chenets ») et le dessin (« en flèche », « grosses boules »), il se sert de leur matériau pour souligner les reflets et les effets de lumière qu'ils produisent, à la manière des tableaux d'intérieur de la peinture hollandaise.

2. Une personnification amicale

• Mais la chambre est plus que le simple cadre utile à une liaison adultère : elle est comme personnifiée par l'expression « pleine de gaieté » (qui devrait se rapporter aux deux amants), et vue comme une « bonne » complice amicale, un témoin « discret ».

• Elle semble à l'unisson des « chatteries » exprimées par Emma, mais aussi en harmonie avec les moments d'intimité apaisée, par l'atmosphère « tiède » qu'elle offre, sa « lumière tranquille ». Aucun bruit ne vient du monde extérieur : on profite de la seule évasion sonore et exotique du « bruit de la mer » que procurent les coquillages roses sur la cheminée.

II. Un couple d'amants

▶ Le secret de fabrication
On étudie ici la manière dont Flaubert rend compte de la progression de l'intensité et de la sensualité de cette scène et comment il traduit indirectement les émotions des deux amants.

La scène d'adultère est chargée d'érotisme mais Flaubert en varie l'intensité, à la fois pour ne pas effaroucher la censure (qui trouva cependant de quoi faire au roman un procès en immoralité) mais aussi parce que l'érotisme consiste à suggérer, non à dévoiler crûment.

1. Un érotisme esthétisé

- Le début de l'extrait décrit un rituel de rencontre bien rodé : accès discret à l'hôtel, Emma suivant Léon à distance comme s'ils n'étaient pas ensemble.
- Les phrases à l'imparfait d'habitude s'accélèrent sur un rythme crescendo, pour culminer sur une succession de trois verbes de mouvement (« il montait, il ouvrait la porte, il entrait ») qui traduit l'impatience physique. Enfin réunis, les amants s'isolent par l'ellipse suggestive des points de suspension et par la phrase nominale exclamative (« Quelle étreinte ! ») qui suggère et résume (peut-être un peu ironiquement) la fusion des corps.
- D'autres notations érotiques colorent légèrement la scène : la périphrase « les intimités de la passion », « les baisers » échangés, les « rires de volupté » ou le « rire libertin » d'Emma.
- Flaubert fait aussi le portrait pudique d'Emma allongée sur le lit après l'étreinte : on la voit à travers le regard admiratif de son amant, tel un amateur de peinture qui apprécie la beauté d'un nu et se délecte des oppositions de couleurs, entre la « pourpre » des rideaux de lit et la blancheur du corps féminin, et de la grâce des mouvements « quand, par un geste de pudeur, [Emma] fermait ses deux bras nus, en se cachant la figure dans les mains ».

2. Un tableau libertin

- L'extrait se termine sur un autre tableau libertin, à la manière des peintres du XVIIIe siècle – Boucher, Fragonard – qui ont souvent représenté des couples d'amants dans l'intimité voluptueuse d'une chambre.
- C'est d'abord un plan rapproché sur les mains d'Emma ; sa tenue légère pendant qu'ils déjeunent laisse entrevoir « sa jambe », ses « pantoufles » et surtout ses « orteils » et « son pied nu ». Le lecteur du XXIe siècle ne doit pas sous-estimer la pouvoir érotique de ce gros plan pour un lecteur du XIXe siècle.

ROMAN

3. Des amants hors du monde

• Pour les amants, le temps est comme suspendu, aboli : « tout s'oubliait » dans cette chambre. La « pendule » ne marque pas d'heure, effaçant le monde extérieur terne qu'Emma – le mari, le village campagnard – retrouvera au sortir de la chambre.

• Les amants se voient comme « deux éternels jeunes époux » dans une sorte d'euphorie, marquée par des exclamations, des tournures hyperboliques (« y vivre jusqu'à la mort », « rien au monde »), des mots de « tendresse », des « chatteries ».

• Ils sont **réunis** le plus souvent par un « on » ou un « ils », sujet de verbes d'action. Dans la dernière partie du texte, Emma est davantage mise en avant, plus individualisée, dans ses paroles et ses attitudes amoureuses.

III. Le regard ironique et ambigu du narrateur

> ▶ **Le secret de fabrication**
>
> Plus subtilement, l'intérêt de cet extrait réside dans le rapport entre l'auteur et ses personnages : il faut donc étudier ce que le ton de cette description et la technique de narration traduisent du regard de Flaubert sur ses personnages et sur le monde.

Flaubert entretient une relation ambiguë avec les lieux et les personnages. Lorsque l'univers réaliste qu'il crée prend trop d'importance, il cherche alors à s'en détacher. Il utilise pour cela quelques outils littéraires et jette ainsi un regard ironique sur la comédie humaine qu'il met en scène.

1. Proximité et distance

• Dans les premières lignes, Flaubert semble suivre les amants sur le trottoir jusqu'à leur chambre, témoin extérieur de leur rencontre. Puis, le raccourci suggestif des points de suspension et de l'exclamation « Quelle étreinte ! » abolit cette distance par l'ambiguïté du style indirect libre ; le narrateur entre désormais dans l'intimité des personnages ; narrateur et personnage se confondent.

• Dans le deuxième paragraphe, le lecteur entend, grâce au procédé du discours narrativisé, comme une synthèse des discussions entre les amants après leur « étreinte » : l'absence de paroles au style direct crée une atmosphère étrange, une sorte de halo intemporel puisque l'imparfait cohabite paradoxalement avec « mais à présent » !

• Puis Flaubert rapporte des bribes de paroles (« ils disaient *notre chambre, notre tapis, nos fauteuils* »), comme si ces citations constituaient des éléments de preuve dans son analyse de leur passion, décrite presque cliniquement.

2. Une distance ironique

- Flaubert souligne avec lucidité et ironie les illusions dont se bercent les amants qui « se croyaient » éternellement jeunes, s'appropriaient cette « bonne » chambre comme une demeure permanente et protectrice.
- C'est en fait un décor dans lequel chacun joue un rôle qui n'a pas plus de réalité que « le bruit de la mer » dans les coquillages posés sur la cheminée. Flaubert se moque d'Emma, nourrie des clichés de médiocres romans sentimentaux, en évoquant ses « pantoufles de satin rose », cette « mignarde » chaussure, ses « chatteries ».

Conclusion

[Synthèse] Derrière le réalisme d'une scène érotique d'adultère, le lecteur perçoit dans cet extrait l'« ironie dramatique » dans son sens anglo-saxon, lorsque l'auteur (ou le spectateur) en sait plus sur les personnages, sur ce qui les attend et les menace que les personnages eux-mêmes, mais aussi une ironie directe, une façon pour Flaubert de ne pas se laisser attendrir par ses créatures, de les tenir à distance pour ne pas souffrir lui-même des malheurs qu'il leur prépare…

[Ouverture] Emma est seulement au début d'une déchéance qui la mènera au suicide. Pour Flaubert, cette scène intimiste pleine d'illusions confirme sa vision grinçante de l'homme et du monde.

18 Sujet d'écrit • Commentaire

Balzac, *La Duchesse de Langeais*

4 heures
20 points

INTÉRÊT DU SUJET • Balzac dispose d'une riche palette pour donner vie à ses personnages ; il compose ici un dialogue palpitant et dramatisé à travers lequel prennent corps, dans notre imagination de lecteur, deux puissantes figures d'aristocrates.

Commentez ce texte d'Honoré de Balzac, extrait de *La Duchesse de Langeais*.

DOCUMENT

Pour satisfaire son orgueil, Antoinette de Langeais a séduit Armand de Montriveau, héroïque général de l'armée napoléonienne. Mais parce qu'elle veut « posséder sans être possédée », elle refuse de se donner à lui. Un soir, le général se rend chez elle, décidé à la faire céder à son désir.

– Si tu disais vrai hier, sois à moi, ma chère Antoinette, s'écria-t-il, je veux…

– D'abord, dit-elle en le repoussant avec force et calme, lorsqu'elle le vit s'avancer, ne me compromettez pas. Ma femme de chambre pourrait vous entendre. Respectez-moi, je vous prie. Votre familiarité est très bonne, le soir, dans mon boudoir[1] ; mais ici[2], point. Puis, que signifie votre je veux ? Je veux ! Personne ne m'a dit encore ce mot. Il me semble très ridicule, parfaitement ridicule.

– Vous ne me céderiez rien sur ce point ? dit-il.

– Ah ! vous nommez un point, la libre disposition de nous-mêmes : un point très capital, en effet ; et vous me permettrez d'être, en ce point, tout à fait la maîtresse.

– Et si, me fiant en vos promesses, je l'exigeais ?

– Ah ! vous me prouveriez que j'aurais eu le plus grand tort de vous faire la plus légère promesse, je ne serais pas assez sotte pour la tenir, et je vous prierais de me laisser tranquille.

Montriveau pâlit, voulut s'élancer ; la duchesse sonna, sa femme de chambre parut, et cette femme lui dit en souriant avec une grâce moqueuse :

– Ayez la bonté de revenir quand je serai visible[3].

Armand de Montriveau sentit alors la dureté de cette femme froide et tranchante autant que l'acier, elle était écrasante de mépris. En un moment, elle avait brisé des liens qui n'étaient forts que pour son amant. La duchesse avait lu sur le front d'Armand les exigences secrètes de cette visite et avait jugé que l'instant était venu de faire sentir à ce soldat impérial que les duchesses pouvaient bien se prêter à l'amour, mais ne s'y donnaient pas et que leur conquête était plus difficile à faire que ne l'avait été celle de l'Europe.

– Madame, dit Armand, je n'ai pas le temps d'attendre. Je suis, vous l'avez dit vous-même, un enfant gâté. Quand je voudrai sérieusement ce dont nous parlions tout à l'heure, je l'aurai.

– Vous l'aurez ? dit-elle d'un air de hauteur auquel se mêla quelque surprise.

– Je l'aurai.

– Ah ! vous me feriez bien plaisir de le vouloir. Pour la curiosité du fait, je serais charmée de savoir comment vous vous y prendriez…

– Je suis enchanté, répondit Montriveau en riant de façon à effrayer la duchesse, de mettre un intérêt dans votre existence. Me permettrez-vous de venir vous chercher pour aller au bal ce soir ?

– Je vous rends mille grâces, monsieur de Marsay vous a prévenu[4], j'ai promis.

Montriveau salua gravement et se retira.

– Ronquerolles[5] a donc raison, pensa-t-il, nous allons jouer maintenant une partie d'échecs.

Honoré de Balzac, *La Duchesse de Langeais*, chapitre II, 1834.

1. Boudoir : petit salon de dame.
2. Montriveau a fait irruption, sans se faire annoncer, dans la chambre à coucher de la duchesse.
3. Quand je serai visible : quand je vous y autoriserai.
4. M'a prévenu : m'a déjà proposé de venir me chercher.
5. Le marquis de Ronquerolles est un « galant », un homme à femmes. C'est lui qui a encouragé Montriveau à se montrer plus exigeant vis-à-vis de la duchesse de Langeais.

LES CLÉS DU SUJET

Définir le texte

Carte d'identité du texte

- **Époque** : 1re moitié du XIXe siècle
- **Mouvement** : réalisme

- **Genre** : roman
- **Type de texte** : narratif, argumentatif

But : créer le suspense, peindre les personnages et le désir amoureux

Thèmes : relation amoureuse entre un couple d'aristocrates, affrontement verbal

- **Tonalité** : polémique
- **Autres adjectifs** : tendu, théâtralisé, dramatisé, agressif

Construire le plan

1 Un affrontement verbal dramatisé

- En quoi cet affrontement est-il théâtralisé ? Quelles caractéristiques permettraient de le mettre en scène ou de l'adapter au cinéma ?
- Analysez la progression du dialogue. Comment la tension est-elle maintenue ?

2 Deux « figures saillantes d'une époque »

- Quelle personnalité les personnages révèlent-ils dans ce dialogue ? Se ressemblent-ils ?
- Comment s'expriment-ils ? Quelles sont leurs relations ?
- Analysez la portée de ce moment : quelle vision de l'amour et du monde donne-t-il ?

18 CORRIGÉ GUIDÉ

Les titres en couleur ou entre crochets ne doivent pas figurer sur la copie.

Introduction

[Présentation du contexte] Dans *La Duchesse de Langeais*, inscrit dans la vaste fresque qu'est *La Comédie humaine*, Balzac peint la décadence des milieux aristocratiques, mais s'intéresse aussi à l'âme humaine. Une duchesse, coquette

À NOTER
La Comédie humaine est un ensemble de 137 œuvres (95 romans ; entre 4 000 et 6 000 personnages) écrites pour créer une « histoire naturelle de la société » qui fasse « concurrence à l'état civil ».

et mondaine, mène ses soupirants au gré de ses caprices : après avoir rendu fou d'amour le général d'Empire Armand de Montriveau, elle refuse, par désir d'indépendance, de lui céder.

[Présentation du texte] Un jour, le général lui rend visite avec la ferme intention de la soumettre.

[Annonce du plan] L'homme et la femme s'affrontent alors dans un dialogue très dramatisé [I], qui révèle leurs fortes personnalités et, au-delà, une vision cruelle de l'amour et du monde [II].

I. Un affrontement verbal dramatisé

> ▶ **Le secret de fabrication**
>
> Il s'agit de rendre compte de la première impression que produit cet affrontement et d'analyser par quels procédés d'écriture Balzac le théâtralise pour capter l'attention du lecteur.

Adapter ce passage au théâtre nécessiterait peu de transformations, tant Balzac l'a dramatisé, dans la forme du discours et dans sa progression.

1. Un dialogue avec des temps forts et du suspense

- L'essentiel de l'extrait se compose de répliques qui transcrivent au style direct la conversation entre la duchesse et Montriveau, comme au théâtre.
- La progression de l'entrevue, savamment composée, maintient l'intérêt du lecteur, avec une alternance de moments de détente et de temps forts : au début la conversation semble assez sereine (la duchesse « repouss[e] » le général « avec calme ») ; puis les répliques se font plus acerbes et la tension s'exacerbe quand Montriveau veut « s'élancer » et que « la duchesse sonn[e] ». L'arrivée de la servante désamorce la tension ; l'intervention du narrateur qui analyse les pensées des personnages ménage une pause.
- Puis les répliques, brèves, accélèrent le rythme. Le défi que lance la duchesse (« je serais charmée de savoir… ») la met à nouveau en danger et l'on s'inquiète du rire de Montriveau, destiné à l'« effrayer ».

2. Gestes, attitudes et intonations

Les rares interventions du narrateur jouent le rôle de didascalies et visent, elles aussi, à dramatiser l'entrevue.

- Le ton des répliques est suggéré par des verbes introducteurs de la parole (Montriveau « s'écria ») ou par des expressions comme « en riant », « en souriant avec une grâce moqueuse » ou « d'un air de hauteur auquel se mêla quelque surprise ».

ROMAN

• Les verbes (« en le repoussant », « s'avancer », « s'élancer », « salua [...] et se retira ») nous peignent une scène animée de mouvements, de gestes souvent brusques. Un adverbe précise une attitude (« salua *gravement*... »), un verbe (« pâlit ») signale la colère et le trouble sur un visage. Toutes ces précisions dramatisent la confrontation.

3. Courtoisie et agressivité

• Les deux interlocuteurs respectent les convenances de la vie mondaine, usent de formules de politesse (« je vous prie », « vous me permettrez », « je vous prierais », « vous me feriez bien plaisir de... », « je vous rends mille grâces »...). Certes Montriveau, à son arrivée, tutoie un peu lestement la duchesse, mais, très vite, la bienséance reprend le dessus et on repasse au vouvoiement, qui maintient les distances.

• Mais la politesse se charge d'ironie dans la bouche de rivaux qui se livrent en réalité à un affrontement tendu, polémique, substitut d'une violence physique contenue. La plupart des phrases sont exclamatives ou interrogatives : les interrogations sont parfois rhétoriques (« Puis, que signifie votre je veux ? »), parfois menaçantes (« Et si [...] je l'exigeais ? ») ; parfois elles marquent le défi (« Vous l'aurez ? »). L'exclamation de la duchesse fait écho au « je veux » du général, traduisant par là son indignation outrée. Les impératifs (« respectez-moi »...) marquent un rapport de force et les formules injonctives polies n'atténuent pas la brutalité de l'échange (« je vous prierais de me laisser tranquille »). L'interdiction de la duchesse est elliptique, courte et incisive : « mais ici, point ».

MOT CLÉ
Un texte est polémique quand il prend un ton passionné et agressif à l'égard de l'« adversaire » ; le débat prend la tournure d'un combat verbal et oppose deux thèses contraires.

• On en vient presque aux insultes. La duchesse qualifie l'attitude de Montriveau de « très ridicule, *parfaitement* ridicule » : la répétition de l'injure la rend plus offensante.

II. Deux « figures saillantes d'une époque », révélatrices d'une vision de l'amour et du monde

▶ Le secret de fabrication

Cette partie analyse en quoi les deux personnages répondent à la volonté balzacienne de peindre des « types » sociaux, souvent soumis aux effets d'une passion.

1. Deux tempéraments forts

• Les deux personnages s'affrontent parce qu'ils sont animés d'une forte volonté de domination. Le champ lexical de la volonté jalonne le dialogue (« je veux », « j'exigeais » « exigences »). La duchesse joue sur le mot « maîtresse » pris non pas au sens galant d'*amante*, mais comme féminin du mot *maître*.

• Les apartés ou les brefs monologues intérieurs qui dévoilent les pensées soulignent cette détermination : « la duchesse avait lu sur le front d'Armand les *exigences* secrètes de cette visite » et, en retour, elle « avait jugé que l'instant était venu *de faire sentir* à ce soldat impérial » son opiniâtreté.

Cependant, si une même détermination les anime, les deux personnages représentent des types sociaux et humains différents.

2. La duchesse : une aristocrate intrépide et froide

Balzac considérait la duchesse comme sa créature la plus aboutie : « c'est, en fait de femme, ce que j'aurai fait jusqu'à présent de plus grand » (à Mme Hanska, 1834). Elle a en effet un relief et une originalité que cet extrait révèle.

• Type de l'aristocrate du faubourg Saint-Germain, elle tient de son rang : elle dispose d'un « boudoir », d'une « femme de chambre », d'« amants » qui l'invitent au bal, comme « monsieur de Marsay ». Elle a un parler distingué, le sens du respect qu'on lui doit (« Respectez-moi ») et surtout une arrogance « écrasante de mépris », un « air de hauteur » face à Montriveau qu'elle considère comme un simple « soldat impérial ».

• En amour, comme une dame courtoise dont le chevalier doit faire la conquête, elle dresse des obstacles à ses amants et entend bien garder sa liberté : elle « se prête », mais ne se « donne » pas. Elle joue volontiers à la coquette un peu précieuse, « avec [sa] grâce moqueuse ».

• C'est aussi une guerrière qui aime le danger : alors qu'elle est dans une situation périlleuse, elle lance un défi à Montriveau « pour la curiosité du fait » et le nargue : « Je vous rends mille grâces… ». Son air mondain cache sa personnalité profonde, que révèle la comparaison empruntée au domaine des armes : c'est une « femme froide et tranchante autant que l'acier ». Elle est à la fois psychologue (elle lit « sur le front d'Armand ») et sait prendre les décisions au bon moment, lorsqu'elle « jug[e] que l'instant [est] venu ».

3. Le général de Montriveau : « un tigre sûr de sa proie »

Face à cette « froide » stratège mondaine, se dresse le « soldat impérial », « un tigre sûr de sa proie ».

• Montriveau représente la force impulsive : impatient, il n'a pas « le temps ni l'envie d'attendre ». Il oublie le vouvoiement d'usage. Son vocabulaire, sa façon de parler sont ceux d'un militaire : il « veut » faire « céder » la duchesse, il affirme sa foi en sa victoire par un futur de certitude tranchant : « Quand je voudrai sérieusement ce dont nous parlions tout à l'heure, *je l'aurai*. ».

ROMAN

• Ses manœuvres diverses sont toujours agressives : il passe de la violence physique (« il voulut s'élancer ») à la menace (« je l'aurai »), puis à une ironie (« je suis enchanté […] de mettre un intérêt dans votre existence ») et à un rire qui visent à « effrayer » la duchesse.

• Enfin, son goût de la stratégie s'exprime à travers la métaphore finale désignant le combat amoureux qu'il va livrer : « une partie d'échecs ». Et même s'il vient de perdre la première manche, on sent que la vengeance de cet homme orgueilleux et blessé sera terrible : le suspense est relancé.

4. Un tableau cruel de l'amour et du monde

Cette confrontation dépasse l'affrontement entre deux héros. Elle est révélatrice du regard de Balzac sur l'amour et sur le monde.

• La coquetterie égoïste de l'une, la brutalité contenue de l'autre brossent un tableau impitoyable de la noblesse française : y règnent l'artifice, les rapports de force, la volonté de domination. D'amour véritable, il n'est nullement question. Tout n'est qu'un jeu cruel, dans lequel chacun veut rester libre et dominer ; il n'est question que de « maître[sse] » et de « conquête ».

• Les conséquences de ce jeu s'annoncent violentes, ce que suggère la métaphore « elle avait *brisé* des liens ». Le lecteur sent qu'à l'issue du combat, il y aura des vainqueurs et des victimes. La vision est pessimiste, les perspectives sont dramatiques mais comblent le lecteur, curieux de connaître le destin des deux héros.

Conclusion

[Synthèse] La joute amoureuse entre deux personnages hors du commun, temps fort et moment clé du roman, laisse présager de terribles péripéties : en effet, un général d'Empire ne peut laisser impuni un tel affront et la « partie d'échecs » ne fait que commencer.

[Ouverture] Les cinéastes ont compris tout le parti que l'on pouvait tirer de telles scènes et de tels personnages. Ce roman de Balzac a été adapté plusieurs fois à l'écran : on peut citer, entre autres, le film de J. de Baroncelli en 1942, le téléfilm de Jean-Daniel Verhaeghe en 1995, et en 2007 le film de J. Rivette, *Ne touchez pas la hache*.

19 Sujet d'écrit • Dissertation

Le personnage de roman, porteur d'une réflexion sur le monde ?

4 heures
20 points

INTÉRÊT DU SUJET • Ce sujet permet de s'interroger sur le rôle majeur joué par le personnage, dans un récit, pour questionner le lecteur sur le monde qui l'entoure.

▶ Comment le roman, à travers ses personnages, donne-t-il à réfléchir sur le monde ?

Vous répondrez à cette question dans un développement argumenté, en vous appuyant sur votre lecture du roman *Le Rouge et le Noir* de Stendhal et sur les autres textes étudiés dans le cadre du parcours « Le personnage de roman, esthétiques et valeurs ».

LES CLÉS DU SUJET

Analyser le sujet

roman : genre protéiforme, qui se décline en multiples sous-genres ; il crée un univers fictif, même s'il peut s'inspirer de la réalité ; il fait intervenir un narrateur, plus ou moins neutre, et donne à voir un ensemble de personnages.

personnages : plus ou moins nombreux ou étoffés ; il faut examiner leur construction, leurs valeurs, leur manière d'être, leurs liens.

Comment le **roman**, à travers ses **personnages**, donne-t-il à **réfléchir sur le monde** ?

réfléchir sur le monde : le monde est un terme au sens très large ; par là, il faut entendre, l'existence en général, autrui, la société.

Formuler la problématique

En quoi le personnage de roman permet-il d'engager une réflexion sur le monde ?

Construire le plan

1 Des personnages aux profils variés	• Les personnages sont plus ou moins faciles à cerner : certains apparaissent comme des personnages types. • D'autres, plus complexes, conduisent le lecteur à se questionner. • En quoi les interactions entre les personnages nourrissent-elles une réflexion sur le monde ? • EXEMPLES : Julien Sorel (*Le Rouge et le Noir*), Emma Bovary (*Madame Bovary*), Mme de Chartres et sa fille (*La Princesse de Clèves*), Jacques Lantier (*La Bête humaine*), Quasimodo, Frollo et Phébus (*Notre-Dame de Paris*)…
2 Des personnages aux prises avec la société et le monde	• Certains types de roman initient personnage et lecteur, qui se forgent progressivement un regard sur le monde. • En quoi le personnage peut-il être le reflet d'une époque ? • En quoi peut-il aussi incarner la vision du monde et de l'existence de l'auteur ? • EXEMPLES : Georges Duroy (*Bel-Ami*), Suzanne (*La Religieuse*), Mme de Rênal (*Le Rouge et le Noir*), Meursault (*L'Étranger*), Gervaise Lantier (*L'Assommoir*)…

19 CORRIGÉ FLASH

Les titres en couleur ou entre crochets ne doivent pas figurer sur la copie.

Introduction

[Annonce] Genre protéiforme, le roman plonge le lecteur dans un monde fictif à la fois captivant et capable, au-delà du plaisir de l'intrigue, de donner à penser. Cet imaginaire, souvent inspiré du réel, ne cesse de se référer à notre monde et de l'éclairer.

[Sujet] Comment le roman, à travers ses personnages, donne-t-il à réfléchir sur le monde ?

[Problématique] Il s'agit ici d'examiner en quoi le personnage, pivot du dispositif romanesque, permet d'engager une réflexion riche sur le monde, l'existence, autrui, soi-même ; c'est notamment le cas dans *Le Rouge et le Noir*, qui restera au centre de notre réflexion.

[Annonce du plan] Nous nous pencherons d'abord sur la pluralité des profils de personnages créés par les auteurs [I]. Nous nous intéresserons ensuite à la manière dont le personnage interagit avec son environnement [II].

I. Des personnages aux profils variés

1. Des personnages types, intemporels

Les personnages peuvent fonctionner comme des types intemporels, incarner un défaut ou une manière d'être emblématiques.

- Stendhal, *Le Rouge et le Noir* (1830) : Julien Sorel, jeune paysan, incarne le type même de l'ambitieux calculateur, toujours en quête de ce qui lui manque. Valenod incarne le triomphe inquiétant des hommes politiques véreux.
- Flaubert, *Madame Bovary* (1857) : Emma Bovary, qui a lu des romans toute sa jeunesse, rêve de passions et d'aventures romantiques. Cette quête entraînera sa perte ; le « bovarysme » désigne désormais cet état d'insatisfaction rêveuse.
- Mme de La Fayette, *La Princesse de Clèves* (1678) : Mme de Chartres et sa fille, la princesse de Clèves, incarnent la vertu, le triomphe de la volonté et du devoir sur l'aveuglement dangereux des passions.

2. Des personnages parfois plus complexes et troublants

La présence de personnages ambigus, plus délicats à appréhender, permet de prendre la mesure de la complexité de l'humain et du monde.

- Stendhal, *Le Rouge et le Noir* (1830) : le narrateur ne ménage pas Julien Sorel, critiqué pour son hypocrisie ; il nous montre cependant aussi une certaine naïveté, ses combats intérieurs, sa soif d'un monde plus juste.
- Laclos, *Les Liaisons dangereuses* (1782) : ce roman épistolaire dévoile la duplicité de deux libertins sans scrupule, la marquise de Merteuil et le vicomte de Valmont, et le trouble qu'ils sèment chez leurs proies naïves et bientôt brisées.
- Zola, *La Bête humaine* (1890) : Jacques Lantier subit des pulsions meurtrières : il est poussé, malgré lui, à tuer les femmes qui l'attirent. Le roman montre l'étendue de sa souffrance en humanisant ce personnage.

> **DES POINTS EN +**
> Le narrateur peut rester neutre ou orienter la perception du personnage. Dans ses romans, Stendhal multiplie les commentaires ironiques.

3. Des réseaux de personnages significatifs

Les personnages fonctionnent en interaction : leurs relations permettent d'approfondir notre réflexion sur le monde.

• Stendhal, *Le Rouge et le Noir* (1830) : Julien, par sa « noire ambition », s'oppose à son ami Fouqué, qui lui promet une carrière et une fortune faites avec loyauté.

• Victor Hugo, *Notre-Dame de Paris* (1831). Quasimodo, Frollo et Phébus sont épris de la belle Esméralda. Le roman montre plusieurs visions de l'amour, du plus pur au plus tourmenté.

DES POINTS EN +
Ne vous concentrez pas seulement sur le personnage principal : montrez votre connaissance de l'œuvre en vous appuyant aussi sur les personnages secondaires.

[Transition] Au-delà de ce qui les définit, les personnages nourrissent des réflexions sur le monde parce qu'ils sont particulièrement révélateurs de leur environnement.

II. Le personnage aux prises avec la société et son environnement

1. Des récits d'initiation

Le roman peut plonger le personnage dans un monde dont il ignore tout : le lecteur se forge sa vision du monde en même temps que le personnage.

• Stendhal, *Le Rouge et le Noir* (1830) : Julien Sorel, parti de rien, obtient des postes de plus en plus prestigieux ; son sens aigu de l'observation lui permet de tirer profit de la société de 1830.

• Madame de La Fayette, *La Princesse de Clèves* (1678) : la jeune princesse, novice, découvre les dangers de l'amour et lutte pour se préserver d'une cour corrompue.

• Maupassant, *Bel-Ami* (1885) : Georges Duroy profite de son succès auprès des femmes pour se faire une place dans le monde de la presse, alors en pleine expansion : libre de tout scrupule, il finit par triompher.

2. Des personnages reflets d'une époque

Les personnages peuvent souligner les dysfonctionnements d'une époque : le lecteur est ainsi invité à exercer un regard critique.

• Stendhal, *Le Rouge et le Noir* (1830) : cette « Chronique de 1830 » met en évidence une corruption généralisée, le règne de l'argent et des alliances.

• Zola, *Germinal* (1885) : Étienne Lantier découvre les conditions de vie infâmes des mineurs ; il tente d'organiser la lutte pour améliorer leur sort.

• Diderot, *La Religieuse* (1796) : le témoignage de Suzanne, cloîtrée malgré elle, est le cri poignant d'une femme opprimée par une institution religieuse retorse.

3. Des personnages qui incarnent une vision du monde

Les personnages peuvent être révélateurs d'une vision singulière de l'humain, voire interroger notre rapport au monde de manière générale.

- Stendhal, *Le Rouge et le Noir* (1830) : Julien, emprisonné après une tentative de meurtre, change radicalement et découvre les vraies valeurs : seul l'amour de Mme de Rênal compte, son ambition était un leurre.
- Camus, *L'Étranger* (1942) : Meursault semble traverser un monde absurde, qui l'indiffère, et qui en retour ne peut pas non plus le comprendre : il reste, jusqu'à sa mort sous la guillotine, un « étranger ».
- Zola, les *Rougon-Macquart* (1871-1893) : les personnages sont soumis à un double déterminisme, celui de leur milieu et celui de leurs « tares héréditaires ». Se pose la question de la liberté de l'humain, à travers des personnages comme Gervaise Lantier, qui sombre inexorablement dans l'alcoolisme.

À NOTER
Certains personnages servent de porte-parole au romancier, de relais pour porter sa vision du monde et ses valeurs : Rieux dans *La Peste* de Camus (1947), ou Roquentin dans *La Nausée* de Sartre (1938).

Conclusion

[Synthèse] Ainsi, le personnage de roman constitue à bien des égards un levier stimulant pour enrichir la réflexion du lecteur sur le monde et l'existence. En effet, la variété prodigieuse de profils, plus ou moins stéréotypés ou complexes, reflète la diversité du vivant, des valeurs, des attitudes face à l'existence. L'immersion du personnage dans une société et dans un monde avec lequel il peut être en décalage ou en conflit aide également à prendre du recul sur notre environnement et sur notre manière d'être.

[Ouverture] On peut retrouver cette réflexion sur la diversité des hommes et du monde dans d'autres genres, comme chez le dramaturge anglais Shakespeare, qui fait souvent usage de la métaphore du *theatrum mundi* : le monde entier est un « théâtre ».

LE ROMAN

20 Sujet d'écrit • Commentaire

Patrick Chamoiseau, *L'Empreinte à Crusoé*

4 heures
20 points

INTÉRÊT DU SUJET • Qui suis-je ? Comment (re)trouver mon identité dans une île déserte où je suis seul ? En revisitant le mythe de Robinson, Chamoiseau nous aide à répondre à ces interrogations existentielles.

▶ Commentez ce texte de Patrick Chamoiseau, extrait de *L'Empreinte à Crusoé*.

DOCUMENT

Le personnage du romancier martiniquais Patrick Chamoiseau ignore tout de son identité et de ses origines (il n'est pas sûr de s'appeler Robinson Crusoé). Au début du roman, alors qu'il est déjà dans l'île depuis vingt ans, il revient sur le rivage où il a repris conscience après le naufrage et se remémore les premiers temps de sa vie solitaire.

[...] les objets rapportés de l'épave alimentèrent mes imaginations d'une dimension occidentale, j'étais prince, castillan[1], chevalier, dignitaire de grande table, officier de légions ; j'allais entre des châteaux, des jardins de manoirs, traversais d'immenses salles habillées de velours ; déambulais sur des pavés crasseux, dans des ruelles jaunies par des lanternes huileuses ; longeais des champs de blé qui ondoyaient sans fin au pied de hauts remparts... ; mais des images étranges surgissaient des trous de ma mémoire : vracs de forêts sombres dégoulinantes de mousses, des villes de terre auréolées de cendres et de jasmin, dunes de sable avalant l'infini, falaises recouvertes d'oiseaux noirs battant des ailes cendreuses ; ou bien des cris de femmes qui mélangeaient l'émotion de la mort à des chants d'allégresse... ; à cela s'ajoutait un lot d'étrangetés qui semblaient remonter de ma substance intime – ... l'arrivée d'un chacal qui embarrasse des dieux... des lézards noirs et blancs qui tissent des étoffes... des jumeaux dans une calebasse de mil… bracelets de prêtres cliquetant autour d'un masque à cornes… –, mais elles étaient tellement incompatibles avec l'ensemble de mes évocations que je les mis au compte d'un résidu de souvenirs appartenant à quelque marin vantard que j'aurais rencontré ; de fait, reliées ensemble, mon imagination à partir des objets et ma mémoire obscure ne faisaient que chaos : toute possibilité de mettre au clair mon origine réelle disparaissait alors ;

*

quoi qu'il en soit, ces chimères ne durent pas être probantes ; à mesure que j'affrontais la puissance ennemie qu'étaient cette île et son entour, il m'arriva de défaillir au point d'admettre cette absence d'origine personnelle ; abandonnant toute consistance, je m'imaginais crabe, poulpe dans un trou de poulpe, petit de poulpes dans une engeance de poulpes ; je me retrouvais à faire le crapautard[2] dans les bulles d'une vase ; mais le pire surgissait lorsque j'atteignais le point fixe d'une absence à moi-même : mon regard alors ne se posait sur rien, il captait juste l'auréole photogène[3] des choses qui se trouvaient autour de moi ; je me mettais à renifler, à grogner et à tendre l'oreille vers ce qui m'entourait ; dans ces moments-là, je cheminais avec la bouche ouverte dégoulinante de bave, et je me sentais mieux quand mes mains s'associaient à mes pieds dans de longues galopades ; puis je m'en sortais (allez savoir comment !) et, pour sauvegarder un reste d'humanité, je revenais à ces fièvres narratives qui allaient posséder mon esprit durant de longues années ; je n'avais rien trouvé de mieux que de m'inventer ma propre histoire, de m'ensourcer dans une légende ; je me l'écrivais sur les pages délavées de quelques épais registres sauvés de la frégate, avec le sentiment de la serrer en moi, à portée d'un vouloir ; sans doute jaillissait-elle d'un ou de deux grands livres restés enfouis dans mon esprit ; des livres déjà écrits par d'autres mais que je n'avais qu'à réécrire, à désécrire, dont je n'avais qu'à élargir l'espace entre les phrases, entre les mots et leurs réalités, pour les remplir de ce que je devenais sans vraiment le savoir, et que j'aspirais à devenir sans être pour autant capable de l'énoncer ; […]

Patrick Chamoiseau, *L'Empreinte à Crusoé*, 2012 © Éditions Gallimard.

1. Castillan : habitant de la Castille, en Espagne (le nom de cette région vient du mot *castillo*, « petit château »).
2. Crapautard : mot inventé combinant « crapaud » et « têtard ».
3. Photogène : qui génère de la lumière, luminescent.

ROMAN

LES CLÉS DU SUJET

Définir le texte

Carte d'identité du texte

- Époque : XXIe siècle
- • **Genre** : roman autobiographique ? policier ? conte philosophique ?
  • **Type de texte** : narratif, descriptif (autoportrait), argumentatif
- **Buts** : retrouver une identité, mettre en valeur les fonctions de l'écriture
- **Thèmes** : la vie sur une île, le souvenir, l'identité, l'origine, l'écriture
- • **Tonalité** : lyrique
  • **Autres adjectifs** : poétique, étrange

Construire le plan

1 Un récit inclassable	• Analysez successivement ce qui apparente ce texte aux différents genres repérés dans sa « carte d'identité » : autobiographie, roman policier, enquête, conte (oral)/apologue, poésie… • Analysez ce qui donne à ce récit-enquête sa cohérence mais aussi son caractère « éclaté ».
2 Buts et pouvoirs de l'écriture	• Analysez quelles fonctions Chamoiseau attribue à l'écriture. • Analysez le rôle de la réécriture pour Chamoiseau.

20 CORRIGÉ GUIDÉ

Les titres en couleur ou entre crochets ne doivent pas figurer sur la copie.

Introduction

[Présentation du contexte] Patrick Chamoiseau est fasciné depuis son enfance par le *Robinson Crusoé* de Defoe et, dès le début de sa carrière d'écrivain, il s'est promis d'enrichir les avatars d'un personnage de roman devenu un mythe littéraire, célébré par Saint-John Perse, Valéry, Michel Tournier et bien d'autres encore.

[Présentation du texte] Dans *L'Empreinte à Crusoé*, Chamoiseau propose sa propre « variation » sur le mythe de Robinson. Son Robinson se remémore les premiers temps de sa vie solitaire et ses efforts pour « mettre au clair son origine réelle », puisqu'il est devenu amnésique après son naufrage. Fou de solitude, il est hanté par l'angoisse d'avoir perdu son humanité avec la parole et les mots.

[Annonce du plan] Chamoiseau propose ici un récit inclassable, à la fois fragment autobiographique, enquête mystérieuse, conte philosophique et poétique [I]. Robinson, double de Chamoiseau, y mène une réflexion passionnante sur les pouvoirs de la littérature pour élucider le mystère de la condition humaine [II].

I. Un récit inclassable

> **▶ Le secret de fabrication**
> Cette partie montre l'étrangeté de ce texte hybride, inclassable, à la croisée entre plusieurs genres, à la recherche d'une identité (littéraire) comme le personnage-narrateur (et l'auteur ?) l'est de la sienne.

Chamoiseau joue de plusieurs genres à la fois.

1. Un récit autobiographique

- Le texte, exclusivement à la première personne (« je, me mon, mes… ») et au passé (passé simple et imparfait), se lit comme un fragment d'autobiographie, remplie de « souvenirs ». Il porte les marques de l'intériorité. Robinson décrit sa vie intime, ses efforts pour reconstituer sa « substance intime » à partir de ses impressions, de son « imagination », des résidus de sa « mémoire ».
- Robinson ou Chamoiseau ? Le récit de Robinson renvoie à la dualité de l'écrivain martiniquais, marqué par une double identité, celle imposée par la colonisation « occidentale » et ses racines africaines : il évoque d'une part la société médiévale ou renaissante dans leur composante aristocratique, les villes européennes avec leurs « ruelles jaunies » et les campagnes avec leurs « champs de blé » ; et d'autre part les paysages de « forêts sombres », les « villes de terre », les « dunes de sable », les animaux, les usages, les objets, les croyances et les rites des communautés africaines.

2. « Mettre au clair » le « chaos » des souvenirs : une [en]quête impossible

Dans son effort pour « mettre au clair » le « chaos » de ses souvenirs, Robinson se comporte comme un enquêteur qui s'efforce de résoudre un mystère.

- Son récit-enquête est organisé chronologiquement. À partir d'objets retrouvés dans l'épave et de bribes de souvenirs, Robinson tente de reconstituer

ROMAN

son passé (l. 1 à 17), puis rappelle l'échec de cette quête et la perte d'humanité qui s'ensuit (l. 17 à 37) ; il explique enfin comment l'écriture lui a permis de s'inventer une identité et de retrouver son « humanité ».

• Robinson énumère un bric-à-brac d'hypothèses : il s'imagine noble (« chevalier » ou « prince » dans un « château »), dans une ville aux « pavés crasseux » ou dans une nature exotique aux animaux étranges.

• Mais ces indices « incompatibles », « étranges » sont trop nombreux, trop ténus pour composer une identité cohérente. Ils conduisent à des reconstitutions trop fragiles : « chimères », « imaginations », « évocations ». La mémoire est lacunaire (Robinson parle des « trous de [s]a mémoire »), il ne lui reste qu'un « résidu de souvenirs » au point qu'il se sent « défaillir ». La fracture en lui est symbolisée par la mise en page qui, par un astérisque, « fracture » le texte en plein milieu d'une phrase.

3. L'oralité d'un conte philosophique et poétique

• Robinson poursuit un monologue intérieur au sein d'une très longue phrase, comme un courant de conscience exprimé par la parole libre d'un de ces conteurs que Chamoiseau écoutait dans son enfance antillaise et qui pouvait apostropher l'auditeur comme Robinson le fait quand il s'exclame : « allez savoir comment ! ».

• Cette coulée fluide de phrases sans points ni majuscules – instrument adapté pour retranscrire le flux de conscience – trahit l'instabilité mentale d'un homme aux certitudes soudain ébranlées.

MOT CLÉ
Le procédé du monologue intérieur consiste à transcrire « le flux ininterrompu des pensées qui traversent l'âme du personnage au fur et à mesure qu'elles naissent sans en expliquer l'enchaînement logique » (E. Dujardin, 1887)

• Il invente une prose poétique, insère des bribes de phrases en italique pour distinguer les réminiscences africaines, crée des personnifications saisissantes : l'île devient une « puissance ennemie », des « dunes de sable » [avalent] « l'infini ». Il invente des mots (« crapautard », « photogène », « ensourcer ») ; il martèle un mot comme s'il jouait d'une percussion (« poulpe dans un trou de poulpe... »), joue sur le propre et le figuré (« des images surgissaient des trous de ma mémoire »).

• Cette prose devient hallucinée quand Robinson-Chamoiseau nous fait comprendre qu'avec son animalisation le langage lui échappe. Il ne lui reste que des sensations. Dans ses « fièvres narratives », il est traversé par des impressions sensorielles inquiétantes, voire répugnantes (il chemine « la bouche ouverte, dégoulinante de bave »).

[Transition] La façon dont il retrouve son humanité en réécrivant sa « légende » sur des registres où le texte était effacé, sert de métaphore allégorique à sa conception des buts et des pouvoirs de la littérature.

À NOTER
Une transition est composée de deux « parties » : l'une rappelle très succinctement ce qui a été prouvé, la 2e annonce l'axe suivant en établissant un rapport entre les deux axes.

II. Buts et pouvoirs de l'écriture

▶ Le secret de fabrication
Cette partie vise à montrer que, au-delà du récit au premier degré, il faut lire le texte comme une métaphore de l'écriture, de ses sources, de ses buts et de ses pouvoirs.

Aujourd'hui, pour Chamoiseau, l'objet de la littérature n'est plus de raconter des histoires, d'organiser le monde par un récit ou une narration avec un début, un milieu, une fin, mais d'essayer d'opérer des saisies de perceptions, des explorations de situations existentielles, qui nous confrontent à l'indicible, à l'incertain, à l'obscur.

1. Pourquoi écrire ?

• Dans une mise en abyme vertigineuse, Robinson se souvient de lui faisant des efforts pour se souvenir de lui-même : au moment où l'écriture lui serait inutile pour sa vie pratique et concrète sur l'île, ce jeu de miroir qui passe par l'écriture retrouvée lui assure une survie d'un autre ordre : existentielle.

• Robinson écrit pour « sauvegarder un reste d'humanité », pour retrouver son identité. Menacé de perdre son humanité car il n'est pas d'humanité sans le regard d'autrui, il adopte un comportement animal, se met à « renifler », « grogner », il marche à quatre pattes, devient « crapautard », « poulpe »… Fou à force de solitude, Robinson cherche un miroir pour retrouver une image de l'humain (« j'habitais un étranger ») et ce miroir, c'est l'écriture.

2. La littérature, un palimpseste

• Symboliquement, Robinson écrit sur « les pages délavées de quelques épais registres sauvés de la frégate ». Il n'écrit pas à partir de rien mais sur un support qui conserve une mémoire, même si elle n'est pas déchiffrable. Il « réécrit ».

• Robinson lui-même est une sorte de palimpseste vivant, il est conscient qu'il ne part pas de rien quand il est saisi de ses « fièvres narratives ». À travers lui parlent « un ou deux grands livres », un de ces livres fondateurs qui donnent un sens au monde, qui

MOT CLÉ
Un palimpseste est un parchemin manuscrit dont on a effacé la première écriture pour pouvoir écrire un nouveau texte.

ROMAN

parlent des préoccupations les plus anciennes de l'homme – le mystère de la mort, celui des origines, du sens de la vie.

3. Écrire dans les « interstices » laissés par les grands auteurs

• Chamoiseau explique qu'il s'est glissé dans les « interstices » que lui offre *Robinson Crusoé*, et Robinson lui-même – nouvelle mise en abyme –, pour dire ce qu'il « devenait » ou/et ce qu'il « aspirait à devenir » en recourant à d'autres auteurs. Il s'intercale dans leur écriture dont il faut « élargir les espaces entre les lignes ».

• C'est un espace où sont compatibles des termes apparemment contradictoires : « réécrire », « désécrire », c'est-à-dire se libérer d'un langage aliénant, d'une mémoire étrangère, comme celle par exemple imposée par le colonisateur européen à la culture antillaise. Écrire permet alors d'accoucher de sa vérité, de retrouver son identité originelle.

• Écrire, c'est aussi dialoguer. C'est dans l'altérité qu'on construit et qu'on choisit son identité. Écrire, pour Robinson, s'inscrit dans un mouvement rétrospectif et prospectif : il dit « s'inventer sa propre histoire », à la fois sa biographie et sa « légende », dans un dialogue avec lui-même, avec le lecteur potentiel et évidemment avec les autres auteurs : tout est bon pour abolir la solitude.

• Robinson est ici le porte-parole de Chamoiseau pour qui, aujourd'hui, l'aventure est intérieure, dans la conscience humaine, dans l'affranchissement du « je » par rapport à des normes communautaires : les individus doivent se recomposer pour exprimer toutes les possibilités de leur « moi ».

Conclusion

[Synthèse] *L'Empreinte à Crusoé* est un titre surprenant. On aurait attendu « l'empreinte *de* Crusoé » mais cela n'invite-t-il pas à entendre « emp*run*te à Crusoé » ? Il est aussi tentant de rapprocher « empreinte » et « imprimé » qui partagent la même étymologie. Robinson s'efforce de préserver l'empreinte qu'il a découverte sur la plage, la sienne ou celle d'un autre, dans tous les cas signe d'humanité.

[Ouverture] Les mots des livres ont eux aussi le pouvoir de fixer la trace des émotions, de l'insaisissable, de l'indicible : Rimbaud essayait de « fixer des vertiges ». Robinson a compris qu'il ne suffit pas d'organiser le monde pour exister. La leçon de cette fable poétique, c'est qu'il faut d'abord maîtriser son « chaos » intérieur, se connaître soi-même pour découvrir son identité.

Dire « je » pour un autre

4 heures
20 points

INTÉRÊT DU SUJET • Quelles sont les particularités d'une fiction romanesque où l'auteur choisit de faire assurer la narration par un personnage qui s'exprime à la première personne ?

Marguerite Yourcenar écrit dans son carnet de notes : « Si j'ai choisi d'écrire ces *Mémoires d'Hadrien* à la première personne, c'est pour me passer le plus possible de tout intermédiaire, fût-ce de moi-même. » En quoi consiste ce dispositif romanesque et qu'est-ce qui en fait l'intérêt ?

Vous répondrez à cette question, dans un développement argumenté, en vous appuyant sur votre lecture de l'œuvre et les autres textes étudiés dans le cadre du parcours « Soi-même comme un autre ».

LES CLÉS DU SUJET

Analyser le sujet

« Si **j'ai choisi d'écrire** ces *Mémoires d'Hadrien* **à la première personne**, c'est pour me passer le plus possible de tout intermédiaire, fût-ce de **moi-même**. » **En quoi consiste ce dispositif romanesque** et **qu'est-ce qui en fait l'intérêt** ?

- **j'ai choisi d'écrire ; ce dispositif romanesque :** affirmation d'un choix esthétique dans l'écriture.
- **à la première personne :** un « je » raconte (fiction romanesque) ou se raconte (autobiographie).
- **me passer le plus possible de tout intermédiaire :** volonté de supprimer la distance entre narrateur et personnage principal, afin de créer un effet d'authenticité.
- **En quoi consiste (…) et qu'est-ce qui en fait l'intérêt :** étudier à la fois le fonctionnement et la portée de l'instance narrative à la première personne.
- **moi-même :** posture de l'autrice, censée s'effacer complètement derrière la reconstitution historique.

Formuler la problématique

Qu'est-ce qui fait la force de la narration à la première personne dans les romans et récits non autobiographiques ?

Construire le plan

1 Une plongée dans l'intimité d'un personnage	• En quoi la narration à la première personne permet-elle au lecteur de plonger dans l'intimité d'un personnage ? • En quoi favorise-t-elle la construction de personnages complexes ? • EXEMPLES : *Manon Lescaut* de Prévost ; *La Religieuse* de Diderot ; *L'Étranger* de Camus, *La mort est mon métier* de R. Merle…
2 Un regard singulier sur le monde	• Une narration à la première personne permet également d'étudier, à travers les yeux d'un personnage, les rapports d'un individu avec la société ou un moment de l'Histoire. Cherchez des illustrations. • EXEMPLES : *Voyage au bout de la nuit* de Céline ; *Je, François Villon* de J. Teulé…

21 CORRIGÉ GUIDÉ

Les titres en couleur ou entre crochets ne doivent pas figurer sur la copie.

Introduction

[Accroche] Dans un roman, qui raconte ? Le choix que l'auteur fait d'une voix narrative, quelle qu'elle soit, est essentiel pour la construction du récit romanesque et pour la réception qu'en a le lecteur.

[Explicitation du sujet] Marguerite Yourcenar écrit dans son carnet de notes : « Si j'ai choisi d'écrire ces *Mémoires d'Hadrien* à la première personne, c'est pour me passer le plus possible de tout intermédiaire, fût-ce de moi-même. »

L'auteur juge souhaitable et nécessaire de donner à son roman historique la forme de mémoires fictifs en se mettant dans la peau d'Hadrien. Comment expliquer ce choix d'écriture ? Qu'est-ce qui fait la force de la narration à la première personne dans les romans et récits non autobiographiques ?

[Annonce du plan] Nous verrons d'abord que la narration à la première personne permet au lecteur de pénétrer l'intimité du personnage [I]. Nous montrerons ensuite en quoi elle fait voir le monde à travers une perspective singulière [II].

I. Une plongée dans l'intimité d'un personnage

▶ Le secret de fabrication

Dans cette partie, on analyse comment une narration non autobiographique à la première personne permet à l'auteur d'entrer véritablement à l'intérieur des pensées et des sentiments d'un personnage.

1. Le « je » dans la fiction romanesque

Dans une narration à la première personne, il arrive souvent que le « je » ne fasse pas référence à l'auteur mais à un personnage-narrateur. Ce type de fiction à la première personne peut prendre des formes très variées.

- Celle de mémoires fictifs dans *Mémoires d'Hadrien* (1951). Dans les notes écrites au cours de sa rédaction, Marguerite Yourcenar refuse explicitement qu'on la recherche derrière le « je » utilisé par l'empereur Hadrien pour raconter sa vie : elle revendique une perspective purement historique.

- La forme pseudo-autobiographique entraîne parfois un dédoublement étonnant de l'auteur. Dans *La Religieuse* (1760-1781, éd. posthume 1796), Diderot se met dans la peau de sœur Suzanne Simonin, qui raconte les persécutions subies dans son couvent et la souffrance qu'elle ressent.

- Dans *Les Liaisons dangereuses* (1782), le procédé épistolaire permet la multiplication des « je » qui se confient et se racontent : l'on passe du cynisme des libertins roués, Merteuil et Valmont, à l'ingénuité de Cécile sortant du couvent, en passant par le lyrisme pathétique de la vertueuse présidente de Tourvel. Laclos affirme l'authenticité de ces lettres pourtant fictives, se défendant d'écrire un véritable roman.

2. Une plongée dans les mouvements d'une l'âme

Ce dispositif romanesque si singulier permet d'entrer au cœur des pensées d'un personnage, afin d'étudier les oscillations de ses sentiments ; l'emploi de la première personne invite le lecteur à s'identifier au personnage principal.

- Dans *Mémoires d'Hadrien*, Yourcenar tente de restituer les mouvements intimes de l'empereur passionnément épris d'Antinoüs, puis son désespoir après la mort du jeune homme. Le chapitre « *Sæculum aureum* » (« Âge d'or ») est presque entièrement consacré à l'analyse rétrospective de cette passion.

- Dans *Adolphe* (1806, publié en 1816), Benjamin Constant retranscrit les tourments de l'histoire d'amour mouvementée que vit le personnage éponyme avec la femme dont il est épris. La narration à la première personne, aux accents en partie autobiographiques, permet d'étudier une subjectivité passionnée.

ROMAN

• Avec *L'Étranger* (1942), également rédigé à la première personne, Albert Camus imagine un personnage « étranger » à soi et au monde qui l'entoure, Meursault, touché par l'ennui, dénué de sentiments face à la mort de sa mère et à la demande en mariage de sa fiancée. Le « je » nous fait plonger de manière troublante dans l'esprit et la sensibilité de cet homme.

3. L'analyse de la construction morale de l'individu

Le récit à la première personne est aussi souvent l'occasion d'une sorte d'auto-analyse. Le personnage-narrateur tente de comprendre **comment il s'est construit,** quelles valeurs le fondent.

• Hadrien, chez Yourcenar, raconte sa découverte de la civilisation hellénistique à Athènes, sa passion pour les lettres et les arts, et comment il s'est efforcé de transmettre ces valeurs à son futur successeur Marc Aurèle, alors adolescent.

• Dans l'*Histoire du chevalier des Grieux et de Manon Lescaut* (1731), de l'abbé Prévost, le chevalier, narrateur à la première personne du récit enchâssé, constate l'aveuglement dont il a fait preuve dans sa jeunesse, et son incapacité à lutter contre son amour pour Manon. Son récit est l'occasion de comprendre l'enchaînement des événements de sa vie.

• Robert Merle utilise, comme M. Yourcenar, le genre des mémoires fictifs pour mettre en scène, dans *La mort est mon métier* (1953), le commandant nazi d'un camp d'extermination pendant la Seconde Guerre mondiale. À la fois acteur de l'histoire et **spectateur** de soi-même, ce personnage singulier analyse comment l'obéissance naturelle dont il a toujours fait preuve l'a mené à accepter l'inacceptable et à accomplir les pires crimes.

> **MOT CLÉ**
> Les mémoires, qu'ils soient fictifs ou non, racontent la vie d'un individu en insistant sur son inscription dans l'Histoire.

II. Un regard singulier sur le monde

> **▶ Le secret de fabrication**
> Il s'agit dans cette partie de montrer que le personnage s'exprimant à la première personne livre un regard singulier sur la société où il vit et sur le monde qui l'entoure.

1. Le récit d'un parcours de vie

À travers le « je », le lecteur se met à la place du personnage-narrateur et suit son parcours au sein de la société dans laquelle il vit.

• Dans *Mémoires d'Hadrien*, on suit ainsi le parcours d'Hadrien au sein du *cursus honorum* des gentilshommes romains de l'époque, jusqu'aux plus hautes fonctions de l'empire. Parvenu au crépuscule de sa vie, il doit finalement trouver un successeur. Le dernier chapitre est ainsi consacré à l'apprentissage de la patience par l'empereur vieillissant.

• *Voyage au bout de la nuit* (1932) évoque un autre type de destin. Céline y donne la parole à Bardamu, qui parcourt le monde et se confronte à l'impitoyable réalité des temps modernes, notamment à l'absurdité de la guerre, aux violences coloniales et à la déshumanisation du travail à la chaîne.

2. La restitution d'un moment de l'Histoire

L'auteur peut également utiliser son personnage-narrateur comme intermédiaire pour décrire plus largement l'époque historique dans laquelle il s'inscrit.

• Dans *Mémoires d'Hadrien*, la perspective de Yourcenar est résolument historique ; s'inspirant d'une citation de Flaubert (« Les dieux n'étant plus, et le Christ n'étant pas encore, il y a eu, de Cicéron à Marc Aurèle, un moment unique où l'homme seul a été. »), elle s'emploie à décrire le IIe siècle de notre ère.

> **À NOTER**
> La période en question est celle de la *pax romana* (« paix romaine »), pendant laquelle l'Empire, à son apogée, était plus ou moins pacifié au sein de ses frontières.

• Dans *Je, François Villon* (2006), Jean Teulé se met à la place du fameux poète de la fin du Moyen Âge, au parcours rocambolesque rythmé par les truanderies et les séjours en prison, avec pour objectif de reconstituer le monde du XVe siècle. Il comble par la fiction les blancs laissés dans ce que l'on a pu reconstituer de la véritable vie de Villon.

3. Le témoignage d'un personnage extraordinaire

La narration à la première personne permet enfin de transmettre au lecteur des témoignages de personnages hors du commun.

• Yourcenar choisit de donner la parole à Hadrien, empereur tout-puissant : il s'agit là du destin d'un personnage historique exceptionnel, qui a eu une influence sur la marche du monde.

• Dans *Je suis un chat* (1905-1906), l'écrivain japonais Natsume Sōseki utilise la narration à la première personne pour donner la parole à un chat domestique anonyme, adopté par un professeur de littérature mélancolique et désabusé. Son regard singulier permet à l'auteur de présenter, à hauteur de chat, une galerie de personnages tous plus caricaturaux les uns que les autres, et de mettre en scène les bouleversements de la société japonaise de l'ère Meiji, forcée de s'ouvrir aux Occidentaux.

Conclusion

[Synthèse] Fondée sur une stratégie de dédoublement de l'auteur, la fiction à la première personne donne vie à un personnage-narrateur qui relate son expérience, en soulignant ses états d'âme et le regard qu'il porte sur le monde qui l'entoure. Quand un « je » raconte, son témoignage – même s'il est fictif puisque nous sommes dans le cadre d'un roman – gagne en authenticité, en force et en pouvoir de séduction sur le lecteur.

[Ouverture] On retrouve ce procédé de narration non autobiographique à la première personne dans des œuvres plus proches de la littérature d'idées : Victor Hugo fait ainsi s'exprimer un condamné à mort dans *Le Dernier Jour d'un condamné* (1829) afin de dénoncer la peine de mort.

22 Sujet d'écrit • Commentaire

Racine, *La Thébaïde*, acte III, scène 2

4 heures
20 points

INTÉRÊT DU SUJET • La réécriture du mythe antique d'Œdipe offre à Racine l'occasion de peindre en Jocaste un personnage qui exhale avec violence son désarroi contre les coups de la fatalité.

Commentez ce texte de Jean Racine, extrait de *La Thébaïde*.

DOCUMENT

L'action se déroule à Thèbes. Après avoir épousé Œdipe, Jocaste découvre avec horreur que ce dernier n'est autre que son propre fils et l'assassin de son premier mari, Laïus. Elle se révolte contre la colère des dieux qui s'acharne contre sa famille.

JOCASTE, *seule.*

Dureront-ils toujours, ces ennuis si funestes ?[1]
N'épuiseront-ils point les vengeances célestes ?
Me feront-ils souffrir tant de cruels trépas[2],
Sans jamais au tombeau précipiter mes pas ?
Ô ciel, que tes rigueurs seraient peu redoutables,
Si la foudre d'abord accablait les coupables !
Et que tes châtiments paraissent infinis,
Quand tu laisses la vie à ceux que tu punis !
Tu ne l'ignores pas, depuis le jour infâme
Où de mon propre fils je me trouvai la femme,
Le moindre des tourments que mon cœur a soufferts
Égale tous les maux que l'on souffre aux enfers.
Et toutefois, ô Dieux, un crime involontaire
Devait-il attirer toute votre colère ?
Le connaissais-je, hélas ! ce fils infortuné[3] ?

THÉÂTRE

Vous-mêmes dans mes bras vous l'avez amené.
C'est vous dont la rigueur m'ouvrit ce précipice.
Voilà de ces grands Dieux la suprême justice !
Jusques au bord du crime ils conduisent nos pas ;
Ils nous le font commettre, et ne l'excusent pas !
Prennent-ils donc plaisir à faire des coupables,
Afin d'en faire après d'illustres misérables ?
Et ne peuvent-ils point, quand ils sont en courroux[4],
Chercher des criminels à qui le crime est doux ?

Jean Racine, *La Thébaïde*, acte III, scène 2, 1664.

1. Ennuis si funestes : tourments si mortels.
2. Trépas : décès.
3. Infortuné : malchanceux, voire maudit par les dieux.
4. Courroux : vive colère.

LES CLÉS DU SUJET

Définir le texte

Carte d'identité du texte

- **Époque** : 2e moitié du XVIIe siècle
- **Mouvement** : classicisme

- **Genre** : monologue de théâtre
- **Type de texte** : argumentatif

But : exhaler sa souffrance, sa révolte contre les dieux

Thèmes : la souffrance intime, le sort, les dieux

- **Tonalités** : tragique, pathétique
- **Autres adjectifs** : passionné, violent, émouvant

Construire le plan

1 Une héroïne accablée par la souffrance

- Analysez la forme théâtrale de la scène.
- Quels sentiments éprouve Jocaste ? Comment les exprime-t-elle ? Comment se marque son exaltation ?
- En quoi sa situation est-elle tragique ? pathétique ?

2 Une héroïne révoltée contre les dieux

- Comment se défend-elle de sa culpabilité ?
- Analysez le portrait qu'elle dresse des dieux. Que leur reproche-t-elle ?
- Quelle image de la condition humaine se dégage de ce monologue ?

22 CORRIGÉ GUIDÉ

Les titres en couleur ou entre crochets ne doivent pas figurer sur la copie.

Introduction

[Présentation du contexte] Les mythes antiques ont été une source privilégiée pour les dramaturges classiques du XVIIe siècle. En 1664 pour sa première tragédie *La Thébaïde*, Jean Racine s'inspire du mythe d'Œdipe, déjà exploité par Sophocle au Ve siècle avant notre ère.

[Présentation du texte] La reine de Thèbes Jocaste vient d'épouser en secondes noces Œdipe ; mais elle découvre qu'il n'est autre que son propre fils et le meurtrier de Laïus, son premier mari et père d'Œdipe. La scène 2 de l'acte III atteint le sommet du tragique.

[Annonce du plan] Dans un monologue pathétique, la reine exhale sa souffrance d'héroïne tragique [I] puis sa révolte face aux dieux contre lesquels elle profère un réquisitoire impitoyable [II].

I. Une héroïne accablée par la souffrance

▶ **Le secret de fabrication**

Cette partie étudie les ressources du monologue pour exprimer la passion : sa forme, son ton, les faits de parole qu'il comporte, ses thèmes, les émotions fortes qu'il traduit et leur progression. Cela permet d'expliquer pourquoi Jocaste est une héroïne tragique et s'exprime en tant que telle.

1. Un monologue tragique

- Jocaste trouve dans le monologue – qui suppose la solitude – un espace privilégié pour laisser jaillir ses émotions et dresser un bilan sur ce qu'elle vient de vivre et sur ce qu'elle ressent : sa souffrance et son impossibilité à mourir (v. 1-4), l'évocation du tourment qu'elle endure et de sa faute (v. 9-12), la mise en évidence de son innocence et de son ignorance (v. 13-15) et enfin sa révolte ouverte (v. 16-24).

MOT CLÉ
Une tirade est une longue réplique qu'un personnage prononce sans être interrompu. Un monologue est une tirade dans laquelle un personnage, seul en scène, s'adresse à lui-même ou à un personnage absent.

- Mais dans ce monologue, les variations dans la situation d'énonciation traduisent le trouble tragique qui submerge Jocaste : l'héroïne passe de la souffrance à la colère, puis cherche à communiquer avec les dieux, à recevoir une explication de ce qu'elle endure comme un enfer. Elle s'adresse d'abord à elle-même (les indices de la 1re personne dominent dans les premiers vers). Puis elle se tourne vers le « Ciel » – allégorie des dieux –, qu'elle tutoie (« tes rigueurs ») ; en évoquant par le démonstratif généralisant « ceux » toutes les victimes qui ont subi le même sort qu'elle, elle souligne tragiquement la cruauté du ciel et l'impuissance des hommes, pour ensuite se focaliser sur sa propre torture (« mon cœur, je »). Enfin, elle apostrophe sur le ton de la prière (« Ô Dieux/ votre colère/vous-mêmes ») les « Dieux » qui menacent une femme qu'ils ont eux-mêmes délibérément trompée. Devant leur mutisme désespérant, elle les désigne avec les indices personnels de l'absence (3e personne) et elle élargit et généralise son propos sur les agissements divins

• Le registre tragique de ce monologue tient essentiellement aux faits de parole de Jocaste, qui s'exprime en héroïne tragique : les apostrophes au « ciel » et aux dieux (v. 5, 13) – figures de la fatalité – que Jocaste prend à témoin et rend responsables de ses malheurs, (« ennuis si funestes », « rigueurs […] redoutables », « tourments et maux »), l'accumulation de questions rhétoriques (notamment dans les six premiers vers), centrées sur les revendications principales (durée de la souffrance punition, mort refusée, injustice des dieux, culpabilité plus grave d'autres « criminels ») soulignent l'impuissance et la révolte de Jocaste devant son sort.

> **À NOTER**
> La fatalité est un élément obligé du tragique : c'est une force qui pèse sur les humains et dont les effets sont inéluctables (la loi du destin). Elle peut être extérieure (les « Dieux », le « ciel », la société) ou intérieure (l'hérédité ou les passions qui déchirent le personnage).

2. Le paroxysme de la douleur

• Pour rendre compte de l'intensité de sa douleur morale, Jocaste recourt au champ lexical de la souffrance (« souffrir, soufferts, souffre »), avec des mots souvent au pluriel (« ennuis, tourments, maux ») ; elle fait aussi appel à des mots intensifs (« si, tant de, tous les… »).

• Les adverbes et prépositions de temps (« toujours », « jamais », « depuis »), l'adjectif « infinis » et le jeu des temps (qui passent du futur « dureront, feront » au passé « a soufferts, m'ouvrit », puis au présent « souffre ») révèlent que cette souffrance qui envahit la pensée de Jocaste est vécue dans la durée.

• Enfin, le paradoxe des vers 3-4 (« tant de cruels trépas » « sans jamais » pouvoir accéder au « tombeau ») qui s'appuie sur une hyperbole (« tant de ») et la préférence qu'exprime Jocaste pour la mort plutôt que pour ces « tourments » indiquent l'intensité de sa souffrance.

3. L'expression de l'indignation

• Au cours du monologue, la souffrance fait place à l'indignation. À travers de nombreuses phrases exclamatives émaillées de mots du champ lexical de la justice (« accablait les coupables/tu punis/justice/ne l'excuse pas »), Jocaste associe l'expression de sa colère au sentiment d'être injustement punie (ce que souligne l'interjection « hélas »).

• Mais la fin de son monologue marque un changement de ton et se teinte d'ironie : le vers 18, phrase nominale qui résume l'attitude condamnable des dieux, et le démonstratif « ces [Dieux] » qui garde la valeur péjorative latine, accusent implicitement, par antiphrase, les dieux d'injustice. L'irrévérence du dernier vers remet explicitement en question leur réel pouvoir.

Mais, dans son monologue Jocaste, bien que victime, condamnée à une souffrance éternelle, ne se borne pas à exhaler sa douleur : elle dresse un violent réquisitoire contre les agissements des dieux qu'elle juge cruels et aveugles.

II. Une héroïne révoltée contre les dieux

> **▶ Le secret de fabrication**
> On s'attache à analyser quelle image des dieux se dégage du monologue de Jocaste, en quoi ils représentent la fatalité. Il faut aussi étudier quels rapports Jocaste entretient avec eux.

1. Le plaidoyer d'une coupable innocente

• Dans cette confrontation avec les dieux, Jocaste fait son propre plaidoyer. Sans nier une culpabilité qu'elle reconnaît à plusieurs reprises, elle utilise de nombreuses expressions indiquant qu'il s'agit d'une culpabilité subie et infligée par le destin : « *je me trouvai* la femme », « crime *involontaire* », « le connaissais-je ? », « fils *infortuné* ».

• Elle se peint comme un personnage réduit à la passivité par les dieux : les indices personnels de la 1re personne sont le plus souvent en fonction d'objet de verbes (« *me* feront-ils souffrir », « précipiter *mes* pas », « ils conduisent *nos* pas », « ils *nous* le font commettre »).

2. Un réquisitoire contre des dieux implacables

• En les associant au lexique de la vengeance et de la punition par la rime « funestes/célestes », elle met en cause la cruauté presque sadique des deux (« vengeances, cruels, rigueurs »), puisqu'ils prennent « plaisir » à lui refuser le soulagement de la mort (v. 2-3, 5-6).

• Ils sont aussi sujets à une « colère » (v. 14) dont on ne connaît pas la cause. Le terme « courroux », qui jure avec le mot « doux » à la rime, souligne leur attitude excessive dans la vengeance : ils apparaissent comme des êtres sans pitié, qui ne pardonnent pas, alors qu'ils sont eux-mêmes coupables (v. 21), et incapables de mesure ou de raison. Jocaste les accuse en fait du péché suprême d'ordinaire reproché aux hommes : la démesure (*hubris*).

THÉÂTRE

• Pire encore, ils semblent impuissants (« ne peuvent-ils pas… ? ») à exercer la justice contre de vrais coupables dont le « crime » est souligné par la répétition « criminels »/« crime » dans le même vers (v. 21).

• Ce réquisitoire va de pair avec une vision tragique de la condition humaine : en proie à l'acharnement divin, l'homme se trouve démuni ; l'oxymore « illustres misérables » traduit ce poids insupportable. Jocaste se trouve dans la situation paradoxale d'une héroïne criminelle malgré elle, condamnée à vivre.

MOT CLÉ
Un réquisitoire est un discours à charge qui accuse quelqu'un ou qui critique une cause ou une idée pour convaincre un auditoire. Le plaidoyer est un discours qui vise à défendre une personne, une cause ou une idée.

3. La culpabilité des dieux

Il ressort de ce monologue poignant que ce sont les dieux les coupables.

• Omniprésents, en position de sujet de verbes d'action (« ouvrit, conduisent », trois fois le verbe « faire » – v. 20, 21, 22), Jocaste fait d'eux les vrais responsables agissants du malheur et des « tourments » des hommes.

• La contradiction de leur attitude apparaît dans la métaphore du « précipice » (v. 17, 19 : « au bord du crime ») : ils amènent l'homme vers la mort mais le retiennent « au bord », comme pour prolonger sa souffrance et le soumettre à la tentation de mourir pour abréger ses peines (v. 4) ; ils le forcent à commettre un acte indigne, le tentent mais ne lui offrent aucune possibilité de se racheter (v. 19-20 : « ils […] ne l'excusent pas »). Plus démoniaques que divins, ils jouent avec les sentiments et la vie des humains.

• Face à ces êtres injustes, Jocaste se trouve comme mise en pièces (série de métonymies : « mes bras », « mes pas » et « mon cœur »). Elle se présente comme impuissante et manipulée : les dieux font dévier sa route et ses sentiments. Leur mise en cause se renforce de la répétition d'un « vous » accusateur précédé du présentatif « c'est » (v. 16-17).

Conclusion

[Synthèse] Malgré les contraintes et l'exigence de bienséance dans la tragédie classique du XVIIe siècle, Racine, dans le monologue de Jocaste, réussit à rendre compte de l'intensité poignante du désarroi et de la révolte de son héroïne, qui incarne le tragique de la condition humaine.

MOT CLÉ
Une des règles de la tragédie classique : il ne faut choquer ni la sensibilité ni la morale. Aucune action violente (meurtres, suicides…) ou peu convenable (allusion à la sexualité) ne doit être représentée sur scène.

[Ouverture] Son fort potentiel tragique lui vaudra d'être l'objet de multiples réécritures littéraires : quatre siècles après Racine, Cocteau, dans *La Machine infernale*, modernise ce personnage et lui donne un nouveau visage.

23 Sujet d'écrit • Dissertation

La passion, au cœur de la tragédie classique

4 heures
20 points

INTÉRÊT DU SUJET • Dans l'univers des tragédies classiques, les mouvements de l'âme sont portés à leur intensité maximale. Pourquoi ? Comment ?

En quoi la passion est-elle au cœur de la tragédie classique ?

Vous répondrez à cette question dans un développement argumenté, en vous appuyant sur votre lecture de *Phèdre* de Racine et sur les autres textes étudiés dans le cadre du parcours « Passion et tragédie ».

LES CLÉS DU SUJET

Analyser le sujet

En quoi la **passion** est-elle **au cœur** de la **tragédie classique** ?

- **En quoi :** comment, dans quelle mesure ; implique un plan thématique.
- **passion :** dans une acception large, mouvement de l'âme intense et involontaire ; dans un sens plus restreint, et à privilégier ici, amour intense, exclusif.
- **au cœur :** rôle déterminant.
- **classique :** mouvement qui s'épanouit dans la deuxième moitié du XVIIe siècle.
- **tragédie :** genre théâtral conçu pour susciter la terreur, la pitié, l'admiration.

Formuler la problématique

Dans quelle mesure la passion, et plus particulièrement la passion amoureuse, est-elle constitutive du genre tragique à l'époque de Racine ? En quoi définit-elle le héros tragique ? Quel rôle joue-elle dans la construction d'une tragédie classique ?

Construire le plan

1 Héros tragique et passion	• En quoi les personnages de la tragédie sont-ils profondément marqués par la passion ? • Cette passion revêt-elle le même visage dans le théâtre de Corneille et dans celui de Racine ? • EXEMPLES : *Phèdre*, *La Thébaïde*, *Bajazet*, *Bérénice*, *Andromaque* de Racine ; *Le Cid* de Corneille…
2 La passion : moteur de l'action dans la tragédie	• En quoi la passion déclenche-t-elle l'action et nourrit-elle l'intrigue de la tragédie ? • Quel lien peut-on faire entre les passions dévoilées sur scène et l'intensité dramatique d'une tragédie ? • EXEMPLES : *Phèdre*, *Britannicus*, *Bérénice*, *Andromaque* de Racine ; *Cinna* de Corneille…

23 CORRIGÉ GUIDÉ

Les titres en couleur ou entre crochets ne doivent pas figurer sur la copie.

Introduction

[Accroche] Dans la préface de sa pièce *Bérénice,* Racine explique que les morts ne sont pas nécessaires à la tragédie, mais qu'il suffit « que l'action en soit grande, que les acteurs en soient héroïques, que les passions en soient excitées ».

[Explicitation du sujet] Les passions, qui renvoient en grec, dans une acception large, à tout mouvement intense de l'âme subi par l'individu, se voient ainsi reconnaître un rôle majeur dans le genre noble par excellence qu'est la tragédie du XVIIe siècle. En quoi la passion est-elle au cœur de ce genre théâtral caractéristique de l'époque classique ?

[Annonce du plan] Après avoir souligné combien, dans les tragédies, les héros se révèlent habités par la passion [I], nous verrons que celle-ci agit comme le moteur de l'action [II].

I. Héros tragique et passion

▶ Le secret de fabrication

Il s'agit ici d'examiner en quoi la passion est caractéristique du héros tragique. On montrera également que Racine et Corneille n'abordent pas la passion de la même manière.

1. La passion, une caractéristique du héros tragique

• Impossible de parler de passion à propos de l'amour qu'éprouvent les jeunes gens de la comédie. La passion caractérise le héros de la tragédie dont elle révèle le haut rang et la noblesse de sentiments. Elle y entre en conflit avec l'honneur ou la raison d'État, et s'exacerbe.

• Dans *La Thébaïde*, Étéocle et Polynice doivent prendre la relève de leur père Œdipe sur le trône de Thèbes, et régner un an chacun, en alternance. La passion et le vertige du pouvoir conduisent à un affrontement fratricide.

• *Bajazet* se déroule dans un huis clos intense ; le sérail piège et exacerbe les passions de trois personnages : Bajazet, Roxane et Atalide. Roxane, jalouse de l'amour de Bajazet pour Atalide, veut faire exécuter le jeune homme. Mais le sultan revenu de la guerre apprend ce qui s'est tramé dans son dos et fait tuer tous les traîtres, dans sa colère vengeresse.

2. Passion et dépassement de soi dans le théâtre de Corneille

La passion est tout aussi présente dans les tragédies de Racine et Corneille. Elle revêt cependant, chez l'un et l'autre dramaturge, deux visages différents.

> **À NOTER**
> Dans ses tragédies, Corneille privilégie les âmes peu communes, admirées pour leur valeur et leur grandeur ; Racine place plutôt au cœur de ses pièces les faiblesses humaines.

Dans les tragédies de Corneille, les passions créent de vives tensions au sein des personnages, mais sont le plus souvent surmontées.

• Prenons l'exemple du *Cid*. Corneille s'y concentre sur la passion malmenée de Rodrigue et de Chimène. Le père de Chimène ayant offensé le sien, Rodrigue en vient à le tuer lors d'un duel à mort. Malgré leur amour, jamais remis en cause, les personnages font le choix de préserver une valeur primordiale, l'honneur, qui implique successivement l'élimination d'un père et le désir de voir tomber la tête de l'amant.

• *Cinna* évoque un complot fomenté contre Auguste par deux jeunes amoureux, Émilie et Cinna, pourtant chéris par l'empereur. Le complot éventé, il faut punir les coupables : par amour, et malgré le péril, chaque personnage cherche à s'accabler dans l'espoir de sauver l'autre. La passion sort grandie et sublimée dans l'adversité.

3. Passion et culpabilité dans le théâtre de Racine

Racine, lui, a une vision profondément pessimiste de la passion. Dans ses tragédies, tomber amoureux, c'est transgresser une loi ou un tabou, et céder à un mouvement de l'âme qui emporte la raison.

• Parce qu'il est son beau-fils, Hippolyte est le seul homme que Phèdre ne peut ni ne doit aimer. Amoureuse malgré elle, l'héroïne se hait et ne se

THÉÂTRE

reconnaît plus ; elle aspire à mourir à plusieurs reprises. La périphrase qui la désigne, « la fille de Minos et de Pasiphaé », renvoie déjà à un conflit entre la raison et la passion, la mesure et le désordre.

• Dans *Bérénice*, le nouvel empereur Titus est écartelé entre sa passion pour Bérénice et la responsabilité politique qui lui impose de sacrifier sa vie privée : « Mais il ne s'agit plus de vivre, il faut régner ». La décision de rompre est très douloureuse ; Titus s'y dérobe à plusieurs reprises.

• Dans *Andromaque*, le prince grec Pyrrhus s'éprend de sa captive, représentante de l'ennemi troyen. Cette passion met en péril l'équilibre de la région et heurte les bienséances. Elle pousse Pyrrhus à déroger à sa dignité.

II. La passion : moteur de l'action dans la tragédie

▶ Le secret de fabrication

Il s'agit de montrer comment, génératrice de conflits, la passion joue, sur le plan dramaturgique, un rôle essentiel dans la construction et le déroulement de l'action.

1. La passion à l'origine du conflit tragique

Imprévisible, la passion bouleverse le héros tragique déclenche l'action.

• Prenant Œnone pour confidente d'un douloureux secret, Phèdre raconte longuement dans quelles circonstances elle a fait la rencontre d'Hippolyte. Elle venait tout juste d'épouser Thésée, le père de celui qui va déclencher des sentiments incontrôlables : « Je le vis, je rougis, je pâlis à sa vue ». Phèdre tente par la suite de refréner ses sentiments – en vain.

• Dans *Bérénice*, la crise tragique survient après cinq ans de liaison entre la reine de Palestine Bérénice et Titus, quand l'empereur Vespasien, père de ce dernier, vient à mourir : Rome hait les rois et ne peut accepter un mariage avec Bérénice ; toute la pièce se concentre ainsi sur le processus de séparation.

• *Britannicus* s'intéresse à Néron, empereur qui règne sagement depuis trois ans ; une nuit cependant, il enlève la belle Junie, sans savoir qu'elle est aimée et amoureuse de Britannicus, son demi-frère. L'amour brutal, la jalousie, le désir de s'affirmer face à sa mère étouffante font basculer Néron dans la tyrannie : le spectateur découvre un « monstre naissant », livré à ses passions.

2. La passion au cœur de l'intrigue tragique

Le conflit tragique entre la passion et la raison est source de nombreuses péripéties et conduit à un dénouement malheureux.

• Phèdre, dévoilant ses sentiments incestueux à sa nourrice, se présente comme la victime d'une passion qui la dépasse. Elle perd progressivement toute lucidité : « Sers ma fureur et non point ma raison », ordonne-t-elle à Œnone. Les aveux successifs précipitent les personnages vers leur perte ; le silence n'aurait pas dû être rompu et pousse Phèdre au mensonge, à la calomnie ; la vérité n'est dévoilée qu'*in extremis*, avant d'expirer par le poison. Vivre n'était plus possible : « Je respire à la fois l'inceste et l'imposture ».

CONSEIL
Lors de vos lectures de l'œuvre au programme, repérez des citations courtes et percutantes ; faites l'effort de les retenir pour étayer vos propos.

• *Andromaque* repose sur une chaîne amoureuse tragique, véritable impasse qui broie les personnages : Oreste aime Hermione, qui aime Pyrrhus, qui aime Andromaque, qui aime son défunt époux Hector. Aveuglés par leurs passions, les personnages perdent la raison. Hermione, délaissée par Pyrrhus, demande à Oreste de le tuer par amour pour elle, avant de le rejeter et de se suicider.

3. Le dénouement tragique et la purgation des passions

Le déchaînement des passions dans la tragédie classique s'inscrit dans une logique de purification, que les Grecs anciens nomment *catharsis* ; la tragédie opère la purgation des passions représentées sur scène.

• Racine affirme ainsi dans sa préface la visée morale de *Phèdre* : « Les moindres fautes y sont sévèrement punies. […] Les passions n'y sont présentées aux yeux que pour montrer tout le désordre dont elles sont cause. ». Rappelons que Phèdre, monstrueuse, se suicide.

• Corneille signe avec *Cinna* une tragédie singulière : Auguste découvre que ses protégés Émilie et Cinna ont fomenté une révolte pour l'assassiner. Dans le dénouement, l'empereur prend la décision noble et héroïque de maîtriser ses passions : il refuse la tentation de la vengeance et pardonne, donnant ainsi à réfléchir sur l'exercice sain du pouvoir : la tragédie vise aussi à instruire.

Conclusion

Ainsi, les passions sont les piliers de la tragédie classique. Elles dévoilent la grandeur ou les faiblesses de l'homme, bouleversant le public instruit sur leurs dangers. D'autres genres se prêtent particulièrement à l'analyse des mouvements de l'âme : ainsi *La Princesse de Clèves* de Madame de La Fayette peut être perçue comme la transposition romanesque d'une tragédie.

24 Sujet d'écrit • Commentaire

Beaumarchais, *Le Barbier de Séville*, acte III, scène 5

4 heures
20 points

INTÉRÊT DU SUJET • Confronté à la jalousie arrogante du vieux docteur Bartholo, le barbier Figaro ne manque ni de ressources ni de repartie, comme vous allez le découvrir…

Commentez ce texte de Beaumarchais, extrait du *Barbier de Séville*.

DOCUMENT

Le comte Almaviva est amoureux de Rosine, que son vieux tuteur Bartholo séquestre chez lui afin de l'épouser. Le comte, déguisé en bachelier, est entré chez Bartholo : il souhaite faire sortir le vieillard pour s'entretenir librement avec Rosine. Figaro, adjuvant du comte, fait son apparition.

BARTHOLO. – Et dites-moi un peu comment la petite Figaro a trouvé les bonbons que vous lui avez portés[1] ?

FIGARO. – Quels bonbons ? Que voulez-vous dire ?

BARTHOLO. – Oui, ces bonbons, dans ce cornet fait avec cette feuille de papier à lettre… ce matin.

FIGARO. – Diable emporte si…

ROSINE, *l'interrompant.* – Avez-vous eu soin au moins de les lui donner de ma part, monsieur Figaro ? Je vous l'avais recommandé.

FIGARO. – Ah ! ah ! les bonbons de ce matin ? Que je suis bête, moi ! j'avais perdu tout cela de vue… Oh ! excellents, madame, admirables !

BARTHOLO. – Excellents, admirables ! Oui, sans doute, monsieur le barbier, revenez sur vos pas ! Vous faites là un joli métier, monsieur !

FIGARO. – Qu'est-ce qu'il a donc, monsieur ?

BARTHOLO. – Et qui vous fera une belle réputation, monsieur !

FIGARO. – Je la soutiendrai, monsieur.

BARTHOLO. – Dites que vous la supporterez, monsieur.

FIGARO. – Comme il vous plaira, monsieur.

BARTHOLO. – Vous le prenez bien haut[2], monsieur ! Sachez que, quand je dispute avec un fat[3], je ne lui cède jamais.

FIGARO *lui tourne le dos*. – Nous différons en cela, monsieur : moi, je lui cède toujours.

BARTHOLO. – Hein ? qu'est-ce qu'il dit donc, bachelier ?

FIGARO. – C'est que vous croyez avoir affaire à quelque barbier de village, et qui ne sait manier que le rasoir ? Apprenez, monsieur, que j'ai travaillé de la plume à Madrid, et que sans les envieux…

BARTHOLO. – Eh ! que n'y restiez-vous ? sans venir ici changer de profession ?

FIGARO. – On fait comme on peut ; mettez-vous à ma place.

BARTHOLO. – Me mettre à votre place ! Ah ! parbleu, je dirais de belles sottises !

FIGARO. – Monsieur, vous ne commencez pas trop mal ; je m'en rapporte à votre confrère, qui est là rêvassant…

LE COMTE *revenant à lui*. – Je… je ne suis pas le confrère de monsieur.

FIGARO. – Non ? Vous voyant ici à consulter, j'ai pensé que vous poursuiviez le même objet.

BARTHOLO *en colère*. – Enfin, quel sujet vous amène ? Y a-t-il quelque lettre à remettre encore ce soir à madame ? Parlez, faut-il que je me retire ?

FIGARO. – Comme vous rudoyez[4] le pauvre monde ! Eh ! parbleu, monsieur, je viens vous raser, voilà tout : n'est-ce pas aujourd'hui votre jour ?

BARTHOLO. – Vous reviendrez tantôt.

FIGARO. – Ah ! oui, revenir ! toute la garnison prend médecine[5] demain matin ; j'en ai obtenu l'entreprise par mes protections. Jugez donc comme j'ai du temps à perdre ! Monsieur passe-t-il chez lui ?

BARTHOLO. – Non, monsieur ne passe point chez lui. Et mais… qui m'empêche qu'on me rase ici ?

ROSINE *avec dédain*. – Vous êtes honnête. Et pourquoi pas dans mon appartement ?

BARTHOLO. – Tu te fâches ? Pardon, mon enfant, tu vas achever de prendre ta leçon ; c'est pour ne pas perdre un instant le plaisir de t'entendre.

FIGARO *bas au comte*. – On ne le tirera pas d'ici ! (*Haut.*) Allons, L'Éveillé ? La Jeunesse[6] ? le bassin, l'eau, tout ce qu'il faut à Monsieur.

BARTHOLO. – Sans doute, appelez-les ! Fatigués, harassés, moulus de votre façon[7], n'a-t-il pas fallu les faire coucher !

FIGARO. – Eh bien ! j'irai tout chercher : n'est-ce pas dans votre chambre ? (*Bas au comte.*) Je vais l'attirer dehors.

BARTHOLO *détache son trousseau de clefs et dit par réflexion* : – Non, non, j'y vais moi-même. (*Bas au comte, en s'en allant.*) Ayez les yeux sur eux, je vous prie.

Beaumarchais, *Le Barbier de Séville*, acte III, scène 5, 1775.

---

1. Plus tôt dans la pièce, Rosine a menti à Bartholo à propos d'une feuille de papier à lettre, dont elle aurait soi-disant fait un cornet à bonbons confié à Figaro, mais qu'elle a en fait utilisée pour écrire au comte. Figaro n'est pas au fait du mensonge de Rosine.
2. Vous le prenez bien haut : avec arrogance.
3. Un fat : sot prétentieux.
4. Rudoyer : traiter sans ménagement, en parlant avec brutalité.
5. Prendre médecine : se purger.
6. L'Éveillé et La Jeunesse sont deux valets de Bartholo.
7. De votre façon : à cause de vous. Figaro a drogué L'Éveillé et la Jeunesse avec des médicaments.

LES CLÉS DU SUJET

Définir le texte

Carte d'identité du texte

- **Contexte** : fin du XVIIIe siècle, les Lumières
- **Thème** : la lutte entre un valet astucieux et un vieillard jaloux
- **Buts de l'auteur** : divertir le spectateur par l'invention de Figaro, se moquer d'un personnage excessif
- **Tonalités** : comique, ironique

Construire le plan

La problématique est la suivante : comment cette confrontation permet-elle à Beaumarchais de mettre en valeur l'inventivité comique d'un personnage rusé ?

❶ Une scène de confrontation	• Montrez que cette confrontation est dynamique en étudiant l'enchaînement des répliques. • Analysez la finesse de la repartie de Figaro face aux attaques de Bartholo. • Comment les abus d'autorité de Bartholo sont-ils dénoncés ?
❷ Une scène de ruse comique	• Montrez que Figaro intervient au beau milieu d'un quiproquo comique. • Observez les ressources du langage mobilisées par Figaro pour se jouer de Bartholo. • Comment la ruse se met-elle concrètement en œuvre ?

24 CORRIGÉ GUIDÉ

Les titres en couleur ou entre crochets ne doivent pas figurer sur la copie.

Introduction

[Présentation du contexte] À la fin du XVIIIe siècle, le théâtre renouvelle le personnage du valet, typique de la comédie.

[Présentation du texte] Beaumarchais, dans *Le Barbier de Séville* (1775), imagine le personnage de Figaro, valet devenu barbier, qui mobilise sa ruse afin d'aider son ancien maître à enlever Rosine au vieux médecin Bartholo.

[Problématique] Comment cette confrontation permet-elle à Beaumarchais de mettre en valeur l'inventivité comique d'un personnage rusé ?

[Annonce du plan] Nous étudierons d'abord la construction d'une confrontation entre deux personnages que tout oppose [I]. Puis nous verrons comment Beaumarchais met en valeur la ruse astucieuse de Figaro [II].

I. Une scène de confrontation

> **▶ Le secret de fabrication**
> Il s'agit de montrer que l'on est face à une scène dynamique, qui se construit sur une forte opposition au vieux docteur Bartholo, présenté comme l'antagoniste des jeunes amoureux.

1. Une confrontation expressive et dynamique

• La confrontation naît d'une accusation ironique de Bartholo contre Figaro, qui n'est pas dupe de l'imposture du barbier : « Vous faites là un joli métier,

THÉÂTRE

monsieur ! » Les agressions vont en s'amplifiant, jusqu'au désir que Figaro ne vînt jamais de Madrid à Séville : « Eh ! que n'y restiez-vous ? »

- La stichomythie, renforcée par la répétition de l'apostrophe « monsieur », construit un duel verbal entre Figaro et Bartholo, à base d'attaques et de contre-attaques : « Je la soutiendrai, monsieur. – Dites que vous la supporterez, monsieur. – Comme il vous plaira, monsieur. [...] »

> **MOT CLÉ**
> La stichomythie consiste en un enchaînement rapide de brèves répliques, qui donne au dialogue beaucoup de vivacité.

- Cette confrontation s'établit sur un rythme enlevé : les répliques, souvent courtes, sont ponctuées d'une multiplicité de points d'exclamation et d'interrogation, ce qui renforce le dynamisme et l'expressivité.

2. Une repartie savoureuse

- Figaro joint le geste (la didascalie « *lui tourne le dos* ») à la parole pour retourner ironiquement l'accusation de Bartholo contre lui-même (l. 22-24).
- Le comique est renforcé par le fait que Bartholo ne comprend pas qu'il est en train d'être ridiculisé : son manque de finesse est souligné par ses questions au comte : « Hein ? qu'est-ce qu'il dit donc, bachelier ? »
- De même, Figaro se sert de son autodérision afin d'en faire une arme pour renverser la force de son adversaire : « Me mettre à votre place ! [...] Je dirais de belles sottises ! – Monsieur, vous ne commencez pas trop mal. » La litote ironique achève de faire de Figaro le vainqueur de cette joute oratoire.

3. La dénonciation d'un barbon tyrannique

- Figaro dénonce l'abus d'autorité du vieillard : Bartholo, comme Arnolphe dans *L'École des femmes* de Molière, s'inscrit dans la tradition comique du barbon.
- La jalousie tyrannique du docteur est montrée par sa « *colère* » et l'interrogation sarcastique : « Y a-t-il quelque lettre à remettre encore ce soir à madame ? Parlez, faut-il que je me retire ? »

> **MOT CLÉ**
> Le barbon est un emploi comique traditionnel : il s'agit d'un vieillard ridicule qui cherche souvent à épouser une femme beaucoup plus jeune que lui.

- Figaro ose tenir tête à Bartholo, à travers l'accusation exclamative qui souligne sa violence cruelle : « Comme vous rudoyez le pauvre monde ! »

[Transition] Cette confrontation comique et dynamique entre Figaro et Bartholo laisse voir l'inventivité astucieuse de Figaro, à travers une scène de ruse particulièrement bien ficelée.

II. Une scène de ruse comique

▶ Le secret de fabrication
Il s'agit d'étudier comment Figaro met en œuvre toutes ses ressources comiques de ruse et d'intrigue afin de tromper Bartholo et d'aider Rosine et le comte à s'en débarrasser.

1. Le quiproquo à la source du comique

• Le comique de situation est créé par le quiproquo à propos du « cornet » de bonbons : le spectateur sait que ce n'est qu'un mensonge né de l'imagination de Rosine, et que Bartholo doute fortement de son existence. L'incompréhension de Figaro, qui n'est pas au fait du stratagème, est comique : « Quels bonbons ? Que voulez-vous dire ? », « Diable m'emporte si… »

• L'irruption soudaine de Rosine renforce le comique de la scène. Elle fait preuve de duplicité vis-à-vis de son tuteur et instaure une connivence avec Figaro : « Avez-vous eu soin au moins de les lui donner de ma part, monsieur Figaro ? » L'utilisation des pronoms personnels permet de renforcer cette complicité : « Je vous l'avais recommandé. »

• Les interjections exclamatives de Figaro (« Ah ! ah ! ») ainsi que les adjectifs très mélioratifs « excellents, […] admirables » montrent que le barbier se saisit du mensonge afin d'en devenir complice. Le comte, déguisé sur les conseils de Figaro, est aussi de la partie. Les personnages s'allient contre Bartholo.

2. Un barbier plein de ressources

• Figaro se met en scène en insistant sur son propre passé. Son interrogation oratoire réfute le stéréotype du « barbier de village […] qui ne sait manier que le rasoir ». Beaumarchais lui donne un autre statut social à travers l'expression métonymique « j'ai travaillé de la plume » : Figaro a été journaliste ou écrivain.

À NOTER
Figaro, ancien dramaturge, serait-il en partie un porte-parole de Beaumarchais lui-même ? C'est en tout cas un personnage fantasque qui surprend sans cesse le spectateur.

• Figaro est maître de la parole et du sous-entendu. Il joue sur la polysémie du mot « objet » pour se moquer de Bartholo en s'adressant au comte : « Vous voyant ici à consulter, j'ai pensé que vous poursuiviez le même objet. » Le terme peut signifier à la fois la matière d'étude d'un docteur en médecine, mais aussi et surtout la femme aimée, dans le lexique galant.

• Figaro improvise ses mensonges, tel un comédien de la *commedia dell'arte*, pour manipuler le docteur : « Je viens vous raser, voilà tout […] Toute la garnison prend médecine demain matin […] ». L'impératif ironique « Jugez donc comme j'ai du temps à perdre ! » doit achever de convaincre Bartholo de se faire raser.

THÉÂTRE

3. Les « fourberies » de Figaro

• L'enjeu de la scène est de faire sortir Bartholo, ce à quoi s'emploie le rusé Figaro. Il tente une interrogation qui se veut oratoire : « Monsieur passe-t-il chez lui ? » mais qui échoue immédiatement, dans la reprise mot pour mot de Bartholo : « Non, monsieur ne passe point chez lui. »

• La ruse de Figaro semble déteindre sur l'ingénue Rosine, qui tente aussi de se débarrasser de son tuteur : « Et pourquoi pas dans mon appartement ? » Ces tentatives répétées renforcent le comique de situation.

• Les dialogues secrets entre Figaro et le comte permettent de présenter les stratagèmes du barbier au public, qui est complice de la ruse : « On ne le tirera pas d'ici […] Je vais l'attirer dehors. » La mise en scène devient alors fondamentale.

> **CONSEIL**
> Lorsque vous étudiez un texte théâtral, envisagez toujours les possibilités de mise en scène.

• C'est une dernière interrogation oratoire qui déclenche le succès de l'entreprise : « J'irai tout chercher : n'est-ce pas dans votre chambre ? » Bartholo, méfiant, fait enfin l'erreur de quitter la scène. Cette réussite est renforcée par la méprise finale du vieillard, qui croit s'adresser à un allié en la personne du comte déguisé en bachelier : « Ayez les yeux sur eux, je vous prie. »

Conclusion

[Synthèse] Cette scène permet donc à Beaumarchais de mettre en œuvre toute l'inventivité de Figaro, personnage plein de ressources qui sait s'adapter aux situations les plus inextricables.

[Ouverture] On retrouve une situation similaire dans *Le Mariage de Figaro*, où l'adversaire de Figaro n'est plus Bartholo mais le comte lui-même, désormais marié : à plusieurs reprises, Figaro déploie sa maîtrise du langage pour faire croire au Comte tout et son contraire.

25 Sujet d'écrit • Dissertation

Le valet, un personnage essentiellement comique ?

4 heures
20 points

INTÉRÊT DU SUJET • Dans la comédie classique, la première fonction du valet est de faire rire. En a-t-il d'autres ? C'est la réflexion à laquelle nous invite ce sujet.

▶ Le rôle du valet de comédie est-il uniquement de divertir le spectateur ?

Vous répondrez à cette question, dans un développement argumenté, en vous appuyant sur votre lecture du *Mariage de Figaro* de Beaumarchais et sur les autres textes étudiés dans le cadre du parcours « La comédie du valet ».

LES CLÉS DU SUJET

Analyser le sujet

valet de comédie : personnage typique de la comédie depuis l'Antiquité ; attention de ne pas se limiter aux seuls personnages masculins !

Le rôle […] est-il uniquement : formulation qui suggère d'élargir la réflexion, à l'aide d'un plan dialectique.

Le rôle du **valet de comédie** **est-il uniquement** de **divertir le spectateur** ?

divertir le spectateur : l'une des fonctions du théâtre ; la comédie vise à susciter le rire.

Formuler la problématique

Quelles peuvent être les différentes fonctions du valet dans le théâtre comique ?

Construire le plan

① Le valet de comédie, un personnage divertissant	• Montrez que, selon le cas, l'on rit du valet et de ses maladresses, ou des victimes de ses ruses. • Mettez en évidence le rôle dramaturgique du valet dans certaines comédies : il noue et dénoue l'intrigue. • EXEMPLES : Figaro bien sûr ; Scapin, Toinette, Alain et Georgette chez Molière ; les valets de Marivaux dans *Le Jeu de l'amour et du hasard* et *Les Fausses Confidences*…
② Le valet de comédie, porteur d'une réflexion morale et sociale	• Le valet de comédie peut avoir d'autres fonctions que le divertissement ? Peut-il être utilisé par le dramaturge pour donner à réfléchir ? • EXEMPLES : Figaro toujours ; Sganarelle et Dorine chez Molière ; les valets de *L'Île des esclaves* de Marivaux…

25 CORRIGÉ GUIDÉ

Les titres en couleur ou entre crochets ne doivent pas figurer sur la copie.

Introduction

[Accroche] Depuis l'Antiquité, le théâtre est bâti autour d'un certain nombre de personnages typiques, dont les caractéristiques ont évolué au cours de l'histoire littéraire.

[Explicitation du sujet] Parmi eux, le personnage du valet de comédie est devenu un type incontournable, notamment dans le théâtre français des XVIIe et XVIIIe siècles. Son rôle est-il uniquement de divertir le spectateur ? Et, plus généralement, quelles sont les fonctions de ce personnage, qui a subi de multiples transformations jusqu'à occuper le devant de la scène dans *Le Mariage de Figaro* de Beaumarchais ?

[Annonce du plan] Nous verrons d'abord que le valet de comédie peut être en effet divertissant [I], avant d'étudier en quoi il est porteur d'une réflexion sociale et morale [II].

I. Le valet de comédie, un personnage divertissant

▶ Le secret de fabrication

Cette partie analyse les différents types de valets de comédie et en quoi ils permettent de mobiliser différents aspects du registre comique.

1. Le valet, entre ruse et maladresse

On peut distinguer différents types de valet : celui qui fait rire par ses maladresses bouffonnes, et le valet qui, par ses ruses et ses manigances, fait rire d'un autre personnage à ses dépens.

- Dans *L'École des femmes* (1662), Alain et Georgette correspondent au premier type de valet. Ces deux paysans, choisis par Arnolphe pour leur stupidité, rivalisent de bêtise et de cupidité dans leur mission d'empêcher qu'Agnès ne s'enfuie de la maison dans laquelle elle est séquestrée.
- Scapin, le héros des *Fourberies de Scapin* de Molière (1671) incarne le valet rusé par excellence. Il amuse le spectateur par l'enchaînement de ses « fourberies » : parmi elles, la fameuse scène de la bastonnade, où le valet, jouant du comique de langage afin de contrefaire différents accents, frappe son maître enfermé dans un sac. Le spectateur, pris à témoin, devient le complice de la forfaiture.
- Dans *Le Barbier de Séville* (1775) de Beaumarchais, on retrouve les différents types de valets. Figaro se distingue par son agilité et son esprit de ruse. Deux autres valets, plus balourds, subissent ses manigances : L'Éveillé arrive sur scène en bâillant sans cesse ; La Jeunesse, vieux domestique, n'arrête pas d'éternuer. Leur attitude comme leur nom (un « éveillé » endormi, une vieille « jeunesse ») contribuent au divertissement du spectateur.

2. Un valet qui s'oppose à son maître

Le valet se confronte souvent à son maître, notamment dans le but de servir d'adjuvant à de jeunes amoureux dont les liens sont contrariés : c'est un schéma que l'on trouve fréquemment dans la comédie classique.

- Dans *Le Malade imaginaire* de Molière (1673), c'est la servante Toinette qui va jusqu'à se déguiser en médecin afin de tromper son maître et d'aider la jeune Angélique à épouser celui qu'elle aime : le travestissement comique est au service de l'amour sincère.
- Dans *Le Mariage de Figaro* (1784), c'est son propre mariage que Figaro doit sauver. Ses talents d'improvisation se dirigent alors contre son ancien allié, le Comte. Se crée un duel entre les deux personnages qui s'opposent sur bien des aspects : ainsi quand Figaro est spontané, inventif, fantasque, le Comte se distingue par sa noblesse parfois indigne et sa rigidité aristocratique.

Figaro se joue du Comte tout au long de la pièce : il feint par exemple de boiter pour innocenter Chérubin de sa présence dans la chambre de la Comtesse, le mène par le nez en lui faisant croire tout et son contraire.

THÉÂTRE

3. Le valet maître de l'intrigue

Par ses ruses inventives, le valet de comédie en vient parfois à tenir tous les fils de l'intrigue.

• Ainsi en est-il en particulier de Figaro. Dans *Le Barbier de Séville*, il aide le Comte à séduire Rosine et à se jouer du vieux Bartholo. L'intrigue du *Mariage de Figaro* est tout entière construite sur les manœuvres qu'il entreprend afin de se marier avec Suzanne, de gagner la dot prévue et d'empêcher le Comte de s'interposer entre eux.

> **À NOTER**
> Dans la première scène de la pièce, Suzanne résume bien le caractère de Figaro : « De l'intrigue et de l'argent : te voilà dans ta sphère. »

• Chez Regnard, dans *Le Légataire universel* (1708), le valet Crispin, héritier des valets moliéresques, met tout en œuvre pour que son jeune maître reçoive l'héritage de Géronte, un vieil avare.

• Le valet Dubois, dans *Les Fausses Confidences* de Marivaux (1737), est un meneur de jeu savoureux, qui fait preuve d'une duplicité machiavélique afin d'aider son ancien maître Dorante à conquérir sa nouvelle maîtresse Araminte.

II. Le valet de comédie, porteur d'une réflexion sociale et morale

> **▶ Le secret de fabrication**
> Cette partie analyse en quoi le personnage du valet de comédie permet une réflexion plus large sur la société dans son ensemble.

1. La critique morale

Le valet de comédie peut être utilisé par les dramaturges afin de dénoncer des comportements ou des codes moraux.

• Dans *Le Barbier de Séville*, Figaro prend le parti de l'amour sincère, et se moque à plusieurs reprises de la jalousie du docteur Bartholo, qui séquestre Rosine afin de la forcer à l'épouser. C'est l'occasion d'une remise en cause des normes morales au sein d'une société qui étouffe les aspirations d'une jeunesse opprimée, contrainte à des mariages de raison.

• Dans *Le Mariage de Figaro*, le valet se retourne contre le Comte afin de le mettre face à son inconstance : le début de l'acte III est l'occasion d'un véritable duel verbal entre les deux hommes. Au début de l'acte V, Figaro, croyant à tort que Suzanne a décidé de le tromper, déplore le mensonge des femmes et l'hypocrisie générale de la société.

• Molière, un siècle plus tôt, mettait en scène des valets critiques des mœurs dissolues de leurs maîtres : ainsi Sganarelle dans *Dom Juan* (1665), qui essaie en vain d'avertir le libertin des dangers de l'hypocrisie et de l'impiété.

• De même, dans *Tartuffe* (1669), la servante Dorine est la seule à oser se dresser contre l'hypocrisie religieuse du faux dévot qui règne en maître dans la maisonnée. Elle utilise sa verve pour ridiculiser Tartuffe et sa fausse pruderie, après qu'il lui a demandé : « Avant que de parler, prenez-moi ce mouchoir. [...] Couvrez ce sein que je ne saurais voir. » Plus généralement, Dorine, à l'instar de Toinette dans *Le Malade imaginaire*, devient gardienne de l'ordre et du bon sens lorsque ceux-ci semblent avoir déserté le foyer.

2. Une réflexion sur les rapports sociaux

Le valet de comédie gagne en épaisseur, quand il en vient à exprimer une réflexion sociale sur les rapports entre les êtres humains.

• Dans *L'Île des esclaves* (1725) de Marivaux, les maîtres et les valets échangent de nom, de condition et de vêtements ; c'est l'occasion d'une réflexion profonde sur les différences entre les conditions sociales, même si le dénouement voit le retour à l'ordre traditionnel.

• Beaumarchais pousse plus loin la critique sociale dans *Le Mariage de Figaro* : le valet remet explicitement en question les abus du pouvoir aristocratique. Le Comte devient l'emblème de la corruption et de la tyrannie, comme l'était déjà Bartholo dans *Le Barbier de Séville*. Dès 1789, les pièces de Beaumarchais sont prises en exemples par certains révolutionnaires.

• Figaro est également un dramaturge raté, qui a été confronté à la censure : attaqué de toutes parts, il a dû fuir Madrid et faire mille métiers avant de finir barbier à Séville. Le valet se fait, dans un fameux monologue, le porte-parole de l'auteur lui-même, afin de défendre la liberté artistique et littéraire.

> **À NOTER**
> On trouve dans la pièce de Beaumarchais ce qui deviendra la devise du journal *Le Figaro* une quarantaine d'années plus tard : « Sans la liberté de blâmer, il n'est point d'éloge flatteur. »

Conclusion

[Synthèse] Le valet de comédie est donc un personnage protéiforme : il peut avoir une fonction proprement divertissante, mais peut aussi être porteur d'une réflexion plus complexe sur des sujets plus graves.

[Ouverture] Au XIXe siècle puis au XXe siècle, le rôle du valet évolue considérablement au théâtre. Transfiguré en héros romantique dans le *Ruy Blas* de Hugo, interrogeant les rapports de domination sociale moderne dans *Maître Puntila et son valet Matti* de Brecht, confronté à la parodie cruelle des rapports sociaux dans *Les Bonnes* de Genet, le personnage du valet confirme son caractère plastique et sa capacité à faire réfléchir sur l'homme et la société.

26 Sujet d'écrit • Commentaire

Ionesco, *Rhinocéros*, acte II, second tableau

4 heures
20 points

INTÉRÊT DU SUJET • Des personnages qui se transforment sur scène en rhinocéros : la pièce de Ionesco a de quoi surprendre ! D'où vient cette épidémie de « rhinocérite » ?

Commentez ce texte de Ionesco, extrait de *Rhinocéros*.

DOCUMENT

Dans une ville de province, un mal étrange sévit : des habitants se transforment en rhinocéros ! Bérenger rend visite à son ami Jean, qui présente des signes inquiétants ; un dialogue s'engage.

BÉRENGER. – Si je comprends, vous voulez remplacer la loi morale par la loi de la jungle !

JEAN. – J'y vivrai, j'y vivrai.

BÉRENGER. – Cela se dit. Mais dans le fond, personne…

JEAN, *l'interrompant, et allant et venant.* – Il faut reconstituer les fondements de notre vie. Il faut retourner à l'intégrité primordiale.

BÉRENGER. – Je ne suis pas du tout d'accord avec vous.

JEAN, *soufflant bruyamment.* – Je veux respirer.

BÉRENGER. – Réfléchissez, voyons, vous vous rendez bien compte que nous avons une philosophie que ces animaux n'ont pas, un système de valeurs irremplaçable. Des siècles de civilisation humaine l'ont bâti !…

JEAN, *toujours dans la salle de bains.* – Démolissons tout cela, on s'en portera mieux.

BÉRENGER. – Je ne vous prends pas au sérieux. Vous plaisantez, vous faîtes de la poésie.

JEAN. – Brrr… (*Il barrit presque.*)

BÉRENGER. – Je ne savais pas que vous étiez poète.

JEAN, *il sort de la salle de bains.* – Brrr… (*Il barrit de nouveau.*)

BÉRENGER. – Je vous connais trop bien pour croire que c'est là votre pensée profonde. Car, vous le savez aussi bien que moi, l'homme…

JEAN, *l'interrompant.* – L'homme… Ne prononcez plus ce mot !

BÉRENGER. – Je veux dire l'être humain, l'humanisme…

JEAN. – L'humanisme est périmé ! Vous êtes un vieux sentimental ridicule. *(Il entre dans la salle de bains.)*

BÉRENGER. – Enfin, tout de même, l'esprit…

JEAN, *dans la salle de bains.* – Des clichés ! Vous me racontez des bêtises.

BÉRENGER. – Des bêtises !

JEAN, *de la salle de bains, d'une voix très rauque, difficilement compréhensible.* – Absolument.

BÉRENGER. – Je suis étonné de vous entendre dire cela, mon cher Jean ! Perdez-vous la tête ? Enfin, aimeriez-vous être rhinocéros ?

JEAN. – Pourquoi pas ? Je n'ai pas vos préjugés.

BÉRENGER. – Parlez plus distinctement. Je ne vous comprends pas. Vous articulez mal.

JEAN, *toujours de la salle de bains.* – Ouvrez vos oreilles !

BÉRENGER. – Comment ?

JEAN. – Ouvrez vos oreilles. J'ai dit : pourquoi pas ? Ne pas être rhinocéros ? J'aime les changements.

BÉRENGER. – De telles affirmations venant de votre part… (*Bérenger s'interrompt, car Jean fait une apparition effrayante. En effet, Jean est devenu tout à fait vert. La bosse de son front est presque devenue une corne de rhinocéros.*) Oh ! Vous semblez vraiment perdre la tête ! (*Jean se précipite vers son lit, jette les couvertures par terre, prononce des paroles furieuses et incompréhensibles, fait entendre des sons inouïs.*) Mais ne soyez pas si furieux, calmez-vous ! Je ne vous reconnais plus.

Eugène Ionesco, *Rhinocéros,* acte II, second tableau, 1959

THÉÂTRE

LES CLÉS DU SUJET

Définir le texte

Carte d'identité du texte

- **Époque** : XXe siècle, après la Seconde Guerre mondiale
- **Mouvement** : théâtre de l'absurde
- **Genre** : théâtre
- **But** : proposer une réflexion originale sur la condition humaine
- **Thèmes** : une transformation d'homme en animal ; un débat sur les valeurs
- **Tonalités** : fantastique, polémique, comique

Construire le plan

1 Une scène de métamorphose : le fantastique à l'œuvre

- Comment se manifeste la transformation de Jean ?
- Analysez la déchéance progressive de Jean.

2 Un dialogue sous tension

- Que pensez-vous du rythme et du ton du dialogue ?
- Montrez que Jean et Bérenger ont du mal à communiquer.

3 Une interrogation sur l'homme

- Quel regard porte Jean sur l'être humain ?
- Montrez comment Bérenger tente de se positionner face à Jean : au nom de quelles valeurs le fait-il ?

26 CORRIGÉ FLASH

Les titres en couleur ou entre crochets ne doivent pas figurer sur la copie.

Introduction

[Présentation du contexte] Au lendemain de la Seconde Guerre mondiale, les dramaturges du théâtre de l'absurde expriment leur doute sur l'homme et ses faiblesses dans des pièces souvent loufoques, jouant sur des symboles forts.

[Présentation du texte] Dans *Rhinocéros* Ionesco imagine que les hommes sont frappés d'une maladie, la rhinocérite, symbole de l'emprise d'idéologies qui déshumanisent. Ce passage fait voir la transformation de Jean, sur fond de dialogue avec un Bérenger qui tente en vain de le raisonner.

[Problématique] Comment Ionesco, dans cette scène de métamorphose surprenante, donne-t-il à réfléchir sur la condition humaine ?

[Annonce du plan] Après avoir examiné le fantastique à l'œuvre dans l'extrait [I], nous étudierons les tensions qui minent le dialogue [II] pour nous pencher enfin sur la réflexion morale sur l'homme qui sous-tend la scène [III].

I. Une scène de métamorphose : le fantastique à l'œuvre

1. Une transformation physique progressive

- La transformation de Jean, très progressive, transparaît dans les didascalies externes (« voix [...] rauque » ; « devenu tout à fait vert » ; « corne de rhinocéros ») selon une logique de crescendo (« soufflant bruyamment », « il barrit presque », « sons inouïs »). Voix, gestes et apparence sont affectés.
- Le corps de Jean ne lui obéit bientôt plus : il s'agite en tous sens. La scène est ponctuée d'allers-retours dans la salle de bains, où s'opère, à l'abri des regards, la métamorphose.

> **DES POINTS EN +**
> Lorsque vous étudiez un texte théâtral, n'oubliez jamais de commenter les didascalies (indications scéniques), s'il y en a ! Elles font partie intégrante du langage théâtral.

2. Une dégradation de l'humain

- La voix et le langage sont affectés par la transformation, signe inquiétant car le langage est une caractéristique essentielle de l'homme.
- La parole cède la place à des barrissements, à des manifestations corporelles désordonnées, que signalent onomatopées (« Brrr ») et didascalies (« Jean […] jette les couvertures par terre, prononce des paroles furieuses et incompréhensibles »).

• La perplexité de Bérenger face à l'inquiétante transformation fait sourire : « Perdez-vous la tête ? » ; « Oh ! Vous semblez vraiment perdre la tête ! » (jeu sur les sens propre et figuré de *tête*) ; « Je ne vous reconnais plus. »

II. Un dialogue sous tension

1. Un échange très vif

• Bérenger et Jean sont amis mais la scène frappe par les tensions qui minent l'échange. Ton péremptoire de Jean (« Je ne suis pas du tout d'accord avec vous » ; « Des clichés ! » ; « Ouvrez vos oreilles ! ») Les répliques, souvent brèves et exclamatives, donnent du dynamisme au dialogue.

• Jean coupe fréquemment la parole à Bérenger (« Dans le fond, personne… ! Jean, l'interrompant […] : Il faut reconstituer les fondements de notre vie ») ; l'agacement est palpable. Jean reprend souvent les termes même de Bérenger pour les nier : « L'humanisme est périmé ! ».

2. Un dialogue de sourds

• Tentatives multiples, de la part de Bérenger, plus retenu et conciliant, de comprendre son interlocuteur : « Si je comprends » ; « Cela se dit ». À l'inverse, Jean moque, voire méprise Bérenger : « Vous êtes un vieux sentimental ridicule ».

• Les raisonnements sont incomplets, les personnages ne s'écoutent pas. Interrogations qui reflètent l'incompréhension (« Comment ? », « Pourquoi pas ? »). Déconstruction du discours (propos de Jean proches du cri ; reprises de termes réplique à réplique pour montrer la perplexité ! « Vous me racontez des bêtises. – Des bêtises ! »)

• Les personnages s'enfoncent dans l'incompréhension réciproque à mesure que s'opère la transformation. L'agressivité l'emporte : « Ouvrez vos oreilles ! ». Impératifs vains : « Calmez-vous ! ».

III. Une interrogation sur l'homme

Deux visions de l'humanité se heurtent ici.

1. Jean ou l'apologie du nihilisme

• Jean nie les acquis de la civilisation au nom d'un retour aux sources, aux « fondements de notre vie », à « l'intégrité primordiale ». Lexique de la destruction : « Démolissons tout cela » ; « L'humanisme est périmé ».

• Jean n'est plus capable de penser par lui-même : énoncés impersonnels (« Il faut reconstituer » ; « il faut retourner ») ; série de slogans non motivés ; aucun argumentaire, répétition de mots sans pensée construite (« J'y vivrai, j'y vivrai »).

• Se transformer en rhinocéros, c'est renoncer à son humanité. Animal choisi pour sa force brutale. Permet de tenir un discours sur l'homme. À travers le personnage de Jean, dénonciation de la pensée totalitaire.

DES POINTS EN +
Soyez sensible à la portée argumentative et symbolique du texte : un débat s'installe entre les personnages et doit être mis en perspective avec le contexte d'écriture de la pièce.

2. Bérenger ou la (faible) défense de l'humain

• Bérenger tente de raisonner Jean, en vain. Face à Jean qui estime que l'homme n'a plus sa place, il esquisse un éloge de l'humanité. Distinction entre l'homme et l'animal : « nous avons une philosophie que ces animaux n'ont pas, un système de valeurs irremplaçable. »

• Lexique de l'intellect : « penser », « comprendre », « réfléchir », « juger » ; appel à une communauté d'esprit. Tentative pour ramener à la raison. Bérenger cependant ne s'impose pas et peine à argumenter en profondeur : résistance instinctive, difficulté de lutter contre une telle idéologie.

Conclusion

[Synthèse] Ainsi, à travers une scène de métamorphose surprenante, Ionesco parvient à frapper l'imagination du spectateur. L'échange de plus en plus difficile entre les amis engage une réflexion sur l'humain et ses valeurs, en butte à des idéologies destructrices difficiles à combattre : cette scène, véritable dialogue de sourds, l'illustre.

[Ouverture] D'autres auteurs du théâtre de l'absurde ont imaginé des situations fortes et symboliques, dans une dramaturgie rénovée, pour infléchir notre regard sur la condition humaine ; c'est le cas de Beckett dans *Oh les beaux jours*, à travers le personnage enlisé de Winnie.

27 Sujet d'écrit • Dissertation

Le théâtre de l'absurde : porteur d'une réflexion sur la condition humaine ?

4 heures
20 points

INTÉRÊT DU SUJET • « Oh le beau jour », clame Winnie, bloquée dans la terre jusqu'à mi-corps. Le théâtre de l'absurde offre des contrastes étonnants, voire déstabilisants. La condition humaine y est représentée de manière souvent surprenante ! C'est ce que propose d'étudier ce sujet.

En quoi le théâtre de l'absurde porte-t-il une réflexion sur la condition humaine ?

Vous répondrez à cette question dans un développement argumenté, en vous appuyant sur votre lecture de *Oh les beaux jours* de Beckett et sur les autres textes étudiés dans le cadre du parcours « Un théâtre de la condition humaine ».

LES CLÉS DU SUJET

Analyser le sujet

le théâtre : le sujet impose de n'utiliser que des exemples d'œuvres théâtrales, et de laisser de côté le reste de la littérature.

la condition humaine : notion littéraire et philosophique, qui concerne le rapport de l'homme à sa propre existence, le sens de la vie, etc.

En quoi **le théâtre** de l'absurde porte-t-il une réflexion sur **la condition humaine** ?

Formuler la problématique

Comment le théâtre permet-il au lecteur de s'interroger sur l'existence ?

Construire le plan

1 Des personnages sans repères	• Montrez que le théâtre peut se débarrasser des repères spatio-temporels traditionnels. • Intéressez-vous à la manière dont le langage s'enraye. • EXEMPLES : *Oh les beaux jours*, de Beckett ; *Le roi se meurt*, et *La Cantatrice chauve*, de Ionesco.
2 Un tableau sombre de la condition humaine	• Montrez que la vie des personnages semble leur échapper inexorablement. • Comment le théâtre recourt-il au symbole ? • EXEMPLES : *Oh les beaux jours* et *En attendant Godot* de Beckett, *Rhinocéros*, de Ionesco.
3 Un sentiment d'absurdité	• Analysez le mélange des registres comique et tragique. • Comment le théâtre permet-il de résister (ou pas) à cette absurdité ? • EXEMPLES : *Oh les beaux jours* et *Fin de partie*, de Beckett, *Rhinocéros*, de Ionesco.

27 CORRIGÉ FLASH

Les titres en couleur ou entre crochets ne doivent pas figurer sur la copie.

Introduction

[Accroche] Au XXe siècle, le théâtre remet en question les codes traditionnels afin de s'interroger sur de nouveaux enjeux, en particulier après le traumatisme de la Seconde Guerre mondiale qui engendre une réflexion sur la valeur et le sens de l'existence humaine.

[Explication du sujet] La pièce *Oh les beaux jours* de Beckett s'inscrit dans cette réflexion globale sur la condition humaine. Quelle vision donne-t-elle de la condition humaine et, plus largement, comment le théâtre de l'absurde du XXe siècle permet-il au lecteur/spectateur de s'interroger sur l'existence ?

[Annonce du plan] Nous verrons dans un premier temps que ce théâtre met en scène des personnages qui perdent tous leurs repères [I]. Nous étudierons ensuite le tableau sombre qu'il dresse de la condition humaine [II], et finirons par souligner la sensation d'absurdité qui envahit la scène théâtrale [III].

THÉÂTRE

I. Des personnages sans repères

1. La perte des repères spatio-temporels

Le théâtre peut abolir les marques de temps et de lieu, en plongeant les personnages dans un univers déstabilisant.

• *Oh les beaux jours*, de Beckett (1963). Lieu apocalyptique, hors du temps : Winnie est dans une éternelle répétition face au piétinement de l'histoire. Il n'y a ni début, ni fin ; le même jour semble revenir sans cesse.

• *Le roi se meurt*, de Ionesco (1962). Le décor modulable se métamorphose, tandis que le temps s'allonge inexorablement pour traduire la lente agonie du roi.

• *La Cantatrice chauve*, de Ionesco (1950). Dans un espace caricatural à l'extrême (où tous les éléments de décor sont qualifiés d'« anglais », jusqu'aux « coups anglais » que frappe la « pendule anglaise »), le temps se retourne sur lui-même : on le voit dans la structure cyclique de l'œuvre, où les Martin prennent dans le dénouement la place des Smith.

2. Une communication qui s'enraye

Le langage échappe aux personnages, confrontés à la vacuité du sens.

• *Oh les beaux jours* : Winnie parle pour prolonger son être, dans une logorrhée souvent vide de sens ; sa parole traduit son désir désespéré d'être entendue.

> **MOT CLÉ**
> La logorrhée désigne un bavardage intarissable ; elle permet de caractériser des personnages souvent en crise face à la vacuité du langage.

• *La Cantatrice chauve* : au début de la pièce, M. Smith se contente pour toute communication de « faire claquer sa langue ». Le langage est fou : « le feu prit feu » chante Mary, la bonne, en hommage au capitaine des pompiers. L'échange devient complètement incompréhensible vers la fin de la pièce : « Touche pas ma babouche ! – Bouge pas la babouche ! – Touche la mouche, mouche pas la touche. »

[Transition] La perte des repères est renforcée par une peinture sombre de l'existence humaine.

II. Un tableau sombre de la condition humaine

1. La présence de la mort

Le théâtre montre des corps terriblement affaiblis afin de mettre en lumière la fragilité de l'existence humaine.

DES POINTS EN +
Chaque réplique, chaque accessoire, chaque didascalie fait sens au théâtre. Efforcez-vous d'étudier les symboles implicites.

• *Oh les beaux jours* : le corps de Willie est en décrépitude. Celui de Winnie, d'abord enterré jusqu'à la taille dans un mamelon, s'enlise presque complètement dans le deuxième acte de la pièce. La tentation du suicide est symbolisée par le pistolet, constamment à proximité du personnage.

• *En attendant Godot*, de Beckett (1953) : Vladimir et Estragon, attendant désespérément Godot qui ne viendra jamais, ressentent l'inanité de leur existence et voient la mort comme un remède : « Et si on se pendait ? » Mais la mort même leur est interdite : il manque une corde !

2. Le recours au symbole et à l'allégorie

Le théâtre peut se faire allégorique afin de dire la vérité de l'homme.

• *Oh les beaux jours* : Winnie, entre ciel et terre, désire s'envoler : « la gravité n'est plus ce qu'elle était ». Winnie est empêtrée dans un corps fragilisé qui lui rappelle sa misérable condition.

• *Rhinocéros*, de Ionesco (1960). La bestialité de l'homme est représentée par la « rhinocérite », animalisation progressive du genre humain : cette métamorphose horrifiante conduit le spectateur à s'interroger sur son humanité.

[Transition] Ces réflexions amères mettent en scène l'absurdité de l'existence.

III. Un sentiment d'absurdité

1. Le mélange des registres

Le théâtre mêle comique et tragique pour montrer la condition désespérante et absurde de l'être humain.

• *Oh les beaux jours* : des touches comiques parsèment la pièce : Winnie déchiffrant l'inscription sur sa brosse à dents, le jeu de mots entre « formication » et « fornication ». Ces pointes bouffonnes renforcent par contraste l'accablement global des personnages.

• *Fin de partie*, de Beckett (1957). Nell et Nagg, qui vivent dans des poubelles situées sur scène, oscillent entre rire grinçant et désespoir tragique. « Rien n'est plus drôle que le malheur, » affirme Nell à Nagg : Beckett souligne ainsi le caractère dérisoire de l'existence humaine.

2. Une volonté de résistance ?

Se pose la question de la résistance : peut-on rester homme face à cette absurdité ?

- *Oh les beaux jours* : Winnie tente de résister à cette spirale mortifère à travers le ressassement du passé, des souvenirs heureux ; elle se crée un bonheur futile fait de petites choses (« Ça que je trouve si merveilleux ») et de l'éternel recommencement du même : « Oh le beau jour encore que ça aura été… »
- *Rhinocéros* : face à la métamorphose de toute la population en rhinocéros, qui a souvent été interprétée comme une allégorie de la tentation totalitariste, Bérenger se révolte : lui ne se transformera pas. L'humanisme reste à défendre : « Je suis le dernier homme, je le resterai jusqu'au bout ! Je ne capitule pas ! »

Conclusion

[Synthèse] Le théâtre de l'absurde représente la condition humaine sous tous ses aspects. Il invite le spectateur à s'interroger sur l'absence de repères qui caractérise l'existence et sur la sensation d'absurdité qui peut en découler.

[Ouverture] Cette réflexion est également abordée dans d'autres genres littéraires : ainsi par exemple du roman *L'Étranger* de Camus (1942), qui met en scène un personnage « étranger » à soi et au monde.

Préparer l'épreuve orale

23 explications de textes sur les œuvres au programme 2019-2020

28 Sujet d'oral • Explication & entretien

Hugo, *Les Contemplations*, « Réponse à un acte d'accusation »

20 minutes
20 points

1. Lisez le texte à voix haute. Puis expliquez-le.

DOCUMENT

Les mots, bien ou mal nés, vivaient parqués en castes ;
Les uns, nobles, hantant les Phèdres, les Jocastes,
Les Méropes[1], ayant le décorum pour loi,
Et montant à Versaille[2] aux carrosses du roi ;
Les autres, tas de gueux, drôles patibulaires[3],
Habitant les patois ; quelques-uns aux galères
Dans l'argot ; dévoués à tous les genres bas,
Déchirés en haillons dans les halles ; sans bas,
Sans perruque ; créés pour la prose et la farce ;
Populace du style au fond de l'ombre éparse ;
Vilains, rustres, croquants, que Vaugelas[4] leur chef
Dans le bagne Lexique avait marqués d'une F ;
N'exprimant que la vie abjecte et familière,
Vils, dégradés, flétris, bourgeois, bons pour Molière.
Racine regardait ces marauds de travers ;
Si Corneille en trouvait un blotti dans son vers,
Il le gardait, trop grand pour dire : Qu'il s'en aille ;
Et Voltaire criait : Corneille s'encanaille !
Le bonhomme Corneille, humble, se tenait coi.
Alors, brigand, je vins ; je m'écriai : Pourquoi
Ceux-ci toujours devant, ceux-là toujours derrière ?
Et sur l'Académie, aïeule et douairière[5],
Cachant sous ses jupons les tropes[6] effarés,
Et sur les bataillons d'alexandrins carrés,
Je fis souffler un vent révolutionnaire.

Je mis un bonnet rouge au vieux dictionnaire.
Plus de mot sénateur ! plus de mot roturier !
Je fis une tempête au fond de l'encrier,
Et je mêlai, parmi les ombres débordées,
Au peuple noir des mots l'essaim blanc des idées ;
Et je dis : Pas de mot où l'idée au vol pur
Ne puisse se poser, toute humide d'azur !
Discours affreux ! – Syllepse, hypallage, litote[6],
Frémirent ; je montai sur la borne Aristote[7],
Et déclarai les mots égaux, libres, majeurs.
Tous les envahisseurs et tous les ravageurs,
Tous ces tigres, les Huns, les Scythes et les Daces[8],
N'étaient que des toutous auprès de mes audaces ;
Je bondis hors du cercle et brisai le compas.
Je nommai le cochon par son nom ; pourquoi pas ?

Victor Hugo, « Réponse à un acte d'accusation »
(extrait), *Les Contemplations*, I, VII, 1856.

---

1. Méropes : personnages de tragédies.
2. Versaille : l'absence du s est volontaire.
3. Patibulaires : inquiétants.
4. Vaugelas : auteur des *Remarques sur la langue française* (1647). Il y codifie la langue selon l'usage de l'élite.
5. L'Académie française, garante des règles ; douairière : vieille femme.
6. Figures de style.
7. Aristote : philosophe grec, qui avait codifié les genres et les styles.
8. Daces : peuples considérés ici comme barbares.

2. QUESTION DE GRAMMAIRE. Quelles particularités syntaxiques présente le vers 27 ? Quelle impression veut créer Hugo par cet effet ?

CONSEILS

1. Le texte

Faire une lecture expressive

Prenez un **ton enthousiaste**, surtout à partir du v. 20 : appuyez-vous sur les exclamations ou interrogations, les phrases elliptiques, le rythme des vers (respectez les coupes) et les paroles rapportées (v. 17-18, 20-21, 31-32). Donnez un **souffle épique** en marquant les enjambements, énumérations, accumulations.

■ Situer le texte, en dégager l'enjeu

• Indiquez le contexte de parution, la teneur des *Contemplations* et la partie où se situe le poème. Faites le lien entre titre et contenu : à quelle « accusation » Hugo répond-il ? Rappelez ce qui précède l'extrait proposé.

• Indiquez la structure ; montrez le côté épique et humoristique de ce manifeste poétique ; dégagez-en la teneur : cibles ? reproches de Hugo à la littérature… d'avant 1789 ? nouvelle conception de la poésie ?

2. La question de grammaire

• Quelle nature grammaticale de mot constitue habituellement le noyau d'une phrase ? Trouvez-vous cette nature de mots dans le v. 27 ?

• Comparez la modalité et la structure des deux phrases dans le v. 27.

• Quel effet ces particularités produisent-elles ? Quel ton donnent-elles au v. 27 ?

28 PRÉSENTATION

1. L'EXPLICATION DE TEXTE

Introduction

[Présenter le contexte] En 1830, année de la bataille d'*Hernani*, Hugo propose un nouveau théâtre, le drame romantique, qui s'oppose aux « classiques ». Vingt-cinq ans après, exilé, il écrit les *Contemplations*, « mémoires d'une âme », dont les trois premiers livres (« Autrefois (1830-1843) ») évoquent ses souvenirs de jeunesse et ses premiers engagements littéraires.

[Situer le texte] Dans « Réponse à un acte d'accusation » (livre I, « Aurore »), il se souvient de son combat d'autrefois contre le classicisme et répond à l'accusation de « dévastateur du vieil ABCD » que lui ont lancée les tenants de la tradition. Après un tableau de la poésie avant le romantisme, il raconte comment il a révolutionné cet art.

[En dégager l'enjeu] Dans ce manifeste poétique, très théâtralisé les mots deviennent les personnages d'un récit épique : c'est ce qui donne verve, dynamisme et efficacité à ce réquisitoire contre l'héritage classique, auquel succède un plaidoyer enthousiaste pour les nouvelles formes littéraires et les valeurs du Romantisme.

Explication au fil du texte

Les mots sous l'Ancien Régime (v. 1-19)

• Hugo met en place le décor, la situation : c'est le monde d'avant Hugo, du classicisme figé (imparfait de durée). Hugo consacre trois vers aux mots « nobles », mais quinze aux mots « mal nés », aux lieux qu'ils fréquentent et à leurs relations avec les auteurs classiques. Il ressuscite l'époque de Louis XIV où les « castes » (« nobles/roturiers ») ne se mélangent pas (parallélisme « les uns… les autres… »), cite lieux (« Versailles, bagne, halle ») et objets symboliques du XVIIe siècle (« Carrosse, perruques, bas, haillons »).

• Les mots personnifiés vivent une véritable vie d'hommes : « bien » nés (nobles) ou « mal » nés dans la « populace » ou parmi les « vilains », parfois marqués du « F » des « galér[ien]s » (qui est aussi, dans un dictionnaire, le F de « familier »). Les accumulations les décrivent avec leur caractère, tels les personnages. Ils habitent dans un « lexique » ou « au fond d'un encrier » et les références littéraires sont en accord avec leur nature : ils appartiennent à des groupes lexicaux (sociaux ?) (« patois, argot ») et fréquentent différents « genre[s] » de la littérature (« farce, prose, vers »).

• Au milieu de ces mots, les auteurs classiques sont ressuscités et s'intègrent aux deux camps que dépeint Hugo dans son tableau de l'Ancien régime linguistique : Corneille le généreux, Molière l'indulgent (du côté des mots roturiers), Racine le hautain et Vaugelas le tyrannique, Voltaire qui fait le délicat (du côté des mots nobles).

• Dans cette scène pleine de verve polémique, Hugo rejette en bloc le classicisme, décerne éloge et blâme, en se limitant au théâtre. Corneille, « trop grand », est admiré pour sa personnalité qui ne fait aucune concession aux puissants, mais aussi pour la générosité de ses héros. Partial, Hugo ne distingue pas le génie de Racine des théoriciens comme « Vaugelas ». En mettant au pluriel les héroïnes tragiques, il les dévalorise et feint de croire que les « Phèdres », les « Méropes » et « Jocastes » se ressemblent toutes.

• Pour plus d'efficacité, il argumente par l'exemple. Il joue avec les sonorités de « quelque mot éclatant », fait sonner, comme une trompette, « populace », « patibulaires », « s'encanaille » et leur donne à la rime des échos inattendus. L'humour des rimes et les rapprochements cocasses manifestent sa verve créative : « Jocastes » rime avec « castes » et un simple « F » avec « chef » !

Le manifeste romantique d'un révolutionnaire (v. 20-40)

Le second moment du poème est frappant comme un coup de théâtre : le claironnant « alors, brigand, je vins », écho du « Enfin, Malherbe vint » (Boileau, *Art poétique*) marque le début d'une révolution, de discours endiablés et d'actions au passé simple.

> **À NOTER**
> Citation de Boileau qui se réjouit que Malherbe, référence de la poésie classique et opposé au baroque, érige des règles strictes pour la création littéraire au XVIIe siècle.

• Hugo anime tout le texte et justifie sa devise, « Moi, Hugo », en multipliant les interventions à la 1re personne, les apostrophes, les exclamations éclatantes (« je m'écriai, déclarai »), comme un Danton révolutionnaire (ses « audaces » font écho au discours « De l'audace… toujours de l'audace »). Chef militaire héroïque, il fait trembler de son souffle épique les « bataillons d'alexandrins », déchaîne des « tempête(s) ».

• Sa parole de poète est action. Ses mouvements vifs en font une espèce de Robin des Bois, bondissant sur « la borne Aristote », s'évadant « hors du cercle » dont on le croyait prisonnier. Partout à la fois, il se dédouble, il rapporte et commente ironiquement les réactions horrifiées de ses accusateurs qui lui reprochent ses « discours affreux ». Il devient un « brigand » à la manière de tous les brigands et hors-la-loi célébrés par le romantisme, c'est-à-dire plein de générosité pour les opprimés, les marginaux, compagnon d'Hernani, frère des « gueux » et des « drôles ».

• Hugo provoque un bouleversement du monde littéraire, personnifié. Le « vieux dictionnaire » devient un sans-culotte au « bonnet rouge », les idées butinent les mots comme un « essaim » d'abeilles ; les figures rhétoriques (« syllepse, hypallage, litote ») « frémirent », et plus largement toutes les « tropes » (dont elles sont des exemples) sont « effarées », les institutions sont bousculées, telle l'« Académie », vieille aristocrate « douairière ». Inversement, les hommes deviennent des choses : Aristote, le philosophe, qui sert de point de référence pour les questions esthétiques depuis l'Antiquité jusqu'au classicisme, sert de « borne », à partir de laquelle Hugo fait sa proclamation.

• Ce moment du poème est un manifeste du romantisme.

– Pour le vocabulaire, Hugo revendique le droit d'utiliser tous les mots, selon ses besoins, sans distinction de rang social (« sénateur/roturier »), d'appeler un chien un « toutou » et un cochon… un « cochon » ! S'il garde l'alexandrin, il démontre de façon éblouissante l'efficacité de sa « dislocation », enchaînant rejets, contre-rejets, enjambements, énumérations et accumulations.

– Le texte mélange le « sublime » et le « grotesque », prôné par la « Préface » de *Cromwell*. Hugo s'y décrit en héros épique, mais fait aussi preuve de lyrisme délicat quand il évoque la naissance d'une idée, oiseau léger et Vénus sortie de l'onde, « tout[e] humide d'azur ».

– Il recourt à l'humour pour renforcer la satire : il caricature l'Académie qui abrite sous ses « jupons » une marmaille de « tropes » apeurés. L'humour des rimes manifeste son inventivité : « dictionnaire » rime avec « révolutionnaire », « litote » avec « Aristote »...

– Il s'inscrit ici dans un débat ancien : d'un côté le goût de la profusion, de l'émotion, le rejet des règles ; de l'autre, la recherche de la sobriété et de la perfection formelle. Il choisit l'exubérance, le désordre et l'expressivité contre l'harmonie, la mesure, l'équilibre.

• L'engagement littéraire (révolution des mots) se double ici d'un engagement politique et social (révolution des idées). En 1856, exilé, il se considère comme le gardien de la liberté républicaine confisquée par Napoléon III. C'est ici une véritable « Déclaration des droits » des mots (« Je déclarai les mots égaux... »), inspirée par l'idéal républicain « Liberté, égalité, fraternité », qu'il oppose à la langue classique, celle d'une « caste », de l'ancien régime de « Versaille[s] ».

Conclusion

[Faire le bilan de l'explication] Ce texte-manifeste n'a rien perdu de son intensité. Hugo fait de ses engagements romantiques une œuvre poétique à part entière.

[Mettre l'extrait en perspective] Quinze ans après Hugo, le jeune Rimbaud publiera dans ses *Lettres du voyant* un réquisitoire véhément contre les gloires poétiques du XIXe siècle et un manifeste enflammé pour un nouveau langage poétique.

ÉPREUVE ORALE

2. LA QUESTION DE GRAMMAIRE

• Les phrases du v. 27 sont elliptiques du verbe, exclamatives et construites sur la même structure (négation + un groupe nominal) dont le noyau est « mot » suivi d'un terme qui désigne fonction ou rang social (« sénateur »/« roturier »). Cela donne au vers l'allure d'un slogan. L'exclamation indique la forte émotion de Hugo, sa détermination.

• Le parallélisme crée un rythme binaire entraînant et souligne l'antithèse « sénateur/roturier » pour mieux la nier. L'absence de verbe permet deux interprétations : soit il s'agit d'un souhait (« *Qu'il n'y ait dorénavant* plus de… »), soit d'une affirmation : « [Dans mon nouveau dictionnaire] il n'y a plus de… »).

DES QUESTIONS POUR L'ENTRETIEN

Lors de l'entretien, vous devrez présenter une autre œuvre lue au cours de l'année. L'examinateur introduira l'échange et peut vous poser des questions sous forme de relances. Les questions ci-dessous ont été conçues à titre d'exemples.

1. Sur votre dossier est mentionnée la lecture cursive des *Lettres du Voyant* (1871) de Rimbaud. Présentez-les brièvement.

2. Quelles critiques Rimbaud adresse-t-il à ses prédécesseurs ? Quels sont les principes majeurs de sa nouvelle poétique ?

3. Quels rapprochements pouvez-vous faire avec *Les Contemplations* ?

Hugo, *Les Contemplations*, « Crépuscule »

20 minutes
20 points

**1. Lisez le texte à voix haute.
Puis proposez-en une explication.**

DOCUMENT

L'étang mystérieux, suaire[1] aux blanches moires[2],
Frissonne ; au fond du bois la clairière apparaît ;
Les arbres sont profonds et les branches sont noires ;
Avez-vous vu Vénus[3] à travers la forêt ?

Avez-vous vu Vénus au sommet des collines ?
Vous qui passez dans l'ombre, êtes-vous des amants ?
Les sentiers bruns sont pleins de blanches mousselines[4] ;
L'herbe s'éveille et parle aux sépulcres[5] dormants.

Que dit-il, le brin d'herbe ? et que répond la tombe ?
Aimez, vous qui vivez ! on a froid sous les ifs[6].
Lèvre, cherche la bouche ! aimez-vous ! la nuit tombe ;
Soyez heureux pendant que nous sommes pensifs.

Dieu veut qu'on ait aimé. Vivez ! faites envie,
Ô couples qui passez sous le vert coudrier[7].
Tout ce que dans la tombe, en sortant de la vie,
On emporta d'amour, on l'emploie à prier.

Les mortes d'aujourd'hui furent jadis les belles.
Le ver luisant dans l'ombre erre avec son flambeau.
Le vent fait tressaillir, au milieu des javelles[8],
Le brin d'herbe, et Dieu fait tressaillir le tombeau.

La forme d'un toit noir dessine une chaumière ;
On entend dans les prés le pas lourd du faucheur ;
L'étoile aux cieux, ainsi qu'une fleur de lumière,
Ouvre et fait rayonner sa splendide fraîcheur.

ÉPREUVE ORALE

Aimez-vous ! c'est le mois où les fraises sont mûres.
L'ange du soir rêveur, qui flotte dans les vents,
Mêle, en les emportant sur ses ailes obscures,
Les prières des morts aux baisers des vivants.

Victor Hugo, *Les Contemplations*, « Crépuscule », II, XXVI, 1856.

1. Suaire : linceul, c'est-à-dire drap blanc qui enveloppe les défunts.
2. Moires : les reflets changeants, mats ou brillants, de certains tissus.
3. Vénus : peut désigner la planète qui se lève (appelée aussi l'étoile du soir ou l'étoile du berger), mais aussi la déesse de l'amour.
4. Mousselines : étoffes de coton blanches portées par les promeneuses.
5. Sépulcres : tombeaux.
6. Ifs : conifères souvent plantés dans les cimetières.
7. Coudrier : variété de noisetier.
8. Javelle : brassée de céréales, destinée à être liée pour former une gerbe.

2. QUESTION DE GRAMMAIRE.
Vers 4 à 9 : analysez le type des phrases dans ce passage. Quel est le type dominant ?

CONSEILS

1. Le texte

Faire une lecture expressive

• Le poème est écrit en alexandrins (12 syllabes). Faites attention à éviter les « vers faux » :
– prononcez bien les « e » muets qui se trouvent devant des consonnes (par exemple, celui de « l'herbe », v. 8) ; à l'inverse, ne prononcez pas ceux qui se trouvent devant des voyelles ou en fin de vers ;
– respectez les diérèses (« mystéri/eux », « su/aire », v. 1, etc.) et les synérèses (« sentiers », v. 7 ; « nuit », v. 11 ; « coudrier », v. 14, etc.) ;
– lors de la préparation, soulignez au crayon les « e » à prononcer et marquez les diérèses par un « / ».

• Lisez le poème avec ferveur, en observant une progression. Pensez à « mettre le ton » selon l'énonciateur dans les paroles rapportées directement ou indirectement (v. 4-7 ; v. 10-12 ; v. 13 ; v. 25).

Situer le texte, en dégager l'enjeu

• Rappelez-vous les circonstances de composition des *Contemplations*. Comment Hugo définit-il son recueil ?

• Vous devez montrer comment ce poème incite à l'amour face au temps qui passe et à la mort.

2. La question de grammaire

On distingue quatre types de phrases, qui se définissent selon l'intention du locuteur : déclarative (énonce un fait), interrogative (pose une question), impérative (donne un ordre), exclamative (exprime une émotion).

29 PRÉSENTATION

1. L'EXPLICATION DE TEXTE

Introduction

[Situer l'extrait dans l'œuvre] Hugo compose *Les Contemplations* à la mémoire de sa fille disparue : il définit son recueil comme « les mémoires d'une âme », et dit dans la préface : « Ce livre doit être lu comme le livre d'un mort ».

[Dégager l'enjeu du texte] Dans « Crépuscule », il fait entendre, dans une atmosphère étrange – presque fantastique –, l'adresse des disparus aux vivants pour les inciter à aimer.

Explication au fil du texte

Une atmosphère étrange (v. 1-8)

• Les premiers vers dépeignent un paysage à la tombée de la nuit ; sont évoqués des éléments familiers – un « étang », un « bois », une « forêt », des « collines » – mais aussi d'inquiétants tombeaux (« aux sépulcres dormants », vers 8).

• L'ensemble baigne dans une luminosité faible qui fait ressortir les contrastes entre le clair et l'obscur : reflets argentés de l'étang « aux blanches moires » (vers 1), branches « noires » (vers 3), « sentiers bruns » (vers 7), « blanches mousselines » (vers 8).

• Sous l'effet du « vent », le tableau s'anime progressivement : l'étang, comparé à un « suaire », « frissonne » (vers 2), « l'herbe s'éveille et parle » (vers 8). Des personnages, parfois allégoriques, se croisent : « Vénus », à la fois étoile et déesse de l'amour, de simples « passants » – des femmes peut-être, couvertes de « blanches mousselines », qui font une tache lumineuse (vers 8) ; un peu plus loin dans le poème, un « faucheur » au pas lourd.

• Avec le crépuscule, c'est une atmosphère presque fantastique qui s'installe : la nature perd progressivement son aspect familier. « L'étang » devient « mystéri/eux », la diérèse ajoutant encore à cette impression d'étrangeté.

Des voix mystérieuses (v. 9-16)

• Toute cette scène se met à bruire d'injonctions de plus en plus intenses, sans que l'on puisse identifier la provenance de ces appels.

• Le vers 9 « Que dit-il, le brin d'herbe ? et que répond la tombe ? » résonne comme un aparté, qui pourrait être celui du poète témoin. Du vers 10 au vers 17, ce sont des voix d'outre-tombe qui s'imposent et qui interpellent les vivants. Au vers 25, c'est, semble-t-il, la voix du poète qui tire la conclusion de cet échange mystérieux : « Aimez-vous ! » et invite à l'amour sensuel (il est question de « lèvre », de « bouche », de « baisers »...).

Une invitation à l'amour, un hymne à la vie (v. 17-28)

• Doit-on interpréter ce poème comme une invitation au « Carpe diem » épicurien : la vie est brève et il faut profiter de l'instant présent et des plaisirs de l'amour ? Hugo s'inscrirait alors dans l'esprit des poètes latins comme Horace, de ceux de la Renaissance comme Ronsard avec le célèbre « Mignonne allons voir si la rose... ».

• Le poète est plutôt l'interprète d'une religion syncrétique de l'amour, qui associe le paganisme du culte de Vénus à des références chrétiennes à Dieu, depuis le « cimetière » d'un village.

• Cependant, dans « Crépuscule », l'amour évoqué n'est pas celui, charitable ou fraternel, des Évangiles mais celui des « couples d'amants », et les « prières » des morts seront d'autant plus fécondes qu'elles auront été précédées d'une intense vie amoureuse.

> **MOT CLÉ**
> Le syncrétisme est la fusion de différentes doctrines philosophiques ou religieuses, cultes ou visions du monde (christianisme, paganisme, animisme...).

• Cet hymne à l'amour s'inscrit dans la conception du monde de Hugo, marquée à la fois par une dualité, que symbolise le crépuscule, entre nuit et lumière, et par une unité profonde. Car, pour Hugo, « tout vit, tout est plein d'âme ». Entre la mort et la vie, il n'y a donc pas antagonisme mais continuité, échange d'énergie. C'est cette circulation d'un principe vital qui permet à la nature de donner avec générosité ses différents fruits, parmi lesquels des fraises mûres (vers 25).

• Les trois derniers vers, avec leurs enjambements successifs, donnent au propos une grandeur mystique qui chante l'harmonie du monde. L'amour réconcilie les « vivants » et « les morts » dans l'équilibre parfait de l'alexandrin, construit sur un parallélisme où les termes se répondent.

Conclusion

[Faire le bilan de l'explication] Avec l'intensité que peut donner l'expérience du deuil, Hugo compose dans ce poème un hymne à la vie et à l'amour, étrange et pénétrant.

[Mettre l'extrait en perspective] Reprenant un thème que proposait déjà le poète romain Horace – celui du « Carpe diem » (« Cueille le jour ») –, il le colore de son expérience personnelle et de sa vision du monde.

2. LA QUESTION DE GRAMMAIRE

- Les vers 4, 5 et 6 comportent à trois phrases interrogatives.
- Les vers 7 et 8 comportent une phrase déclarative.
- Dans le vers 9, on relève deux propositions interrogatives, liées dans une même phrase (pas de majuscule au début de la seconde proposition).

C'est donc le type interrogatif qui domine dans ce passage. Notons que seules les questions du vers 9 reçoivent une réponse dans le vers qui suit.

DES QUESTIONS POUR L'ENTRETIEN

Lors de l'entretien, vous devrez présenter une autre œuvre que vous avez lue au cours de l'année. L'examinateur introduira l'échange et peut vous poser des questions sous forme de relances. Les questions ci-dessous ont été conçues à titre d'exemples.

1 Sur votre dossier est mentionnée la lecture cursive d'un autre recueil de poèmes : *À la lumière d'hiver* de Philippe Jaccottet (1977). Pouvez-vous le présenter brièvement ?

2 Quel(s) poème(s) avez-vous préféré(s) ? Pourquoi ?

3 Quels thèmes lyriques, également présents dans *Les Contemplations,* ce recueil aborde-t-il ? Hugo et Jaccottet proposent-ils le même « remède » à la perte d'un être cher ?

30 Sujet d'oral • Explication & entretien

Baudelaire, *Les Fleurs du mal*, « Recueillement »

20 minutes
20 points

1. Lisez le texte à voix haute. Puis expliquez-le.

DOCUMENT

Sois sage, ô ma Douleur, et tiens-toi plus tranquille.
Tu réclamais le Soir ; il descend ; le voici :
Une atmosphère obscure enveloppe la ville,
Aux uns portant la paix, aux autres le souci.

Pendant que des mortels la multitude vile[1],
Sous le fouet du Plaisir, ce bourreau sans merci,
Va cueillir des remords dans la fête servile,
Ma Douleur, donne-moi la main ; viens par ici,

Loin d'eux. Vois se pencher les défuntes Années,
Sur les balcons du ciel, en robes surannées[2] ;
Surgir du fond des eaux le Regret souriant ;

Le Soleil moribond[3] s'endormir sous une arche,
Et, comme un long linceul traînant à l'Orient,
Entends, ma chère, entends la douce Nuit qui marche.

Baudelaire, « Recueillement », *Les Fleurs du mal*, 1857.

1. Vile : vulgaire.
2. Surannées : démodées.
3. Moribond : mourant, à l'agonie.

2. QUESTION DE GRAMMAIRE.

Quelles sont les marques grammaticales du dialogue (énonciation) dans le premier vers ? Quel est l'effet produit par ces marques ?

CONSEILS

1. Le texte

Faire une lecture expressive

• Trouvez le **ton de la confidence intime à mi-voix** (cf. le titre), comme si Baudelaire parlait à une amie qui le console de ses maux ; ne lisez **pas trop vite**, prenez le temps, celui de la durée d'un « soir qui descend » progressivement : aidez-vous des enjambements qui prolongent les vers, des coupes (= silences), des répétitions.

• **Ralentissez et susurrez presque** (allitérations en « s ») pour la dernière strophe, notamment pour le dernier vers pour rendre compte de l'atmosphère feutrée de la « douce Nuit qui marche ».

Situer le texte, en dégager l'enjeu

• Les dernières années de la vie de Baudelaire, torturé physiquement et moralement, sont comme une longue agonie dont *Les Fleurs du mal* portent la trace. « Recueillement », bien qu'écrit durant cette douloureuse période, marque un répit, un apaisement.

• Analysez l'atmosphère créée. Montrez comment l'étrangeté de ce dialogue et du tableau que peint le poète est en harmonie avec son paysage intérieur et comment la poésie transfigure son angoisse en apaisement.

2. La question de grammaire

• Un dialogue suppose au moins deux interlocuteurs et des paroles rapportées directement.

• Identifiez le mode des verbes, leur personne ; analysez les pronoms personnels et indiquez ce qui permet d'identifier le/la destinataire des paroles.

30 PRÉSENTATION

1. L'EXPLICATION DE TEXTE

Introduction

[Présenter le contexte] Dans les *Fleurs du Mal*, Baudelaire, tiraillé entre le Spleen et l'Idéal, tente d'exorciser et de sublimer son mal-être.

ÉPREUVE ORALE

[Situer le texte] La situation d'énonciation dans le sonnet est singulière : le crépuscule approche et le poète dialogue à mi-voix avec sa propre Douleur. Un tableau étrange se dessine, où se fondent le monde intérieur du poète et le monde extérieur.

[En dégager l'enjeu] À travers lui, Baudelaire exprime sa vision pessimiste de la condition humaine. Cependant la nuit et la mort qui approchent, transfigurées par la poésie, apportent une forme d'apaisement.

Explication au fil du texte

La contemplation à deux d'un crépuscule urbain (v. 1-4)

• Dès le premier vers, la Douleur est présentée comme un personnage familier que le poète tutoie. Cependant l'allégorie est chargée de mystère. Est-ce un enfant turbulent rappelé à l'ordre (« Sois sage », « tiens-toi plus tranquille ») par sa mère ? Mais le féminin et l'exclamation lyrique « ô » laissent penser qu'il s'agit plutôt d'une femme, mais sans âge, mère ou amante. Les apostrophes lyriques « ma Douleur » (répétée v. 8) ou « ma chère » (avec l'adjectif possessif affectif) révèlent un mélange de familiarité affectueuse et de proximité respectueuse entre le poète et sa Douleur.

• L'invitation à contempler le « Soir » (« le voici » suggère un geste) est suivie de la peinture d'un tableau urbain (« la ville ») enveloppé dans une « atmosphère obscure », avec un jeu de lumière en demi-teinte suggéré par le « Soir [qui] descend » progressivement.

L'animation violente de la ville, génératrice de « spleen » (v. 5-8)

• Ce monde crépusculaire se peuple peu à peu : la « multitude vile » côtoie des personnages allégoriques signalés par des majuscules (« le Soir », le « Plaisir »). Le vers ici se fait ample, oratoire. Malgré l'absence de notation auditive explicite, une atmosphère sonore violente est suggérée par les claquements de fouet du « bourreau sans merci », nourrie par des sonorités fortes (« Plaisir », « bourreau » « remords »…). Le poète éprouve du mépris pour cette foule indistincte, d'où les termes dévalorisants « vile », « servile », mis en évidence à la rime.

• Mais « Recueillement » est aussi un tableau intérieur, un dialogue avec soi-même. Baudelaire peint ici l'homme en proie au spleen qui résulte de sa double postulation, partagé qu'il est entre « la paix » et le « souci ». Dans la ville, lieu du

> **MOT CLÉ**
> Le spleen, thème récurrent de Baudelaire, désigne le mal-être et la mélancolie désespérée de l'homme tiraillé entre « deux postulations, l'une vers Dieu, l'autre vers Satan ».

« mal », du vice, l'homme devient esclave (« servile ») du « Plaisir » : l'étrange expression « cueillir des remords » (comme s'il s'agissait de fruits) trahit la perversion d'une invitation à la jouissance immédiate.

• La figure du poète isolé est spectaculairement mise en évidence par l'enjambement entre quatrain et tercet (« loin d'*eux* »). C'est pour conjurer cette solitude que le poète exhorte à nouveau sa Douleur (« viens ici ») et évoque le joli geste symbolique de « donne[r] la main ».

« Loin d'eux », l'apaisement du recueillement (v. 9-14)

• Le décor change. Les lignes y sont indécises : paysage imaginaire, idéalisé, unissant le ciel (« balcons ») et l'eau (« arche » d'un pont, « eaux »), paysage frère de celui évoqué dans *L'Invitation au voyage* par exemple. Les verbes de mouvements à l'infinitif y dessinent de lents déplacements du haut vers le bas (« se pencher », « s'endormir »), puis du bas vers le haut (« surgir »).

• Le paysage sonore progresse en decrescendo… Le dialogue intime avec la Douleur se fait dans une atmosphère d'endormissement (« le soleil s'endormir »), prélude à un nocturne en tonalité mineure avec des sonorités graves, souvent nasales, des liquides (« son /long /linceul/ traînant à l'Orient »), un élargissement rythmique harmonieux, accentué par des diérèses (« Ori/ent ») dans les deux derniers vers, qui soulignent la lente et dansante majesté de la Nuit.

• Les personnages allégoriques (majuscules) affluent comme autant de figures proches, voire amicales, incarnations du temps (les « Années », « la Nuit »), d'un sentiment (le « Regret ») ou d'un élément naturel (le « Soleil »). La plupart sont précisés par des adjectifs positifs (« souriant », « douce ») ou funèbres (« moribond », « défuntes »). Les « Années » passées, fantomatiques silhouettes féminines avec leurs robes aux couleurs « surannées », ont le charme « des voix chères qui se sont tues », comme l'écrira plus tard Verlaine (« Mon rêve familier »). Le rappel du passé n'a rien de douloureux, il suscite non pas des « remords » mais le regret « souriant ».

• Dans cette atmosphère onirique, où le monde extérieur et le monde intérieur du poète sont en miroir, le Soleil lui-même peut enfin « s'endormir ». La Nuit apporte sommeil ou « recueillement » (se recueillir, c'est rentrer en soi, par opposition à la foule vulgaire qui, pour se fuir, cherche le divertissement).

• Cette « douce Nuit » qui s'approche paisiblement, avec son « linceul », ne répond-elle pas à l'attente d'une délivrance par la mort, ici transfigurée en présence féminine consolatrice ? Magie de la poésie : par le charme de ces évocations, la musicalité des rythmes et des sonorités, le poète enchante son propre mal, l'apaise, et cette alchimie mystérieuse a sur le lecteur le même effet.

Conclusion

[Faire le bilan de l'explication] Ce poème de fin de vie reprend les thèmes de la poésie baudelairienne – la ville et les vices qu'elle entraîne, la double aspiration de l'homme au mal et à la pureté. Mais on sent ici l'expression d'un apaisement : l'urgence du temps qui passe s'adoucit et les souvenirs du passé se font amicaux ; même la « Douleur » devient une compagne compréhensive de sa solitude.

[Mettre l'extrait en perspective] Ce poème est aussi une illustration de la puissance évocatrice de la poésie, « longue hésitation entre le son et le sens » (Valéry), qui transforme la « boue » en « or » (Baudelaire).

2. LA QUESTION DE GRAMMAIRE

• Dans le v. 1, la situation d'énonciation – un dialogue direct entre le poète et sa Douleur – se marque par trois caractéristiques grammaticales : les verbes à l'impératif (« sois », « tiens »), la 2e personne du singulier (« toi ») et l'apostrophe lyrique « ô ma Douleur ».

• Ces caractéristiques instaurent entre eux une intimité affectueuse et donnent au poème un ton d'invitation insistante.

DES QUESTIONS POUR L'ENTRETIEN

Lors de l'entretien, vous devrez présenter une autre œuvre que vous avez lue au cours de l'année. L'examinateur introduira l'échange et peut vous poser des questions sous forme de relances. Les questions ci-dessous ont été conçues à titre d'exemples.

1. Sur votre dossier est mentionnée la lecture cursive d'un recueil de proses poétiques : *La première gorgée de bière et autres plaisirs minuscules* (2011), de Philippe Delerm. Pouvez-vous le présenter brièvement ?
2. Quel(s) texte(s) y avez-vous préféré(s) ? Pourquoi ?
3. Par quels moyens poétiques Philippe Delerm transfigure-t-il la réalité la plus quotidienne ?

Baudelaire, *Les Fleurs du mal*, « L'Ennemi »

20 minutes
20 points

1. Lisez le poème à voix haute.
Puis expliquez-le.

DOCUMENT

Ma jeunesse ne fut qu'un ténébreux orage,
Traversé çà et là par de brillants soleils ;
Le tonnerre et la pluie ont fait un tel ravage,
Qu'il reste en mon jardin bien peu de fruits vermeils.

Voilà que j'ai touché l'automne des idées,
Et qu'il faut employer la pelle et les râteaux
Pour rassembler à neuf les terres inondées,
Où l'eau creuse des trous grands comme des tombeaux.

Et qui sait si les fleurs nouvelles que je rêve
Trouveront dans ce sol lavé comme une grève
Le mystique aliment qui ferait leur vigueur ?

– Ô douleur ! ô douleur ! Le Temps mange la vie,
Et l'obscur Ennemi qui nous ronge le cœur
Du sang que nous perdons croît et se fortifie !

Baudelaire, *Les Fleurs du mal*, « L'Ennemi », 1857.

2. QUESTION DE GRAMMAIRE.
Analysez les temps verbaux employés dans ce sonnet.

CONSEILS

1. Le texte

Faire une lecture expressive

• Veillez à prononcer les « e » muets qui se trouvent devant des consonnes (par exemple, celui de « jeunesse »), de manière à bien faire entendre les douze syllabes de chaque alexandrin.

• Faites sentir la rupture de ton dans la dernière strophe.

Situer le texte, en dégager l'enjeu

• Après avoir rappelé le contexte de parution des *Fleurs du mal*, indiquez dans quelle section du recueil se situe le poème.

• Le poème a pour thème principal la fuite du temps : vous allez montrer comment Baudelaire donne à ce thème traditionnel une expression très personnelle.

• Dès l'introduction, faites le lien avec le titre du poème : le temps qui passe est présenté comme l'Ennemi parce qu'il crée une angoisse destructrice et menace l'inspiration du poète.

2. La question de grammaire

• Vous devez identifier au moins quatre temps : passé simple, passé composé, présent et futur.

• Pourquoi Baudelaire a-t-il employé le passé simple plutôt que le passé composé dans le premier vers ?

• Veillez à bien distinguer deux valeurs pour le présent.

31 PRÉSENTATION

1. L'EXPLICATION DE TEXTE

Introduction

[Présenter le contexte] Le XIXe siècle est marqué par un renouveau poétique, initié d'abord par la révolution romantique et poursuivi par les auteurs symbolistes, dont Baudelaire est une des figures centrales.

[Situer le texte] Ainsi, en 1857, la publication des *Fleurs du mal* marque l'histoire littéraire autant par le scandale que suscitent certains poèmes que par la modernité des thématiques présentées dans le recueil. Le titre annonce la tension entre le « spleen » et l'« idéal » qui structure l'œuvre. La fuite du temps et l'angoisse existentielle qui l'accompagne sont des motifs récurrents.

[En dégager l'enjeu] Dans le sonnet, le temps qui passe est présenté comme « l'Ennemi », car il crée une angoisse destructrice et menace l'inspiration du poète.

Explication au fil du texte

Premier quatrain

- Dans le premier quatrain, Baudelaire introduit le thème de la fuite du temps en présentant sa jeunesse comme derrière lui (voir l'emploi du passé simple « fut »). Cette jeunesse est associée à un paysage d'été, avec une alternance d'« orage » (v. 1) et de « soleils » (v. 2).
- L'orage dévaste le « jardin » (v. 4) qu'on peut interpréter comme une métaphore de l'esprit du poète. À l'image traditionnelle du temps comme une eau qui coule sans que l'on puisse la retenir, Baudelaire substitue la métaphore d'une eau qui détruit.

Second quatrain

- Cette métaphore est filée dans la deuxième strophe. Celle-ci associe explicitement la période actuelle de la vie du poète à l'automne dans l'expression « l'automne des idées » (v. 5).
- Le lexique de la perte et de la destruction y est très présent, notamment dans les vers 7 et 8 : « les terres inondées/ où l'eau creuse des trous grands comme des tombeaux ».

Premier tercet

- L'emploi du futur et la mention des « fleurs » (v. 9) suggèrent le printemps. La mention des « fleurs nouvelles » (v. 9) peut se comprendre comme une métaphore des poèmes à venir. Ces poèmes seraient nouveaux au sens où le poète aurait retrouvé l'inspiration mais aussi par leur modernité.
- Au vers 10, la perte de l'inspiration apparaît à travers l'évocation d'un « sol lavé comme une grève », dont on ignore s'il restera stérile. Le « mystique aliment » (v. 11) dont devraient se nourrir les « fleurs » (v. 11) à venir s'entend ainsi comme la nourriture spirituelle qui doit rendre au poète son inspiration.

Second tercet

- La dernière strophe marque une rupture franche dans la tonalité à travers notamment la répétition de l'apostrophe pathétique « ô douleur ! » au vers 12. Les nombreux monosyllabes, en particulier dans les deux derniers vers, relèvent d'un registre élégiaque. Le désespoir semble prendre le dessus.

ÉPREUVE ORALE

• La métaphore filée de l'orage disparaît au profit d'une allégorie du temps, que l'emploi des majuscules permet de repérer. Le « Temps » (v. 12) est personnifié comme un « obscur Ennemi » (v. 13), formulation qui rappelle la désignation traditionnelle du diable. Les verbes employés renvoient toujours à la destruction, mais cette fois-ci sous la forme d'une dévoration, comme si le temps était un parasite, un vampire qui « se fortifie » (v. 14) grâce au « sang » (v. 14) des humains.

MOT CLÉ
L'allégorie est une figure de style qui consiste à représenter concrètement une idée abstraite. Par exemple, la Faucheuse est une allégorie de la mort.

Conclusion

[Faire le bilan de l'explication] Pour conclure, ce poème associe deux angoisses récurrentes dans le recueil *Les Fleurs du mal* : la perspective de la mort et la perte de la capacité à écrire. Le texte est structuré par une opposition permanente entre force créatrice et destruction. En dépit de l'affirmation pessimiste de la toute-puissance du Temps et de la mort, le poème semble un démenti, et figure comme une de ces « fleurs nouvelles » (v. 9) dont le poète dit rêver, comme si le poète écrivait malgré le spleen, ou bien grâce à lui.

C'est une des interprétations du titre *Les Fleurs du mal* : les poèmes sont les fleurs nées de la souffrance, de la « douleur » (v. 12) du poète.

[Mettre le texte en perspective] Baudelaire reprend ici un thème et une forme traditionnels, mais les renouvelle en les intégrant à sa poétique construite sur l'opposition entre spleen et idéal.

2. LA QUESTION DE GRAMMAIRE

• Au passé simple (« fut »), qui renvoie à un passé complètement révolu, succède le passé composé (« ont fait », « ai touché »), qui évoque des faits passés en lien avec le présent.

• Les verbes qui suivent (« reste », « creuse », etc.) sont au présent d'énonciation. Ils renvoient à des faits contemporains du moment de l'écriture.

• Dans le premier tercet, on relève un verbe au futur (« trouveront ») et un autre au conditionnel (« ferait »). Le futur exprime l'espoir de retrouver l'inspiration, mais le conditionnel dit le doute.

• Dans la dernière strophe, on retrouve le présent, avec une valeur de vérité générale (« mange », « ronge », « perdons ») : l'histoire particulière rejoint la condition de tous.

DES QUESTIONS POUR L'ENTRETIEN

Lors de l'entretien, vous devrez présenter une autre œuvre que vous avez lue au cours de l'année. L'examinateur introduira l'échange et peut vous poser des questions sous forme de relances. Les questions ci-dessous ont été conçues à titre d'exemples.

1. Sur votre dossier est mentionnée la lecture cursive d'un autre recueil poétique : *Le Parti pris des choses* de Francis Ponge. Pouvez-vous le présenter brièvement ?

2. Que pensez-vous de la manière dont Ponge transforme les objets du quotidien dans ses textes ?

3. Avez-vous apprécié cette lecture ? Que vous a-t-elle apporté en complément de celle des *Fleurs du mal* ?

4. Avez-vous aimé lire de la poésie en prose ? Finalement comment définiriez-vous la poésie si ce n'est pas la versification qui la caractérise ?

32 Sujet d'oral • Explication & entretien

Apollinaire, *Alcools*, « À la Santé »

20 minutes
20 points

1. Lisez le texte à voix haute. Puis expliquez-le.

DOCUMENT

I

Avant d'entrer dans ma cellule
Il a fallu me mettre nu
Et quelle voix sinistre ulule
Guillaume qu'es-tu devenu

Le Lazare[1] entrant dans la tombe
Au lieu d'en sortir comme il fit
Adieu adieu chantante ronde
Ô mes années ô jeunes filles

II

Non je ne me sens plus là
Moi-même
Je suis le quinze de la
Onzième

Le soleil filtre à travers
Les vitres
Ses rayons font sur mes vers
Les pitres
Et dansent sur le papier
J'écoute
Quelqu'un qui frappe du pied
La voûte

III

Dans une fosse comme un ours
Chaque matin je me promène
Tournons tournons tournons
[toujours
Le ciel est bleu comme une
[chaîne
Dans une fosse comme un ours
Chaque matin je me promène

Dans la cellule d'à côté
On y fait couler la fontaine
Avec les clefs qu'il fait tinter
Que le geôlier aille et revienne
Dans la cellule d'à côté
On y fait couler la fontaine

IV

Que je m'ennuie entre ces murs
[tout nus
Et peints de couleurs pâles
Une mouche sur le papier à pas
[menus
Parcourt mes lignes inégales

Que deviendrai-je ô Dieu qui
[connais ma douleur
Toi qui me l'as donnée

Prends en pitié mes yeux sans [larmes ma pâleur
Le bruit de ma chaise [enchaînée
Et tous ces pauvres cœurs [battant dans la prison
L'Amour qui m'accompagne
Prends en pitié surtout ma [débile raison
Et ce désespoir qui la gagne

V

Que lentement passent les [heures
Comme passe un enterrement

Tu pleureras l'heure où tu [pleures
Qui passera trop vitement
Comme passent toutes les [heures

VI

J'écoute les bruits de la ville
Et prisonnier sans horizon
Je ne vois rien qu'un ciel [hostile
Et les murs nus de ma prison

Le jour s'en va voici que brûle
Une lampe dans la prison
Nous sommes seuls dans ma [cellule
Belle clarté Chère raison

Septembre 1911

Guillaume Apollinaire, « À la Santé », *Alcools*, 1913.

1. Les Évangiles racontent la résurrection par Jésus de son ami Lazare.

2. QUESTION DE GRAMMAIRE.

Quelle est la modalité des phrases dans les v. 3-4 et 7-8 ? Restituez la ponctuation dans ces vers.

CONSEILS

1. Le texte

Faire une lecture expressive

• Le poème ne comporte pas de ponctuation : entraînez-vous à lire comme s'il y avait une ponctuation ; au besoin, le jour de l'examen, restituez-la sur votre texte.

• Respectez les enjambements (ne marquez pas de pause à la fin des vers) pour donner l'impression de fluidité. Marquez un signe qui matérialise ces enjambements.

■ **Situer le texte, en dégager l'enjeu**

• Présentez *Alcools* (propos et ton) et rappelez les circonstances personnelles qui ont amené Apollinaire en prison (soupçon de vol).

• À partir de la structure du poème, montrez comment la modernité de l'écriture poétique de cette chronique de vie carcérale transfigure la prison, rend compte des états d'âme du poète et soulage sa « douleur ».

2. La question de grammaire

• Délimitez les phrases. D'après leur syntaxe, identifiez leur modalité (déclarative, interrogative, exclamative ?), puis restituez-en la ponctuation.

• Repérez les paroles rapportées des v. 3-4 : sont-elles au style direct ou indirect ? Identifiez la situation d'énonciation (qui parle à qui ?). Rétablissez alors la ponctuation et les marques du dialogue.

32 PRÉSENTATION

1. L'EXPLICATION DE TEXTE

Introduction

[Présenter le contexte] Apollinaire, dans *Alcools*, compose, à la manière cubiste, une sorte d'autobiographie éclatée qui retrace ses amours, voyages et expériences.

[Situer le texte] Ainsi, mis en cause dans un vol de statuettes au Louvre, il a été emprisonné quelques jours à la Santé, à Paris, en 1911. Dans son poème, composé de 6 sections (ou « chants » ?), il rend compte des souvenirs de son incarcération.

[En dégager l'enjeu] Ce poème étrange sans ponctuation, à la métrique variée, où alternent distiques, quatrains, sizains, mais aussi octosyllabes, décasyllabes, alexandrins, heptasyllabes, peut d'abord être lu comme la chronique d'un séjour en prison qui rend compte des états d'âme du poète. Mais, au-delà de cette expérience douloureuse, il dévoile le moi profond du poète et sa conception de la poésie.

Explication au fil du texte

L'entrée en prison : une perte d'identité (I-II)

• Le poème dés le premier vers se présente comme la chronique d'un séjour en prison avec le rappel de l'arrivée et de la fouille, l'évocation du décor (« cellule », « vitres », « voûte ») et des usages (se « mettre nu », un matricule : « le quinze de la / Onzième »).

• L'incarcération, épreuve humiliante, s'accompagne d'une angoissante perte d'identité matérialisée par la question que lui adresse une « voix sinistre » (v. 4) et inconnue (celle d'un oiseau nocturne qui « ulule » ?) et par la négation totale « je *ne* me sens *plus*… » (v. 9). La répétition de « Adieu » suggère l'effacement de tout passé. La référence à Lazare évoque implicitement la mort.

• Cependant, grâce à l'écriture poétique, le poète semble vouloir continuer à affirmer son identité : la voix s'adresse à lui à la 2e personne, en l'appelant par son prénom, et le fait ainsi exister (c'est peut-être sa propre voix ?), tout comme le pronom réfléchi tonique (« Moi-même ») qui occupe tout un vers (v. 10).

• Pour lutter contre le sentiment de solitude dans sa « cellule », il s'invente des interlocuteurs : il interpelle ses « années » passées, personnifiées en « jeunes filles » ; les rayons du soleil « dansent », compagnons qui apportent vie et mouvement. Il « écoute » les bruits d'une présence humaine (« quelqu'un… du pied »).

• Il s'efforce de garder un peu de gaieté grâce à des vers légers (II) et à l'humour d'images cocasses (il est un « Lazare » à l'envers ; les rayons du soleil sont des « pitres » de cirque !) ou gracieuses (la « charmante ronde » protectrice des « années »). Ainsi il dédramatise sa souffrance.

Vie monotone et prière à Dieu (III-IV)

• La chronique carcérale se poursuit mais l'espace se réduit (« fosse », – « cellule », « *entre* ces murs nus », « chaise enchaînée »). Les sons ténus (« clefs », « tinter », « couler la fontaine »), la présence humaine (« geôlier ») sont exclusivement liés à réalité de la prison. Cette réduction de l'espace s'accompagne de variations d'état d'âme : isolement (III), ennui et angoisse (IV).

• Dans ces deux sizains massifs d'octosyllabes qui traduisent la pesanteur du temps, la monotonie est rendue par le présent d'habitude, les répétitions-refrains (« t*ou*rnons… t*ou*jours » : assonance en « ou ») et la régularité des vers sans coupes et les enjambements (v. 21-32).

• Pour lutter contre l'isolement, Apollinaire effectue une sorte de dédoublement marqué par le passage du « je » au « nous » (v. 19, 23) et se compare cocassement et ironiquement à un ours, gros et lourd animal de zoo. Mais la comparaison surréaliste « Le ciel est bleu comme une chaîne » (v. 24) préfigure l'angoisse poignante créée par l'« ennui » (v. 33).

• La compagnie d'une « mouche », seul élément de vie, est illusoire : le désarroi croissant est rendu par une question (v. 37-38), par le vocabulaire affectif péjoratif (« douleur », « désespoir ») et les mots de la négation (« pâles » [sans couleurs], « sans [larmes] », « [murs] nus »).

• La tentation religieuse resurgit alors, constante chez Apollinaire (voir « Zone ») : il adresse à « Dieu » une question existentielle pathétique (« désespoir ») sur le ton de la prière, avec l'interjection « ô », l'expression répétée « prends pitié » (reprise de la prière universelle), la communion avec les prisonniers (« pauvres cœurs battant… ») et la mention de l'Amour. En vain…

Du désespoir à l'apaisement (V-VI)

• En effet, le « chant » V rappelle les accents du « Spleen » de Baudelaire (« passe un enterrement » / « pleures ») et le lyrisme du refrain du « Pont Mirabeau » (« Que lentement passent… »). L'angoisse du temps qui s'étire et passe inexorablement est traduite par le vocabulaire, les exclamations, les sonorités féminines, les rimes intérieures et les liquides (« Que je *m'enn*uie », « Que l*en*tem*ent* pass[ent] les heur[es] »). « Tu pleureras l'heure où tu pleures » signifie : « tu regretteras ces moments difficiles » et suggère que tout est mieux que le passage du temps.

• Le « chant » VI semble clore le journal d'une journée commencée au début du poème, depuis le lever du jour (« le soleil filtre », v. 13), suivie de la promenade du « matin » (III), de l'ennui de la journée (IV, V) : c'est le soir (« le jour s'en va »), puis la nuit suggérée par « une lampe ».

• Malgré l'angoisse que trahissent les expressions « sans horizon » et « ciel hostile », malgré l'exclusion d'une vie sociale libre (« les bruits de la ville ») et l'absence de sensations (« je ne vois rien »), les derniers vers marquent l'apaisement : la « lampe » qui « brûle » (image du foyer), la « raison », personnifiée et qualifiée par des mots positifs (« belle », « Chère »), font de la cellule un espace préservé. Apollinaire semble avoir retrouvé une compagne (« nous ») rassurante (amante ? mère ?) qu'il fait exister par le style direct et à qui il peut se confier.

Conclusion

[Bilan de l'explication] Le portrait qu'Apollinaire fait de lui-même est celui que traduisent ses autres poèmes : tristesse, angoisse, consolation par l'écriture… On y retrouve aussi ses choix poétiques : goût pour la fantaisie et la modernité, et, en même temps, hommage à d'illustres poètes qui l'ont précédé et ont, comme lui, vécu et « raconté » leur incarcération : Musset (« Le mie prigioni ») ou Verlaine (« Le ciel est, par-dessus le toit », *Sagesse*).

[Mettre l'extrait en perspective] Au-delà, le poème marque la vertu apaisante de la poésie qui « chante » les « ennuis » pour les « enchante[r] » (Du Bellay). Il semble que, contre la prison, le seul remède soit la poésie… ou l'art.

2. LA QUESTION DE GRAMMAIRE

- **v. 3 :** modalité interrogative (adjectif interrogatif « quelle ») → « Et *quelle* voix sinistre ulule ? »
- **v. 4 :** modalité interrogative (sujet inversé), la voix parle au poète directement (apostrophe, 2e pers du sing) → « Guillaume, qu'es-tu devenu ? »
- **v. 7-8 :** modalité exclamative (interjection *ô*), le poète parle directement aux années (apostrophe) → « Adieu ! Adieu, chantante ronde, / Ô mes années, ô jeunes filles ! »

DES POINTS EN +
Vous pouvez signaler que ces modalités et le style direct marquent la solitude et l'émotion du poète et que l'absence de ponctuation invite le lecteur à participer au sens du poème.

DES QUESTIONS POUR L'ENTRETIEN

Lors de l'entretien, vous devrez présenter une autre œuvre que vous avez lue au cours de l'année. L'examinateur introduira l'échange et peut vous poser des questions sous forme de relances. Les questions ci-dessous ont été conçues à titre d'exemples.

1. Sur votre dossier est mentionnée la lecture cursive d'un autre recueil de poèmes : *Illuminations* de Rimbaud. Pouvez-vous le présenter brièvement ?
2. Quelles marques de modernité et de tradition trouvez-vous dans ce recueil ?
3. Quel recueil vous séduit le plus : *Illuminations* ou *Alcools* ? Pourquoi ?

33 Sujet d'oral • Explication & entretien

Apollinaire, *Alcools*, « Zone »

20 minutes
20 points

**1. Lisez le texte à voix haute.
Puis expliquez-le.**

DOCUMENT

À la fin tu es las de ce monde ancien

Bergère ô tour Eiffel le troupeau des ponts bêle ce matin

Tu en as assez de vivre dans l'antiquité grecque et romaine

Ici même les automobiles ont l'air d'être anciennes
La religion seule est restée toute neuve la religion
Est restée simple comme les hangars de Port-Aviation

Seul en Europe tu n'es pas antique ô Christianisme
L'Européen le plus moderne c'est vous Pape Pie X
Et toi que les fenêtres observent la honte te retient
D'entrer dans une église et de t'y confesser ce matin
Tu lis les prospectus les catalogues les affiches qui chantent tout haut
Voilà la poésie ce matin et pour la prose il y a les journaux
Il y a les livraisons à vingt-cinq centimes pleines d'aventures policières
Portraits des grands hommes et mille titres divers

J'ai vu ce matin une jolie rue dont j'ai oublié le nom
Neuve et propre du soleil elle était le clairon
Les directeurs les ouvriers et les belles sténodactylographes
Du lundi matin au samedi soir quatre fois par jour y passent
Le matin par trois fois la sirène y gémit
Une cloche rageuse y aboie vers midi
Les inscriptions des enseignes et des murailles
Les plaques les avis à la façon des perroquets criaillent
J'aime la grâce de cette rue industrielle
Située à Paris entre la rue Aumont-Thiéville et l'avenue des Ternes

Guillaume Apollinaire, « Zone » (v. 1-24), *Alcools*, 1913.

2. QUESTION DE GRAMMAIRE.
Relevez les pronoms sujets dans les vers 1, 3, 7, 8. À quelles personnes sont-ils ? Qui chacun d'eux représente-t-il ?

CONSEILS

1. Le texte

Faire une lecture expressive

• Le poème, simple dans son écriture, tourne autour de la poésie du quotidien. **Évitez la grandiloquence** dans cette confidence un peu désabusée et ce tableau d'une réalité quotidienne, surgi d'une expérience autobiographique simple.

• Marquez les blancs entre les vers (ils rythment le texte) par une pause de la voix.

• Restituez la ponctuation (ici absente) pour ne pas faire d'erreur dans les groupes syntaxiques.

Situer le texte, en dégager l'enjeu

• Précisez la **place du poème** dans le recueil (« Zone » occupe la première place). En quoi ce texte liminaire peut-il être interprété comme un art poétique ?

• Montrez qu'il s'agit d'une **poésie novatrice** marquée par la modernité ? Rompt-elle totalement avec la **tradition** ? Quel but Apollinaire assigne-t-il à sa poésie ?

2. La question de grammaire

• Pour trouver le pronom sujet, posez la question : « Qui est-ce qui ?… » + le verbe (à la 3e personne du singulier).

• Indiquez la personne et le nombre (singulier/pluriel) des pronoms trouvés.

• Un pronom remplace un nom, en général exprimé. Cherchez quel nom remplace chaque pronom. S'il n'est pas exprimé, faites des hypothèses sur la personne, la chose ou la réalité abstraite remplacée.

ÉPREUVE ORALE

33 PRÉSENTATION

1. L'EXPLICATION DE TEXTE

Introduction

[Présenter le contexte] *Alcools,* qu'Apollinaire écrit entre 1898 et 1912, période où il fréquente les milieux artistiques d'avant-garde, notamment les cubistes, peut se lire comme un parcours autobiographique et poétique.

[Situer le texte] « Zone », d'abord intitulé « Cri », est le dernier poème écrit par Apollinaire avant la publication *d'Alcools* en 1913 ; mais le poète décide de le mettre en tête du recueil, en en faisant ainsi un vrai manifeste poétique.

[En dégager l'enjeu] Dans les premiers vers, sa réflexion désabusée sur lui-même et le tableau de la réalité urbaine quotidienne qui l'entoure rendent compte d'une esthétique poétique nouvelle : le poète y affiche son désir de modernité sans toutefois rompre avec la tradition et y révèle les fonctions qu'il assigne à sa poésie.

Explication au fil du texte

Le titre et les 3 premiers vers : l'esquisse d'un art poétique

Le titre et les trois premiers vers mettent en place la confrontation entre tradition et modernité, que la suite (poème et recueil) va développer.

- Le titre déconcerte : il présente plusieurs niveaux de signification ; l'étymologie (= *ceinture*, en grec) et son sens moderne (bande de terrains vagues qui entourait Paris) renvoient à l'urbanisme moderne, comme le poème renvoie à une poésie de la modernité ; il suggère aussi un lieu de marginalité sociale, comme ce poème est en marge du recueil.
- Le poème s'ouvre sur une double interpellation (v. 1 et 3) du poète, qui exprime sur un ton presque accablé (« à la fin ») la satiété (« las/assez ») face à une époque révolue (« monde ancien/antiquité », référence au monde classique). Il s'adresse directement à un interlocuteur à l'identité à ambiguë : est-ce le lecteur ? lui-même ? On comprend plus tard qu'il s'agit d'un dialogue du poète avec lui-même à partir de son vécu quotidien (v. 9-11, 15 : « je »). Le refus de la tradition (« tu es las », « tu en as assez… ») est d'autant plus ferme qu'il est répété sous deux formes, l'une « classique » (avec un alexandrin dont la noble antiquité est soulignée par une diérèse : « anci/en »), l'autre plus moderne et familière dans un vers qui s'allonge démesurément (17 syllabes).

• Le vers 2, par un fort contraste, exalte la modernité à travers l'évocation symbolique du « matin » (célébration du renouveau du jour) et l'apostrophe plaisante – soulignée par l'assonance en [è] – à la « Tour Eiffel » personnifiée en « bergère », symbole de modernité, sorte de nouvelle muse. L'animalisation des « ponts » en moutons (notation auditive : « bêle ») est pleine d'humour. Les images, la superposition du bucolique et de l'urbain, la tension entre tradition et modernité, créent un monde insolite.

• Ces trois vers installent une irrégularité formelle que la suite va confirmer : pas de forme fixe, mais un effet de crescendo/decrescendo. Aux trois vers isolés par des blancs, exprimant le rejet du passé dans un contexte urbain, vont succéder un tercet et une strophe de 8 vers évoquant la religion et la modernité ; puis une strophe de 10 vers peint une rue de Paris au matin. Les vers libres frappent par leur variété. La liberté des rimes, souvent associées en distiques, surprend. L'absence de ponctuation ôte au poème sa logique formelle ou syntaxique et favorise le libre jeu des associations.

Religion et modernité (v. 4-14)

Le mélange de modernité et de tradition se poursuit dans les vers suivants.

• Le tercet introduit un nouveau thème traditionnel de la poésie lyrique, développé dans la strophe suivante : la religion (« religion, Christianisme, pape, église, confesser ») identifiée au v. 7 comme le « Christianisme ». Il correspond à une préoccupation constante d'Apollinaire : la recherche religieuse.

• Mais Apollinaire renouvelle le thème. Il propose un paradoxe surprenant qui se poursuit aux vers 6-7 : c'est la technique moderne (« automobiles, hangars ») qui a « l'air ancienne » (dégradation rapide de la modernité) et la religion, pourtant millénaire, qui est « toute neuve » (« pas antique, simple, moderne ») ; le poète suggère sans doute par là que tout ce qui a trait au sacré et à la spiritualité s'inscrit dans l'éternité. La comparaison de la « religion » (mot répété en début et fin du vers 5) avec les « hangars de Port-Aviation » (l'aviateur, qui monte au ciel, serait le Christ de la modernité) et l'écho entre « ô Tour Eiffel » et « ô Christianisme » sont déroutants, ainsi que les variations inattendues dans la situation d'énonciation : Apollinaire s'adresse de façon assez familière (« tu ») au « Christianisme », puis avec plus de respect (« vous ») au Pape.

• Le poète s'adresse à nouveau à lui-même (v. 9) ; il se positionne non plus en observateur mais en objet d'« observ[ation] » du regard d'autrui (à travers la métonymie des « fenêtres » personnifiées) et reprend un des thèmes du lyrisme traditionnel, celui de la conscience introspective : il reconnaît son désir de spiritualité (« entrer dans une église, se confesser »), mais aussi, avec une fausse humilité plaisante, sa peur du qu'en-dira-t-on (« honte »).

• Apollinaire passe sans transition de la spiritualité à la description d'activités banales. Les vers qui s'allongent et rebondissent sur des accumulations hyperboliques (« mille, plein de ») restituent l'animation de la ville. La personnification des « affiches », la notation auditive « qui chantent » et les termes du registre littéraire (« poésie, prose, aventures policières ») transfigurent les supports du langage quotidien (« prospectus, catalogues, affiches, journaux, livraisons à 25 centimes »), leur donnent un statut littéraire : la poésie s'ouvre à la « prose » du quotidien qui prend une dimension magique.

À NOTER
La modernité – notamment des sujets comme la Tour Eiffel ou les supports comme les journaux, affiches... – ont souvent été intégrés à la peinture des artistes modernes, contemporains d'Apollinaire (tableaux des Delaunay, collages de Braque et Picasso, affiches de Toulouse Lautrec...)

Description d'une rue parisienne symbolique (v. 15-24)

• Un changement soudain de temps (du présent au passé) et le verbe « voir » signalent que le poète rapporte une anecdote autobiographique réaliste et reprend le statut d'observateur d'une rue parisienne au « matin ». D'abord décrite de façon simple (« jolie rue », « soleil »), la rue rejoint la modernité déjà évoquée (reprise de d'adjectif « neuve »), perd de son réalisme (elle n'est pas nommée : « dont j'ai oublié le nom ») et prend une valeur symbolique de la vie urbaine agitée (soulignée par les accumulations v. 17 et la juxtaposition des phrases).

• Certes la description présente une certaine continuité avec la tradition poétique lyrique avec la mention du « soleil », du « matin », de la « cloche » ; l'image de la « sirène qui gémit » se rattache aussi aux légendes antiques ; mais la polysémie de « sirène » (être fabuleux qui ensorcelle par son chant/ puissante sonnerie sonore) et sa personnification (« gémit ») permettent le glissement du mythe à la modernité, marquée par les termes techniques du monde « industriel » et professionnel (« directeurs, ouvriers, sténodactylographes »).

• La transfiguration de la réalité quotidienne s'opère par les images qui transforment l'inanimé en animé et la ville en élément vivant doté de sentiments et sonorisé : le « soleil » est un « clairon » (correspondance entre la vue et l'ouïe) ; la sirène, personnifiée, « gémit » ; la cloche, animalisée, « rageuse aboie » ; les « avis » ressemblent à « des perroquets ».

• La réaction du poète face à cette rue est ambiguë. Il souligne l'aspect inhumain de cette modernité caractérisée par des bruits assourdissants (« gémit, aboie, criaillent »), par le mot « murailles » (qui suggère l'enfermement) et par la violence des « avis ». Peut-être aussi les expressions « du lundi au samedi, quatre fois, trois fois » trahissent-elles sa lassitude devant la répétition ? Mais, par ailleurs, les associations de mots paradoxales, proches de l'oxymore avec leurs termes mélioratifs (« *belles* sténodactylographes » ; « *grâce* de cette rue industrielle »), le verbe « j'aime » (v. 23), la désignation de la rue qui prend l'allure plaisante d'une devinette (« entre… et… »), trahissent l'attirance pour cette rue familière qui reprend sa réalité mais réconcilie désormais, dans le présent, le passé et le futur.

Conclusion

[Faire le bilan de l'explication] « Zone » se présente comme un art poétique novateur (le poète fait jaillir la poésie enfouie dans le quotidien de la modernité), mais la nouveauté ne l'empêche pas de s'inscrire dans la tradition du lyrisme autobiographique qu'il associe, avec humour, à la modernité.

[Mettre l'extrait en perspective] Apollinaire, dans *Alcools,* met en pratique cette esthétique poétique nouvelle, proche du cubisme et annonciatrice du surréalisme.

2. LA QUESTION DE GRAMMAIRE

- v. 1 et 3 : le pronom sujet est « tu » (2e personne du singulier, marque d'intimité). Le nom qu'il remplace n'est pas précisé. Le lecteur est réduit à faire des hypothèses sur son identité, mais il est évident qu'il s'agit du poète qui se dédouble.
- v. 7 : le pronom sujet est « tu » (2e personne du singulier, marque d'intimité). Il remplace le nom « Christianisme », religion ici personnifiée.
- v. 8 : le pronom sujet est « vous » (2e personne du pluriel, marque de respect). Il remplace le nom « Pape Pie X ».

DES POINTS EN +
La succession de ces pronoms indique des variations soudaines dans la situation d'énonciation (changement d'interlocuteur du poète), signe de liberté poétique.

DES QUESTIONS POUR L'ENTRETIEN

Lors de l'entretien, vous devrez présenter une autre œuvre lue au cours de l'année. L'examinateur introduira l'échange et vous posera des questions. Celles ci-dessous ont été conçues à titre d'exemples.

1. Sur votre dossier est mentionnée la lecture cursive de *La Prose du Transsibérien* (1913) de Cendrars. Présentez brièvement ce long poème.
2. Quelles fonctions cette œuvre de Cendrars assigne-t-elle à la poésie ?
3. Quelles ressemblances voyez-vous entre cette œuvre et *Alcools* ?

34 Sujet d'oral • Explication & entretien

Montaigne, *Essais*, « Des Cannibales »

20 minutes
20 points

1. Lisez le texte à voix haute. Puis expliquez-le.

DOCUMENT

Trois d'entre eux, ignorant combien coûtera un jour à leur repos et à leur bonheur la connaissance des corruptions de deçà[1], et que de ce commerce naîtra leur ruine, comme je présuppose[2] qu'elle soit déjà avancée, bien misérables de s'être laissés piper[3] au désir de la nouvelleté, et avoir quitté la douceur de leur ciel pour venir voir le nôtre, furent à Rouen, du temps que le feu roi Charles neuvième y était[4]. Le roi parla à eux longtemps ; on leur fit voir notre façon[5], notre pompe, la forme d'une belle ville. Après cela, quelqu'un en[6] demanda leur avis, et voulut savoir d'eux ce qu'ils y avaient trouvé de plus admirable ; ils répondirent trois choses, d'où[7] j'ai perdu[8] la troisième, et en suis bien marri[9], mais j'en ai encore deux en mémoire. Ils dirent qu'ils trouvaient en premier lieu fort étrange que tant de grands hommes, portant barbe, forts et armés, qui étaient autour du roi (il est vraisemblable qu'ils parlaient des Suisses de sa garde), se soumissent à obéir à un enfant[10], et qu'on ne choisissait plutôt quelqu'un[11] d'entre eux pour commander ; secondement (ils ont une façon de leur langage telle, qu'ils nomment les hommes moitié les uns des autres) qu'ils avaient aperçu[12] qu'il y avait parmi nous des hommes pleins et gorgés de toutes sortes de commodités[13], et que leurs moitiés étaient mendiants à leur portes, décharnés de faim et de pauvreté ; et trouvaient étrange comme ces moitiés ici nécessiteuses pouvaient souffrir[14] une telle injustice, qu'ils ne prissent les autres à la gorge, ou missent[15] le feu à leurs maisons.

Montaigne, *Essais*, livre I, chapitre 31 « Des cannibales », 1580.

1. De deçà : de ce côté-ci de l'océan.
2. Je présuppose : je présume.
3. Piper : tromper.
4. La rencontre se déroule en 1562.
5. Notre façon : notre style, nos pratiques.
6. En : sur ce sujet.
7. D'où : dont.
8. Perdu : oublié.
9. Marri : désolé, agacé.
10. Le roi Charles IX a alors douze ans ; il mourra en 1574.
11. Quelqu'un : l'un.
12. Aperçu : observé, remarqué.
13. Commodités : avantages.
14. Souffrir : supporter, accepter.
15. Qu'ils ne prissent […] ou missent : sans prendre ou mettre.

2. QUESTION DE GRAMMAIRE.

Dans l'extrait « tant de grands hommes, portant barbe, forts et armés, qui étaient autour du roi » : analysez la nature et la fonction de toutes les expansions du nom.

CONSEILS

1. Le texte

Faire une lecture expressive

- La syntaxe de Montaigne ne correspond pas forcément à ce dont on a l'habitude avec le français moderne.
- Les phrases se déploient souvent dans de très longues sentences sur plusieurs lignes : ne perdez pas votre souffle, et faites bien saisir la construction progressive de la pensée de Montaigne.
- Faites sentir dans votre ton à la fois l'étonnement sincère des Amérindiens face à un monde qui leur paraît étrange, et l'ironie de Montaigne sur la société de son temps.

Situer le texte, en dégager l'enjeu

- Montrez comment Montaigne prophétise déjà le futur tragique des peuples amérindiens au contact des Européens.

• Observez comment Montaigne reconstitue avec précision la rencontre entre Français et Amérindiens à Rouen, et le sujet de l'échange.
• Étudiez la manière dont le discours ingénu des Amérindiens remet en question les mœurs européennes.

2. La question de grammaire

• Identifiez d'abord un adjectif épithète du nom « hommes ».
• Retrouvez ensuite les expansions apposées au groupe nominal, et étudiez leurs différentes natures, en insistant sur leur diversité.

34 PRÉSENTATION

1. L'EXPLICATION DE TEXTE

Introduction

[Présenter le contexte] Dans « Des Cannibales », chapitre publié lors de la première édition (1580) de ses *Essais*, Montaigne s'intéresse aux mœurs du peuple Tupinamba, alors présent au Brésil, qui a la particularité de pratiquer le cannibalisme.

[Situer le texte] À la fin du chapitre, après avoir pris longuement leur défense et vanté leur mode de vie, Montaigne raconte sa rencontre avec quelques-uns de ces Amérindiens lors d'un voyage à Rouen en 1562.

[En dégager l'enjeu] Cet étonnant échange amène Montaigne à décentrer son regard, afin d'opérer une mise à distance critique.

Explication au fil du texte

La prophétie d'une chute (l. 1-6)

• Montaigne prophétise immédiatement la chute des peuples autochtones d'Amérique à travers l'usage du futur dans une proposition subordonnée interrogative indirecte : « ignorant combien coûtera un jour à leur repos et à leur bonheur […] et que […] naîtra leur ruine ».

• L'essayiste souligne l'aveuglement des Amérindiens, en créant un contraste antithétique entre leur peuple et les sociétés européennes. Le peuple amérindien est implicitement associé à Adam chassé du paradis terrestre à cause du fruit de la connaissance : « la connaissance des corruptions de deçà ».

- Le texte dénonce les faux-semblants que peut faire miroiter la société européenne : « bien misérables de s'être laissés piper au désir de la nouvelleté ». Montaigne met en valeur l'innocence et la naïveté des Amérindiens face à ce qu'il présente comme une volonté des Occidentaux de tromper et de duper.

- L'éloignement spatial, c'est-à-dire la traversée de l'Atlantique, semble déjà correspondre à la perte d'un idéal : « avoir quitté la douceur de leur ciel pour venir voir le nôtre ». Les deux mondes sont clairement opposés.

À NOTER
Montaigne s'inspire d'un récit de voyage de Jean de Léry, qui a lui-même voyagé au Brésil à la fin des années 1550 ; les Indiens Tupinambas y sont présentés, de manière idéale.

Un autre monde rencontre le nôtre (l. 6-11)

- Montaigne se place comme un observateur attentif d'un fait exceptionnel, en précisant les circonstances historiques de l'événement : « Trois d'entre eux […] furent à Rouen, du temps que le feu roi Charles neuvième y était. »
- Vient la découverte par les Indiens eux-mêmes de « l'Ancien Monde », traduite par le rythme ternaire : « notre façon, notre pompe, la forme d'une belle ville ». Il y a là de quoi impressionner ces hôtes hors du commun.

- La rencontre est l'occasion d'établir un dialogue entre les deux civilisations : « quelqu'un en demanda leur avis ». Mais l'échange n'est pas ouvert, il est biaisé dès le départ : les courtisans du roi partent du principe que les observations des Amérindiens vont forcément être positives ; on le voit dans l'utilisation du superlatif : « de plus admirable ».

- Montaigne tient à reconstituer cet échange dans toute sa vérité. Il montre ainsi ses oublis (« j'ai perdu la troisième, et en suis bien marri »), essaie de détailler certaines pensées *a posteriori* (« il est vraisemblable qu'ils parlaient des Suisses de sa garde »), commente son propre souvenir en y ajoutant des remarques ethnolinguistiques (« ils ont une façon de leur langage telle […] »).

À NOTER
La recherche de la vérité est un principe essentiel pour Montaigne qui, dans l'adresse « Au lecteur » de ses *Essais,* explique vouloir se présenter de manière « simple, naturelle et ordinaire, sans contention et artifice ».

Une ingénuité critique (l. 12 à fin)

- Montaigne retranscrit avec précision les deux remarques des Amérindiens dont il se souvient. Il utilise pour cela le discours indirect (« Ils dirent qu'ils trouvaient en premier lieu […] secondement qu'ils avaient aperçu […] »).

ÉPREUVE ORALE

• Contrairement à ce que l'on attendrait, les Tupinambas ne soulignent pas ce qui est « admirable », mais plutôt ce qui est « fort étrange ». Leur incompréhension devant le système monarchique traduit leur ingénuité, à travers une observation burlesque qui oppose les « grands hommes, portant barbe, forts et armés » à l'« enfant », le jeune roi Charles IX alors âgé de douze ans.

• La deuxième observation est moins comique : il s'agit de critiquer les injustices sociales terribles qui gangrènent la société française. Encore une fois, c'est l'antithèse qui porte la dénonciation : d'un côté, les « hommes pleins et gorgés de toutes sortes de commodités » ; de l'autre, « les mendiants […] décharnés de faim et de pauvreté ».

• Cette observation se double d'une réflexion plus sombre à propos de la violence qui pourrait naître de telles injustices, dans la subordonnée circonstancielle d'opposition « qu'ils ne prissent les autres à la gorge, ou missent le feu à leurs maisons ». L'ingénuité des Amérindiens permet à Montaigne d'interroger la société française sur sa cruelle capacité à tolérer de telles injustices sans jamais les remettre en question.

Conclusion

[Faire le bilan de l'explication] Cette rencontre inattendue avec les Cannibales du Brésil, qui subissent déjà l'influence néfaste des sociétés européennes, est un réquisitoire précis contre les aberrations de la monarchie et les injustices de la société française. Ici le regard se décentre afin d'exercer sa puissance critique.

[Mettre l'extrait en perspective] Cette remise en cause de la prétendue supériorité de l'Europe face aux peuples du Nouveau Monde trouve un écho dans *L'Ingénu* de Voltaire (1767), qui met en scène un Huron du Canada découvrant les mœurs de la société française de la fin du XVIIe siècle.

2. LA QUESTION DE GRAMMAIRE

« tant de grands hommes, portant barbe, forts et armés, qui étaient autour du roi »

• Le nom « hommes » est modifié par l'adjectif épithète « grands », qui lui est accolé.

• Le groupe nominal « tant de grands hommes » est lui-même modifié par de multiples expansions apposées, séparées de lui par une virgule :
– le participe présent « portant » et son COD « barbe » ;
– les adjectifs coordonnés « forts et armés » ;
– la proposition subordonnée relative explicative « qui étaient autour du roi ».

DES POINTS EN +
Toutes ces expansions du nom insistent sur la stature imposante et virile des gardes suisses, qui contraste avec la fragilité de l'enfant-roi.

DES QUESTIONS POUR L'ENTRETIEN

Lors de l'entretien, vous devrez présenter une autre œuvre que vous avez lue au cours de l'année. L'examinateur introduira l'échange et peut vous poser des questions sous forme de relances. Les questions ci-dessous ont été conçues à titre d'exemples.

1 Sur votre dossier est mentionnée la lecture cursive d'une autre œuvre appartenant à la littérature d'idées : *Supplément au Voyage de Bougainville* de Diderot. Pouvez-vous expliquer brièvement le projet de l'auteur ?

2 Décrivez le contenu du discours du vieillard aux Européens. En quoi est-ce un réquisitoire ?

3 Plus globalement, comment Diderot parvient-il à décentrer le regard de son lecteur ? Comparez cela avec ce qu'entreprend Montaigne dans ses *Essais*.

35 Sujet d'oral • Explication & entretien

Montaigne, *Essais*, « Des Coches »

20 minutes
20 points

▶ **1. Lisez le texte à voix haute. Puis expliquez-le.**

DOCUMENT

Quant à la hardiesse et courage, quant à la fermeté, constance, résolution contre les douleurs et la faim et la mort, je ne craindrais pas d'opposer les exemples que je trouverais parmi eux aux plus fameux exemples anciens que nous ayons aux mémoires de notre monde par-deçà[1]. Car, pour ceux qui les ont subjugués[2], qu'ils ôtent les ruses et batelages[3] de quoi ils se sont servis à les piper[4], et le juste étonnement qu'apportait à ces nations-là de voir arriver si inopinément des gens barbus, divers[5] en langage, religion, en forme et en contenance[6], d'un endroit du monde si éloigné et où ils n'avaient jamais imaginé qu'il y eût habitation quelconque, montés sur des grands monstres inconnus, contre ceux qui n'avaient non seulement jamais vu de cheval, mais bête quelconque duite[7] à porter et soutenir homme ni autre charge ; garnis d'une peau luisante et dure et d'une arme tranchante et resplendissante, contre ceux qui, pour le miracle de la lueur d'un miroir ou d'un couteau, allaient échangeant une grande richesse en or et en perles, et qui n'avaient ni science ni matière par où tout à loisir ils sussent[8] percer notre acier ; ajoutez-y les foudres et tonnerres de nos pièces[9] et arquebuses, capables de troubler César même, qui l'en eût[10] surpris autant inexpérimenté, et à cette heure, contre des peuples nus, si ce n'est où l'invention était arrivée de quelque tissu de coton, sans autres armes, pour le plus, que d'arcs, pierres, bâtons et boucliers de bois ; des peuples surpris, sous couleur d'amitié et de bonne foi, par la curiosité de voir des choses étrangères et inconnues : comptez, dis-je, aux conquérants cette disparité, vous leur ôtez toute l'occasion de tant de victoires.

Montaigne, *Essais*, livre III, chapitre 6, 1588.

1. Par-deçà : de ce côté-ci de l'océan.
2. Subjugués : assujettis par la force.
3. Batelages : tromperies, tours de passe-passe.
4. Piper : tromper, leurrer.
5. Divers : différents, contraires.
6. Contenance : comportement.
7. Duite : dressée, exercée.
8. Sussent : subjonctif imparfait du verbe « savoir ».
9. Pièces : canons.
10. Qui l'en eût : si quelqu'un l'avait.

2. QUESTION DE GRAMMAIRE. Dans l'extrait « un endroit du monde […] où ils n'avaient jamais imaginé qu'il y eût habitation quelconque » : justifiez l'emploi du subjonctif et analysez sa valeur modale.

CONSEILS

1. Le texte

Faire une lecture expressive

- Attention aux spécificités syntaxiques du français du XVIe siècle.
- Les phrases se déploient souvent sur plusieurs lignes en de longues sentences, sur le modèle des grands orateurs de l'Antiquité : ne perdez pas votre souffle ! L'extrait proposé n'en comporte en tout et pour tout que deux.
- Faites sentir dans votre lecture l'accumulation massive et écrasante des « ruses et batelages » des Européens.

Situer le texte, en dégager l'enjeu

- Montrez tout d'abord que les peuples amérindiens sont présentés de manière élogieuse, face aux vices moraux des Européens.
- Observez comment est montrée la stupeur des indigènes face à ce qui leur était inconnu.
- Étudiez la manière dont Montaigne souligne la brutalité belliqueuse des colons européens.

2. La question de grammaire

- Identifiez le verbe au subjonctif et montrez qu'il fait partie d'une proposition subordonnée.
- Montrez quel sentiment traduit l'utilisation de ce mode dans le cadre de cette phrase.

35 PRÉSENTATION

1. L'EXPLICATION DE TEXTE

Introduction

[Présenter le contexte] Dans « Des coches », chapitre publié dans l'édition des *Essais* de 1588, Montaigne aborde la question de la colonisation européenne du Nouveau Monde, et notamment les conquêtes sanglantes du Mexique et du Pérou par les conquistadores.

[Situer le texte] Dans l'extrait proposé, Montaigne explique comment deux civilisations entrent en contact et révèlent leurs différences.

[En dégager l'enjeu] Cette confrontation permet à Montaigne de dénoncer la fausse supériorité militaire des Européens, et de faire l'éloge de la vertu des Amérindiens.

Explication au fil du texte

L'éloge des Indiens d'Amérique face aux Européens (l. 1-6)

- Montaigne prend clairement parti pour les populations amérindiennes, en mettant en valeur leurs nombreuses vertus. Il utilise la locution prépositionnelle « quant à » afin de les énumérer : « hardiesse et courage, […] fermeté, constance, résolution contre les douleurs et la faim et la mort ». Ces principes font des Indiens de véritables philosophes stoïciens.

MOT-CLÉ
Le stoïcisme est une philosophie antique préconisant la fermeté morale et le détachement des passions pour accéder à la sagesse et au bonheur.

- Pour l'essayiste, les Indiens sont aussi dignes d'admiration que les plus grands auteurs de l'Antiquité, dont la redécouverte est essentielle à la culture humaniste de la Renaissance. Les « exemples que je trouverais parmi eux » sont mis sur le même plan que le superlatif des « plus fameux exemples anciens que nous ayons aux mémoires de notre monde ».

• Par contraste, la civilisation européenne apparaît très vite comme une puissance uniquement capable de force et de violence, sans aucune sagesse. C'est ce que montre la périphrase « ceux qui les ont subjugués », qui insiste sur la volonté de domination du territoire américain.

• La confrontation des peuples amérindiens avec la civilisation européenne, loin d'être un échange entre égaux, repose en réalité sur un leurre. Montaigne utilise le champ lexical de la tromperie : « ruses et batelages », « piper » ; plus loin dans le texte : « sous couleur d'amitié et de bonne foi ». À la vertu des Indiens, digne d'admiration, répond la fausseté malveillante des Européens.

Un peuple pétrifié de surprise (l. 6-13)

• Montaigne présente alors à son lecteur ce qui a permis aux Européens de soumettre les Amérindiens à leur pouvoir. L'un des principaux facteurs est celui de la surprise : l'auteur souligne le « juste étonnement » des autochtones, renforcé par l'adverbe « inopinément ».

• En outre, cette surprise tient au fait que les conquérants espagnols sont en tout point opposés aux Amérindiens, comme le montre l'énumération de différences : « gens barbus, divers en langage, religion, en forme et en contenance ». Le contraste est à la fois physique et moral.

• Les Amérindiens sont donc surpris par ces hommes si différents d'eux, au point que c'est leur conception du monde même qui s'en trouve bouleversée. C'est ce que souligne la proposition relative : « un endroit du monde […] où ils n'avaient jamais imaginé qu'il y eût habitation quelconque ».

• Montaigne insiste sur la stupeur ressentie par ces peuples. L'expression « des grands monstres inconnus », qui désigne les chevaux des conquistadores, montre qu'il se met dans leur peau, comme s'il pouvait partager la même stupéfaction ; la négation « ceux qui n'avaient […] jamais vu de cheval » renforce ce sentiment d'incompréhension.

À NOTER
Les chevaux avaient disparu du continent américain depuis des milliers d'années avant que les colons européens n'en rapportent avec eux au cours du XVIe siècle.

• Cette surprise est rappelée plus loin dans le texte, où Montaigne met en lumière la fascination des Indiens pour ce qu'ils ne connaissent pas : « la curiosité de voir des choses étrangères ou inconnues ». L'essayiste lui-même ne fait-il pas preuve de la même « curiosité » dans ses *Essais* ? L'on comprend pourquoi Montaigne se sent si proche de ces peuples lointains.

La violence belliqueuse des Européens (l. 13 à fin)

• Montaigne s'emploie alors à décrire la violence guerrière des Européens face aux Amérindiens, décrits comme pacifiques. L'auteur adopte le regard des indigènes pour décrire l'attirail militaire des conquérants : « une peau luisante et dure », c'est-à-dire l'armure ; « une arme tranchante et resplendissante », c'est-à-dire l'épée. Ces périphrases, qui insistent sur la dénaturation monstrueuse des guerriers espagnols, révèlent par contraste la pureté originelle des Indiens d'Amérique.

• L'essayiste souligne par ailleurs l'écart flagrant de puissance entre les deux nations : les Amérindiens ne sont pas aussi avancés scientifiquement et techniquement que les Européens. En témoigne la négation répétée : « qui n'avaient ni science ni matière par où […] ils sussent percer notre acier ». De même, l'antithèse entre l'image violente des « foudres et tonnerres de nos pièces et arquebuses » d'une part, et les « arcs, pierres, bâtons et boucliers de bois » d'autre part, souligne la terrible inégalité des deux belligérants dans le maniement des armes.

• Les Européens sont montrés sous leur jour le plus belliqueux. La référence hyperbolique antique « capables de troubler César même » les rend supérieurs dans l'art militaire à l'un des plus grands conquérants de l'Antiquité.

• L'objectif de Montaigne est bien de démontrer que les Européens ne tiennent leur supériorité qu'à des avancées techniques, mais certainement pas à leurs qualités morales. C'est ce que traduit l'hypothèse débutée plus haut dans le texte au subjonctif (« qu'ils ôtent ») et poursuivie désormais à l'impératif (« comptez, dis-je, aux conquérants cette disparité »). L'issue en est sans appel, au présent de l'indicatif : « vous leur ôtez l'occasion de tant de victoires. »

Conclusion

[Faire le bilan de l'explication] Dans cet extrait, Montaigne cherche donc à prouver, à travers un rappel historique de la confrontation entre l'Ancien et le Nouveau Monde, la supériorité morale des peuples amérindiens sur la civilisation européenne, présentée comme belliqueuse, trompeuse et barbare.

[Mettre l'extrait en perspective] On retrouve une même dénonciation violente du comportement brutal des colons européens dans le roman philosophique de Marmontel intitulé *Les Incas* : l'écrivain du siècle des Lumières y met en scène les cruautés génocidaires des Espagnols lors de leur conquête du Pérou.

2. LA QUESTION DE GRAMMAIRE

« un endroit du monde [...] où ils n'avaient jamais imaginé qu'il y eût habitation quelconque »

- Le verbe en question est « eût », conjugué au subjonctif imparfait.
- L'emploi du subjonctif s'explique par le fait que le verbe se trouve dans une proposition subordonnée complétive conjonctive, COD du verbe « avaient imaginé », sous la forme négative, qui exprime un sentiment, une opinion.
- Comme le verbe principal « avaient imaginé » est conjugué au passé (plus-que-parfait de l'indicatif), la concordance des temps exige que l'on utilise l'imparfait du subjonctif « eût » pour exprimer une action simultanée.
- Le subjonctif traduit ici une valeur de doute voire d'impossibilité : pour les Amérindiens, le fait que des êtres humains aient pu habiter sur une autre terre que la leur est une chose qu'ils n'avaient pas même envisagée.

DES POINTS EN +
Le subjonctif imparfait n'appartient plus à la langue courante d'aujourd'hui ; en revanche, on le trouve constamment dans le français du XVIe siècle.

DES QUESTIONS POUR L'ENTRETIEN

Lors de l'entretien, vous devrez présenter une autre œuvre que vous avez lue au cours de l'année. L'examinateur introduira l'échange et peut vous poser des questions sous forme de relances. Les questions ci-dessous ont été conçues à titre d'exemples.

1. Sur votre dossier est mentionnée la lecture cursive d'une autre œuvre associée à la littérature d'idées : la version théâtrale de *La Controverse de Valladolid* de Jean-Claude Carrière. Pouvez-vous expliquer brièvement ce dont il s'agit ?
2. Quelles sont les différentes preuves apportées, qui sont les différents témoins convoqués au cours de cette controverse ? Quelle est leur portée ?
3. Quel verdict est annoncé à la fin de la pièce ? Quelle image de l'Église le dénouement propose-t-il ?

36 Sujet d'oral • Explication & entretien

La Fontaine, *Fables*, « Le Coche et la Mouche », VII, 8

20 minutes
20 points

1. Lisez le texte à voix haute. Puis expliquez-le.

DOCUMENT

Dans un chemin montant, sablonneux, malaisé,
Et de tous les côtés au soleil exposé,
Six forts chevaux tiraient un Coche[1].
Femmes, moine, vieillards, tout était descendu.
L'attelage suait, soufflait, était rendu[2].
Une Mouche[3] survient, et des chevaux s'approche,
Prétend les animer par son bourdonnement ;
Pique l'un, pique l'autre, et pense à tout moment
Qu'elle fait aller la machine,
S'assied sur le timon[4], sur le nez du cocher.
Aussitôt que le char chemine,
Et qu'elle voit les gens marcher,
Elle s'en attribue uniquement la gloire ;
Va, vient, fait l'empressée : il semble que ce soit
Un sergent de bataille allant en chaque endroit
Faire avancer ses gens, et hâter la victoire.
La Mouche en ce commun besoin
Se plaint qu'elle agit seule, et qu'elle a tout le soin ;
Qu'aucun n'aide aux chevaux à se tirer d'affaire.
Le moine disait son bréviaire[5] :
Il prenait bien son temps ! Une femme chantait :
C'était bien de chansons qu'alors il s'agissait !
Dame Mouche s'en va chanter à leurs oreilles,
Et fait cent sottises pareilles.
Après bien du travail, le Coche arrive au haut.

« Respirons maintenant, dit la Mouche aussitôt :
J'ai tant fait que nos gens sont enfin dans la plaine.
Çà, Messieurs les Chevaux, payez-moi de ma peine. »

Ainsi certaines gens, faisant les empressés,
S'introduisent dans les affaires.
Ils font partout les nécessaires,
Et, partout importuns, devraient être chassés.

Jean de La Fontaine, *Fables*, VII, 8, 1678.

---

1. Coche : chariot tiré par des chevaux qui sert au transport de voyageurs.
2. Rendu : épuisé.
3. Mouche : plutôt une sorte de taon.
4. Timon : pièce de bois à l'avant du coche, à laquelle sont attelés les chevaux.
5. Bréviaire : livre de prière.

2. QUESTION DE GRAMMAIRE. « Aussitôt que le char chemine,/ Et qu'elle voit les gens marcher » (v. 11-12) : délimitez les propositions, analysez la nature et la fonction de chacune.

CONSEILS

1. Le texte

Faire une lecture expressive

• Vous devez respecter le rythme des vers, en prenant soin de marquer la césure des alexandrins (coupe après la 6e syllabe) et en prononçant bien chaque syllabe, même les e d'ordinaire muets (par exemple « L'attelage suait » au vers 5 ou « qu'elle voit » au vers 12), sauf en fin de vers.

• Traduisez dans votre ton la difficulté initiale du Coche embourbé par un rythme assez lent ; puis, lorsque la Mouche fait son apparition, utilisez un ton plus vif et léger.

Situer le texte, en dégager l'enjeu

• Montrez la difficulté dans laquelle se trouve le Coche au début de la fable.

• Étudiez les effets que produit l'irruption soudaine de la Mouche, qui croit prendre les choses en main. Montrez comment cette illusion orgueilleuse s'amplifie.

• Intéressez-vous au dénouement de la fable et à sa moralité : comment La Fontaine critique-t-il le comportement de la Mouche ?

2. La question de grammaire

Prenez bien soin de séparer les différentes propositions, qui se construisent généralement autour d'un sujet et d'un groupe verbal.

36 PRÉSENTATION

1. L'EXPLICATION DE TEXTE

Introduction

[Présenter le contexte] Dans ses *Fables*, La Fontaine « se sert d'animaux pour instruire les hommes » à travers des apologues qui lient un récit plaisant à une moralité.

[Situer le texte] « Le Coche et la Mouche » est la huitième fable du livre VII. Une mouche importune croit aider un coche en difficulté à se tirer d'affaire.

[En dégager l'enjeu] Ce récit permet au fabuliste de dénoncer l'importance illusoire que certains se donnent auprès d'autrui.

Explication au fil du texte

Un Coche bien mal loti (v. 1-5)

• Dans les deux premiers vers, La Fontaine plante précisément le décor du récit de sa fable. La situation initiale est celle d'un grand embarras : le chemin est très difficile, comme le montre la gradation au rythme ternaire du vers 1 : « montant, sablonneux, malaisé ». L'expansion du nom « de tous les côtés au soleil exposé » insiste sur l'absence d'ombre et sur la chaleur qui règne à cet endroit.

• Au vers 3, le changement de mètre (un octosyllabe qui succède aux alexandrins) accompagne l'apparition du « Coche » à travers une hypotypose : le lecteur a l'impression de voir ces chevaux éreintés tirant péniblement le lourd véhicule.

> **MOT CLÉ**
> L'hypotypose est la recréation pittoresque d'une scène sous la forme d'un « tableau vivant ».

• La Fontaine montre l'épuisement des chevaux : on retrouve le rythme ternaire (comme aux vers 1 et 4) dans la gradation « suait, soufflait, était rendu ». Le Coche, vidé de ses voyageurs, peine à avancer : comme souvent chez La Fontaine, la fable se déploie à partir d'un dysfonctionnement.

Une drôle d'héroïne (v. 6-16)

• L'entrée en scène de la Mouche repose sur un effet comique : on attend l'arrivée d'un héros (bénéfique ou maléfique ; voir « Un Loup survint… » dans la fable « Le Loup et l'Agneau ») mais c'est une créature minuscule, un « chétif insecte » qui est là, contrastant avec la lourdeur du Coche.

• La Fontaine insiste fortement sur la vivacité de la Mouche, à l'aide d'une accumulation rapide de verbes, certains étant répétés : « Pique l'un, pique l'autre » (vers 8) ; « S'assied sur le timon, sur le nez du cocher » (vers 10) ; « Va, vient, fait l'empressée » (vers 14).

• Cette Mouche se caractérise par son orgueil démesuré. Les groupes verbaux « Prétend les animer » (vers 7), « pense […] / Qu'elle fait aller la machine » (vers 8), « s'en attribue uniquement la gloire » (vers 13) montrent qu'elle croit agir efficacement alors qu'elle ne fait que s'agiter en vain.

• La Mouche se donne pour mission de sauver le Coche. Elle se métamorphose, à travers le champ lexical de la guerre et la parodie du registre épique, en « sergent de bataille » (vers 15) à la tête de « ses gens » luttant pour la « victoire » (vers 16). La Fontaine fait de cette situation triviale une scène héroï-comique.

MOT CLÉ
On parle de ton héroï-comique lorsqu'un sujet prosaïque est traité dans le registre de l'épopée.

Les « bavardages » de la Mouche (v. 17-28)

• La Mouche, personnifiée en « Dame » (vers 23), prend la parole : aveuglée par sa suffisance, elle affirme qu'elle seule fait avancer les chevaux ! Le caractère outrancier de ses propos se traduit par une succession de subordonnées compléments du verbe « Se plaint » (vers 18) : « qu'elle agit seule, et qu'elle a tout le soin ; / Qu'aucun n'aide aux chevaux à se tirer d'affaire » ; à cela s'ajoute l'hyperbole « cent sottises » (vers 24).

• La Mouche s'en prend aux voyageurs dans des propos rapportés au discours indirect libre. La Fontaine emploie l'adverbe « bien » dans des propositions exclamatives ironiques (« Il prenait bien son temps ! » vers 21 ; « C'était bien de chansons qu'alors il s'agissait ! » vers 22) afin de faire entendre le ton de la récrimination à l'égard du « moine » et de la « femme », qui n'aident pas plus que la Mouche à tirer le Coche.

• La situation se résout au vers 25 : « le Coche arrive au haut ». C'est l'occasion pour la Mouche de se vanter au discours direct : « J'ai tant fait que nos gens sont enfin dans la plaine » (vers 27). L'emploi de la première personne du pluriel (le « nous » de majesté) retranscrit la fatuité de la Mouche, qui se prend pour un grand seigneur triomphant.

Une condamnation morale (v. 29-32)

- La moralité est séparée du récit par un blanc typographique : La Fontaine induit une leçon générale à partir de son récit. Le lien logique est explicite grâce à l'adverbe de liaison « Ainsi » (vers 29).
- La moralité consiste à condamner un certain comportement moral : celui des « empressés » (vers 29) qui en deviennent « importuns » (vers 32). Le lexique péjoratif traduit le jugement dépréciatif du fabuliste.
- La Fontaine donne à sa moralité une portée universelle, grâce à l'emploi du présent de vérité générale (« S'introduisent » ; « Font »). Le conditionnel « devraient être chassés » (vers 32) est un conseil final donné au lecteur.

Conclusion

[Faire le bilan de l'explication] Dans cette fable, La Fontaine met en scène une Mouche imbue d'elle-même face à un Coche en difficulté. L'illusion de la Mouche, qui croit être indispensable à la bonne marche du véhicule, amuse le lecteur et montre à quel point l'on peut se fourvoyer sur soi-même. La moralité finale permet d'inscrire cette histoire légère dans un registre plus grave.

[Mettre le texte en perspective] L'on retrouve souvent dans les *Fables* ce regard mi-critique, mi-amusé sur les illusions de grandeur qui caractérisent l'être humain, et qui parfois le mènent à sa perte. C'est le cas par exemple dans la fable « La Laitière et le Pot au lait ».

2. LA QUESTION DE GRAMMAIRE

« Aussitôt que le char <u>chemine</u>,

Et qu'elle <u>voit</u> les gens <u>marcher</u> »

- La locution conjonctive « Aussitôt que », reprise au vers suivant par « qu' », introduit deux propositions subordonnées conjonctives coordonnées par la conjonction « et », qui ont une fonction de compléments circonstanciels de temps.
- La deuxième proposition subordonnée conjonctive introduit elle-même une proposition subordonnée infinitive : « les gens marcher ».

DES QUESTIONS POUR L'ENTRETIEN

Lors de l'entretien, vous devrez présenter une autre œuvre que vous avez lue au cours de l'année. L'examinateur introduira l'échange et peut vous poser des questions sous forme de relances. Les questions ci-dessous ont été conçues à titre d'exemples.

1. Sur votre dossier est mentionnée la lecture cursive d'une autre œuvre appartenant à la littérature d'idées : *Candide* de Voltaire. Pouvez-vous brièvement présenter ce conte philosophique ?

2. Qu'est-ce qui crée le comique dans cette œuvre ? Est-ce le seul registre présent dans l'œuvre ?

3. Que pensez-vous de l'évolution morale de Candide tout au long du conte ? Qu'est-ce qui l'amène à changer progressivement de regard sur le monde ?

37 Sujet d'oral • Explication & entretien

La Fontaine, *Fables*, « La Tortue et les deux Canards », X, 2

20 minutes
20 points

**1. Lisez le texte à voix haute.
Puis expliquez-le.**

DOCUMENT

La Tortue et les deux Canards

Une Tortue était, à la tête légère,
Qui, lasse de son trou, voulut voir le pays.
Volontiers on fait cas d'une terre étrangère ;
Volontiers gens boiteux haïssent le logis.
Deux Canards à qui la commère[1]
Communiqua ce beau dessein,
Lui dirent qu'ils avaient de quoi la satisfaire :
« Voyez-vous ce large chemin ?
Nous vous voiturerons par l'air en Amérique.
Vous verrez mainte république,
Maint royaume, maint peuple ; et vous profiterez
Des différentes mœurs que vous remarquerez.
Ulysse en fit autant. » On ne s'attendait guère
De voir Ulysse en cette affaire.
La Tortue écouta la proposition.
Marché fait, les Oiseaux forgent une machine
Pour transporter la pèlerine[2].
Dans la gueule en travers on lui passe un bâton.
« Serrez bien, dirent-ils ; gardez de lâcher prise. »
Puis chaque Canard prend ce bâton par un bout.
La Tortue enlevée, on s'étonne partout
De voir aller en cette guise[3]
L'animal lent et sa maison,
Justement au milieu de l'un et l'autre Oison.
« Miracle ! criait-on. Venez voir dans les nues

Passer la Reine des Tortues.
— La Reine ! vraiment oui ; je la suis en effet ;
Ne vous en moquez point. » Elle eût beaucoup mieux fait
De passer son chemin sans dire aucune chose ;
Car, lâchant le bâton en desserrant les dents,
Elle tombe, elle crève aux pieds des regardants.
Son indiscrétion[4] de sa perte fut cause.
Imprudence, babil[5], et sotte vanité,
Et vaine curiosité,
Ont ensemble étroit parentage[6].
Ce sont enfants tous d'un lignage[7].

La Fontaine, *Fables*, « La Tortue et les deux Canards », livre X, fable 2, 1678.

1. Commère : femme curieuse et bavarde.
2. Pèlerine : personne qui voyage pour visiter des lieux saints.
3. En cette guise : de cette façon.
4. Indiscrétion : manque de discernement.
5. Babil : propos futile.
6. Parentage : lien de parenté, appartenance à une même famille.
7. Lignage : groupe descendant d'un ancêtre commun.

2. QUESTION DE GRAMMAIRE.

Dans la phrase complexe des vers 1 à 4, relevez une subordonnée relative ; analysez sa fonction et celle du pronom relatif. Déterminez également sa valeur.

CONSEILS

1. Le texte

Faire une lecture expressive

• La fable convoque divers registres, de l'humour des premiers vers, en passant par l'envolée quasi lyrique de la proposition des canards, à la condamnation moqueuse des derniers vers.

• Le récit intègre des paroles rapportées et plusieurs voix se font entendre : celle de la tortue orgueilleuse, celle des canards, celle des passants étonnés, et celle du fabuliste qui raconte et qui juge. Votre ton doit faire sentir les différences de tempérament d'un personnage à l'autre.

• Soyez vigilant avec la métrique : en particulier, le -e à l'intérieur d'un mot se prononce (« vous profiterez »), de même que le -e en fin de mot s'il est suivi d'une consonne (« lasse de son trou »)

■ Dégager l'enjeu du texte

• Examinez le ton particulier adopté par le fabuliste.

• Cherchez à voir ce qui suscite la moquerie.

• Montrez comment le récit s'articule avec la moralité ; observez comment elle en découle logiquement. Le récit est-il exempt de jugements ?

2. La question de grammaire

• Dans cette phrase complexe, identifiez le pronom relatif ; cherchez son antécédent.

• Cette relative est-elle explicative ou déterminative ?

37 PRÉSENTATION

1. L'EXPLICATION DE TEXTE

Introduction

[Présenter le contexte] Dans ses *Fables,* La Fontaine, puisant dans les textes anciens et les ressources d'une imagination féconde, multiplie les récits plaisants. Cependant, fidèle à l'esthétique classique qui assigne à l'écriture une mission d'édification, l'auteur entend également, à travers eux, « forme[r] et le jugement et les mœurs. »

[Situer le texte] Nous examinerons une fable animalière inspirée de l'Indien Pilpay, située au début du livre X, écrite en vers hétérométriques : « La Tortue et les deux Canards ».

[En dégager l'enjeu] En mettant en scène une tortue et ses désirs de voyage, le récit aboutit à la condamnation comique de l'orgueil humain.

Explication au fil du texte

Un rêve de voyage (v. 1-14)

• La fable s'ouvre sur la description succincte et suggestive, à l'imparfait, de l'animal qui occupe le premier plan du récit : la tortue. L'épithète homérique « à la tête légère » donne à voir la tête qui émerge de la carapace tout en laissant entendre d'emblée des capacités intellectuelles limitées. L'antithèse « trou »/ « pays » révèle son désir de voyage.

- Les vers 3 et 4 élargissent le propos grâce au pronom « on » et condamnent déjà le projet. La tortue, personnifiée, est représentative d'un ensemble plus vaste, dévalorisé par le narrateur : les « gens boiteux ». Vouloir quitter les lieux familiers : un projet bien déraisonnable pour ceux qui ne sont pas en capacité physique de le faire – c'est bien le cas de la tortue…
- Au vers 5, le bestiaire s'enrichit de deux protagonistes à plumes, en contraste avec la tortue, à nouveau moquée avec le terme « commère » et l'antiphrase « beau dessein ».
- Un dialogue s'enclenche au discours direct qui dynamise la scène en donnant à entendre ce que font miroiter les canards, au futur de certitude. Le « large chemin » fait sourire : il renvoie à l'univers céleste, d'où la tortue devrait être exclue. L'anaphore sur un rythme ternaire (« mainte république, / Maint royaume, maint peuple ») et les pluriels (« différentes mœurs ») sont autant de découvertes tentantes mais lointaines (un océan à traverser tout de même, au vers 9)
- La référence à Ulysse amuse, car convoquée à contre-emploi, comme le souligne le narrateur qui cherche un lecteur complice (« on ne s'attendait guère / De voir Ulysse en cette affaire… ») (vers 13 et 14)

DES POINTS EN +
Homère raconte dans *L'Odyssée* le voyage mouvementé d'Ulysse, héros de la mythologie grecque, qui met dix ans pour rentrer chez lui après la guerre de Troie.

Une envolée ridicule (v. 16-26)

- Le récit se poursuit, allant à l'essentiel au présent de narration. La « machine » (vers 16) mise au point s'avère des plus basiques : un simple « bâton » (vers 18). La tortue est personnifiée par l'expression « pèlerine » ; un contraste comique s'installe avec l'évocation de la « gueule » au vers suivant, qui rappelle que l'on a affaire à un animal.
- Le lecteur visualise aisément les conditions de transport, sources de comique de situation (vers 18 à 24). La subordonnée temporelle « La tortue enlevée » crée un effet d'accélération et donne à imaginer l'improbable décollage.
- À la rime du vers 22, « cette guise » renforce l'effet de surprise, associé au lexique de la sidération : « on s'étonne partout » (vers 21), « miracle » (vers 24). La périphrase « animal lent et sa maison » insiste sur la démesure de l'entreprise de la tortue, pas à sa place dans les airs !

• La rime « nues » / « tortues » souligne bien l'aspect incongru de la situation. Dans la bouche des témoins, une hyperbole grandit l'animal, taxé de « reine des tortues » (vers 26)

La chute du récit et la morale (v. 27-36)

• Ce vocabulaire ironiquement flatteur précipite la catastrophe : la tortue oublie les conseils avisés et insistants des canards (double impératif du vers 19 : « serrez bien », « gardez »). La tortue pèche par orgueil (« La Reine ! vraiment oui ; je la suis en effet »), oubliant sa condition.

• Sa chute violente, rapportée au présent, illustre ironiquement la chute du récit : « elle tombe, elle crève ». Reste à tirer la morale, particulièrement étoffée dans cette fable.

> **DES POINTS EN +**
> La tortue fait preuve d'*hybris*, une démesure punissable : elle oublie sa condition et compte sur la technique pour en sortir. Son orgueil déplacé lui coûtera la vie.

• La Fontaine y épingle les vices de la tortue dans un portrait au vitriol construit sur une polysyndète : « Imprudence, babil, et sotte vanité, / Et vaine curiosité ». La moralité, au-delà du cas particulier de la tortue, se donne une portée universelle, comme le montre l'emploi du présent de vérité générale, qui élargit le jugement du fabuliste.

> **MOT CLÉ**
> La polysyndète consiste en la répétition d'une conjonction de coordination au sein d'une phrase ou d'un ensemble de phrases ; elle donne du rythme et met l'accent sur des liens inévitables.

Conclusion

[Faire le bilan de l'explication] La Fontaine signe donc ici un récit particulièrement réjouissant, qui met en évidence la démesure d'un animal qui oublie sa véritable condition et qui en sera puni vertement. Description, paroles rapportées, jeux de la versification : tout est fait pour animer cette fable pleine d'humour, qui se clôt sur une condamnation sans appel.

[Mettre l'extrait en perspective] Les outrances de la tortue font écho aux excès de l'être humain, condamnés par la morale classique. Le modèle à suivre est celui de l'« honnête homme », idéal de raison et de modération, qui ne cherche pas sans cesse à devenir autre chose que ce qu'il est.

2. LA QUESTION DE GRAMMAIRE

« Une tortue était, à la tête légère,

[Qui, lasse de son trou, voulut voir le pays],

Volontiers on fait cas d'une terre étrangère ;

Volontiers gens boiteux haïssent le logis. »

- Dans cette phrase complexe, composée de quatre propositions, on relève, au vers 2, une proposition subordonnée relative, introduite par le pronom relatif « qui »
- Le pronom relatif a pour antécédent « Une tortue » : la subordonnée relative est donc complément de cet antécédent. Au sein de la relative, le pronom relatif est sujet du verbe « voulut voir ».
- La subordonnée relative peut être supprimée, elle a donc une valeur explicative.

DES QUESTIONS POUR L'ENTRETIEN

Lors de l'entretien, vous devrez présenter une autre œuvre que vous avez lue au cours de l'année. L'examinateur introduira l'échange et peut vous poser des questions sous forme de relances. Les questions ci-dessous ont été conçues à titre d'exemples.

1. Sur votre dossier est mentionnée la lecture cursive d'une autre œuvre argumentative : *Micromégas* de Voltaire. Pouvez-vous présenter brièvement ce conte philosophique ?
2. En quoi Voltaire s'appuie-t-il sur l'imagination pour donner à penser ? Sur quels thèmes ?
3. Avez-vous apprécié cette lecture ? Pensez-vous qu'elle puisse encore parler à un lecteur contemporain ? Pourquoi ?

38 Sujet d'oral • Explication & entretien

Montesquieu, *Lettres persanes*, lettre 74

20 minutes
20 points

**1. Lisez le texte à voix haute.
Puis proposez-en une explication.**

DOCUMENT

Rica à Usbek
à *.**

Il y a quelques jours qu'un homme de ma connaissance me dit : Je vous ai promis de vous produire dans les bonnes maisons de Paris ; je vous mène à présent chez un grand seigneur qui est un des hommes du royaume qui représentent le mieux.

Que cela veut-il dire, monsieur ? est-ce qu'il est plus poli, plus affable qu'un autre ? Ce n'est pas cela, me dit-il. Ah ! J'entends ; il fait sentir à tous les instants la supériorité qu'il a sur tous ceux qui l'approchent ; si cela est, je n'ai faire d'y aller ; je prends déjà condamnation, et je la lui passe tout entière.

Il fallut pourtant marcher ; et je vis un petit homme si fier, il prit une prise de tabac avec tant de hauteur, il se moucha si impitoyablement, il cracha avec tant de flegme, il caressa ses chiens d'une manière si offensante pour les hommes, que je ne pouvais me laisser de l'admirer. Ah ! bon Dieu ! dis-je en moi-même, si lorsque j'étais à la cour de Perse, je représentais ainsi, je représentais un grand sot ! Il aurait fallu, Usbek, que nous eussions eu un bien mauvais naturel pour aller faire cent petites insultes à des gens qui venaient tous les jours chez nous nous témoigner leur bienveillance ; ils savaient bien que nous étions au-dessus d'eux ; et s'ils l'avaient ignoré, nos bienfaits le leur auraient appris chaque jour. N'ayant rien à faire pour nous faire respecter, nous faisions tout pour nous rendre aimables : nous nous communiquions aux plus petits ; au milieu des grandeurs, qui endurcissent toujours, ils nous trouvaient sensibles ; ils ne voyaient que notre cœur au-dessus d'eux ; nous descendions jusqu'à leurs besoins. Mais lorsqu'il fallait soutenir la majesté du prince dans les cérémonies publiques ; lorsqu'il fallait faire respecter la nation aux étrangers ; lorsque enfin, dans les occasions périlleuses, il fallait animer les soldats, nous remontions cent fois plus haut que nous n'étions descendus ; nous ramenions la fierté sur notre visage ; et l'on trouvait quelquefois que nous représentions assez bien.

De Paris, le 10 de la lune de Saphar, 1715.

Montesquieu, *Lettres persanes*, lettre 74, 1721.

2. QUESTION DE GRAMMAIRE.
Dans la phrase (« et je vis… admirer », l. 10 à 14) délimitez les propositions, puis analysez leur nature et fonction.

CONSEILS

1. Le texte

Faire une lecture expressive

Lisez de façon expressive le dialogue (l. 1 à 9) en différenciant les interlocuteurs, rendez compte de l'émotion du Persan lorsqu'il retranscrit ses pensées (l. 14-15) et de son exaltation dans l'envolée de la longue phrase qui clôt la lettre (l. 25-30).

Situer le texte, en dégager l'enjeu

- Présentez *Lettres Persanes* : genre, structure (échange épistolaire entre des Persans voyageant en Europe et des amis restés en Perse), registres, visée et cibles. Précisez l'identité et la situation des deux correspondants de cette lettre.
- Analysez la structure de la lettre, identifiez les cibles et les critiques de la satire et montrez comment, sur le mode plaisant, elle associe un blâme et un éloge.

2. La question de grammaire

- Comptez le nombre de verbes conjugués ; déduisez-en le nombre de propositions. Délimitez-les. Repérez la proposition subordonnée ; déduisez-en la principale.
- Repérez le(s) mot(s) subordonnant(s) et précisez le rapport logique qu'exprime(nt) la (ou les) subordonnée(s) et déduisez-en sa (leur) fonction précise.

38 PRÉSENTATION

1. L'EXPLICATION DE TEXTE

Introduction

[Présenter le contexte] Le siècle des Lumières est marqué par un mouvement de critique et de contestation. Pour mettre leurs idées à la portée d'un large public, les écrivains donnent un tour plaisant à leurs œuvres. Montesquieu, dans *Lettres persanes,* ouvrage constitué de lettres fictives échangées entre des Persans en voyage en Europe et des amis restés en Perse, sur un fond d'intrigue amoureuse, satisfait au goût de ses contemporains pour le roman épistolaire et pour l'exotisme.

[Situer le texte] Dans la lettre 74, Rica écrit à son ami Usbek qui se trouve dans un autre pays d'Europe pour lui faire part de ses impressions sur la société française, notamment sur un « grand seigneur » à qui on l'a présenté et dont il fait le portrait.

[En dégager l'enjeu] Rica, dans cette lettre menée comme une petite comédie, amuse le lecteur, mais, derrière cette fantaisie et à travers le procédé du regard étranger, Montesquieu fait une satire féroce des « grands », puis propose un idéal social qui porte les valeurs de son siècle.

Explication au fil du texte

Une « scène d'exposition » (l. 1-9)

• La construction de la lettre allie vivacité et rigueur pour « plaire et instruire » : elle est fondée sur le verbe « représenter » (« Mener un train de vie élevé, révélateur de son statut social, de sa position ou de l'idée que l'on veut en donner ») : il ouvre, ferme et la scande la lettre. Elle progresse selon trois mouvements : une introduction théâtralisée, suivie d'un double portrait en opposition.

• Dans les deux premiers paragraphes, Rica le Persan montre son enthousiasme et sa fantaisie. Il compose une vraie petite scène de théâtre : après une mise en place des circonstances temporelles, il rapporte au style direct son dialogue avec un interlocuteur non nommé (« un homme de ma connaissance »), mais on sait que c'est un « monsieur ». La conversation est enlevée (répliques courtes), dans le ton d'un caractère de La Bruyère.

• Cette « scène d'exposition » présente deux personnages secondaires : le « monsieur », un grand (il a accès aux « bonnes maisons »), sensible surtout aux apparences (« représente[r] le mieux » = faire de l'effet) qui se targue de servir d'initiateur à Rica (« je vous mène »). Le dialogue révèle un Rica curieux (nombreuses questions l. 5-6) et aux jugements entiers (« je prends déjà condamnation… tout entière »).

• Rica retarde l'apparition du personnage principal tout en donnant des indices : c'est « un grand seigneur » « qui représente le mieux ». Après avoir formulé une question (l. 5), puis une hypothèse naïve (pour lui, bien « représenter » signifie avoir des qualités morales : être « poli » et « affable »), après avoir été détrompé par son interlocuteur, Rica, sans le connaître encore, dessine un portrait en creux peu plaisant du « grand seigneur », ni « poli », ni « affable », hautain (« il fait sentir… [sa] supériorité » sur autrui)… Voilà qui justifie la dérobade de Rica (« Je n'ai que faire d'y aller », « je prends condamnation » ou « il fallut »). Le lecteur, intrigué par ce personnage bien considéré alors qu'il n'a aucune qualité, est impatient de le voir surgir.

Le portrait caricatural d'un aristocrate (l. 10-17)

• Dans la suite de la lettre, le jeune Rica raconte avec vivacité sa rencontre avec le « grand seigneur » dans une succession rapide de petites scènes : la précision des gestes et attitudes – parfois saisis en gros plan (« se moucha ») – compose par touches le portrait très visuel, sonorisé (« moucha, cracha »), caricatural d'un « type » de comédie.

• La caricature se construit à travers les adverbes intensifs « si » (3 fois), « tant » (qui créent l'hyperbole), les chiffres (« *cent*… insultes »), l'abondance de termes péjoratifs (« fier », « hauteur », « impitoyablement », « offensante »…) et le rythme des phrases juxtaposées en cascade (l. 10-13) qui crée un effet d'amplification.

• À travers ce portrait dressé par un témoin au regard apparemment objectif et (faussement) naïf, Montesquieu dévoile les travers de la haute société française qui passent inaperçus par la force de l'habitude. Les griefs sont nombreux : ses attitudes peu ragoûtantes marquent son ostentation, sa vulgarité et sa grossièreté (« prise de tabac, se moucha, cracha ») ; sa morgue et son mépris (« fier, hauteur, offensante » rappellent « il fait sentir sa supériorité », l. 7) sont soulignés par la malicieuse proximité des mots « chiens » et « hommes » : il traite les hommes comme des « chiens » (ou pire) ; il souligne son manque de reconnaissance (« insultes »). C'est un personnage paradoxal : il est « petit » et agit avec « hauteur » (jeu sur le propre et le figuré de « petit »). L'expression « mauvais naturel » résume tous ses travers.

• Montesquieu recourt à l'ironie : si ce seigneur mérite d'être qualifié de « grand », c'est par sa sottise (jeu sur la nature du mot « grand » dans « grand sot »). La subordonnée consécutive « que je ne pouvais me laisser de l'admirer » qui clôt le portrait, annoncée par les adverbes « si » et « tant », est à l'opposé de toute logique et de ce que le lecteur attendait, à moins que l'on donne à « admirer » son premier de « s'étonner de » et non de « s'enthousiasmer pour » !

La Perse, idéal qui doit servir de modèle (l. 18-30)

• Une réflexion intime rapportée avec vivacité au style direct (exclamation « Ah ! bon Dieu ! », apostrophe à « Usbek ») montre un Rica qui s'enfièvre. Cela assure la transition vers le deuxième volet du diptyque : après le blâme (« condamnation », l. 8) de cet anti-modèle qui sert de repoussoir, Rica dresse en contraste le portrait élogieux du « grand » dans son pays, se présentant, lui et son ami (« nous »), comme des modèles.

• Les échos entre les termes péjoratifs du portrait précédent (« grand sot, mauvais naturel ») et ceux, emphatiques, de l'aristocratie persane (« bienfaits, aimables, sensibles »...) soulignent la rigueur de la démonstration qui procède par comparaison et opposition, tout comme les structures internes des phrases : lien cause-conséquence (« N'ayant rien..., nous faisions... ») ou d'opposition (« au milieu des grandeurs. *Mais* lorsqu'il fallait... »).

• L'autoportrait sous forme de « leçon » indirecte fonctionne comme une utopie : elle porte les valeurs et les idées du siècle des Lumières. Ce sont les valeurs sociales (vocabulaire des rapports sociaux : « au-dessus d'eux » (2 fois), « aux plus petits », « grandeur », « descendions », « remontions... plus haut ») : le respect (« respecter »), valeur traditionnelle dans la société de l'époque (annoncé par « poli » et « affable », l. 5). Ce sont aussi des valeurs humaines : la générosité (« bienveillance », « bienfaits » pour « les plus petits »), l'amabilité sans morgue (« aimables »), la sensibilité (vocabulaire affectif : « sensibles, cœur »). Ce sont enfin des valeurs citoyennes et politiques : le respect du pouvoir (« la majesté du Prince ») et du pays (« respecter la nation ») et le dévouement courageux à la patrie en danger (« occasions périlleuses ») ; enfin une « fierté » bien placée qui renvoie au sens de l'honneur (à opposer à la fierté mal placée du début, « fier », l. 10). Ces vertus composent un idéal démocratique collectif (« nous ») de vertu et de raison.

MOT CLÉ
Une utopie est un récit qui présente les mœurs et l'organisation politique et sociale d'un monde imaginaire idéal et met en évidence les travers de nos sociétés.

• Mais Montesquieu agrémente cette leçon de pittoresque et de couleur locale : les noms exotiques (Rica, Usbek), la datation de la lettre (mi-persane « la lune de Saphar », mi-européenne « 1715 », clin d'œil au lecteur), la mention de la « cour de Perse », de la « majesté du Prince » et l'allusion à l'apparat des « cérémonies publiques » mettent l'imagination du lecteur à contribution. Le lecteur s'amuse du tempérament enthousiaste de Rica que traduit l'envolée lyrique de la « période » finale (« lorsque…, lorsque…, lorsqu' », groupe ternaire anaphorique et antithèse hyperbolique : « remontions cent fois plus haut » vs « n'étions descendus »).

Conclusion

[Faire le bilan de l'explication] Montesquieu se profile derrière Rica et, par le procédé de « l'œil neuf », allie fantaisie, dénonciation sévère d'un groupe social alors influent et peinture d'un monde idéal conforme aux valeurs des Lumières.

[Mettre l'extrait en perspective] Ce procédé connaîtra un grand succès (contes philosophiques de Voltaire, *Supplément au voyage de Bougainville* de Diderot).

2. LA QUESTION DE GRAMMAIRE

La phrase comporte 6 verbes conjugués, donc 6 propositions. L'une d'elles est une proposition subordonnée : *que je ne pouvais… admirer.* Les 5 autres propositions sont des principales ; la subordonnée, annoncée par les adverbes « si », « tant », exprime la conséquence. C'est une subordonnée circonstancielle, complément circonstanciel de conséquence des verbes « vis, prit, moucha, cracha, caressa ».

DES POINTS EN +
Interprétez cette syntaxe : l'auteur retarde la conséquence de ce comportement étrange, à l'opposé de ce que le lecteur attend (« que je le méprisais ») pour créer la surprise et l'ironie.

DES QUESTIONS POUR L'ENTRETIEN

Lors de l'entretien, vous devrez présenter une autre œuvre lue au cours de l'année. L'examinateur introduira l'échange et peut vous poser des questions sous forme de relances. Les questions ci-dessous ont été conçues à titre d'exemples.

1. Sur votre dossier est mentionnée la lecture cursive d'une autre œuvre qui relève de la littérature d'idées : *Candide* de Voltaire. Présentez-la brièvement.
2. Quels thèmes Voltaire aborde-t-il ? Quels passages vous paraissent les plus audacieux, les plus fantaisistes ?
3. Quel intérêt présente la forme du conte pour l'argumentation de Voltaire ?

39 Sujet d'oral • Explication & entretien

Montesquieu, *Lettres persanes*, lettre 99

20 minutes
20 points

1. Lisez le texte à voix haute.
Puis proposez-en une explication.

DOCUMENT

Rica à Rhédi,
à Venise

Je trouve les caprices de la mode, chez les Français, étonnants. Ils ont oublié comment ils étaient habillés cet été ; ils ignorent encore plus comment ils le seront cet hiver. Mais, surtout, on ne saurait croire combien il en coûte à un mari pour mettre sa femme à la mode.

Que me servirait de te faire une description exacte de leur habillement et de leurs parures ? Une mode nouvelle viendrait détruire tout mon ouvrage, comme celui de leurs ouvriers, et, avant que tu eusses reçu ma lettre, tout serait changé.

Une femme qui quitte Paris pour aller passer six mois à la campagne en revient aussi antique que si elle s'y était oubliée trente ans. Le fils méconnaît le portrait de sa mère, tant l'habit avec lequel elle est peinte lui paraît étranger ; il s'imagine que c'est quelque Américaine qui y est représentée, ou que le peintre a voulu exprimer quelqu'une de ses fantaisies.

Quelquefois, les coiffures montent insensiblement, et une révolution les fait descendre tout à coup. Il a été un temps que leur hauteur immense mettait le visage d'une femme au milieu d'elle-même. Dans un autre, c'étaient les pieds qui occupaient cette place : les talons faisaient un piédestal qui les tenait en l'air. Qui pourrait le croire ? Les architectes ont été souvent obligés de hausser, de baisser et d'élargir leurs portes, selon que les parures des femmes exigeaient d'eux ce changement, et les règles de leur art ont été asservies[1] à ces caprices. On voit quelquefois sur un visage une quantité prodigieuse de mouches[2], et elles disparaissent toutes le lendemain. Autrefois, les femmes avaient de la taille et des dents ; aujourd'hui, il n'en est pas question. Dans cette changeante nation, quoi qu'en disent les mauvais plaisants, les filles se trouvent autrement faites que leurs mères.

Il en est des manières et de la façon de vivre comme des modes : les Français changent de mœurs selon l'âge de leur roi. Le monarque pourrait même parvenir à rendre la nation grave, s'il l'avait entrepris. Le Prince imprime le caractère de son esprit à la Cour ; la Cour, à la Ville[3] ; la Ville, aux provinces. L'âme du souverain est un moule[4] qui donne la forme à toutes les autres.

De Paris, le 8 de la lune de Saphar, 1717.

Montesquieu, *Lettres persanes*, lettre 99, 1721.

1. Asservies : soumises.
2. Mouches : rondelles de tissu noir collées sur le visage par coquetterie.
3. La Ville, c'est Paris (par opposition à la Cour – Versailles ou quelque autre résidence royale.)
4. Moule : modèle type.

2. QUESTION DE GRAMMAIRE.
Comparez la structure grammaticale des deux phrases l. 1-3 (« Ils ont oublié comment [...] cet hiver »).

CONSEILS

1. Le texte

Faire une lecture expressive

Il s'agit d'une lettre entre amis : donnez-lui la vivacité d'une conversation (phrases courtes juxtaposées l. 1-3, 24-27, 30-33), questions rhétoriques (l. 6-7, 20-21). Faites sentir l'étonnement (l. 1, 4-5, 10-11, 16-20, 24-27), mais aussi le ton sérieux à la fin.

Situer le texte, en dégager l'enjeu

- Présentez les *Lettres Persanes* : genre, structure, registres, visée et cibles. Précisez l'identité et la situation des deux correspondants et le sujet de cette lettre.
- Analysez la progression de la lettre ; montrez comment, grâce au regard faussement naïf, Montesquieu passe d'une satire des mœurs divertissante à des critiques implicites plus graves et audacieuses.

2. La question de grammaire

• Délimitez les propositions dans ces phrases et indiquez-en la nature et la fonction. Analysez les groupes de mots dans chacune des propositions.

• Dégagez les similitudes de structure (générale et interne) entre les deux phrases.

39 PRÉSENTATION

1. L'EXPLICATION DE TEXTE

Introduction

[Présenter le contexte] Le roman épistolaire permet à Montesquieu, dans les *Lettres persanes,* d'une part de dépayser ses lecteurs, d'autre part de décrire le monde occidental à travers le regard critique de Persans venus visiter l'Europe.

[Situer l'extrait] Dans la lettre 99, Rica écrit de Paris à son ami Rhédi qui séjourne à Venise, pour lui peindre les étonnants « caprices de la mode » en France. Il fait une description fantaisiste et caricaturale des variations rapides et ridicules de la mode.

[En dégager l'enjeu] Cette fantaisie divertissante, à travers le regard de l'étranger, cache une satire, apparemment innocente mais en réalité très grave, des « mœurs des Français » et de leurs travers.

Explication au fil du texte

Les Français esclaves de la mode (l. 1-9)

• Dès les premières lignes, le sujet est vivement lancé (« la mode »), repris par le vocabulaire de l'habillement (« habillés, habillement, parures ») : face à lui, Rica exprime son étonnement par les expressions « étonnants » et « on ne saurait croire » (qui trouvent un écho l. 20 : « qui pourrait le croire ? »).

• Ce qui cause cet étonnement ? Rica insiste sur l'extrême rapidité des renouvellements vestimentaires, présentée comme une forme de folie (parallélisme de phrases juxtaposées « oublié/ignorent ») puis comme une entreprise frénétique de « constructions/destructions » (le paragraphe 2 repose sur l'opposition entre « détruire » et « ouvrage/ouvriers ») qui bouleverse le « paysage » (voir l'hyperbole pleine d'esprit : « avant que tu eusses reçu ma lettre, tout serait changé »). Rica note aussi le coût (« coûte ») de ces fantaisies.

• Ce début comporte déjà des reproches implicites aux « Français » : la propension à des dépenses futiles, la soumission des « mari[s] » aux « caprices » de leur « femme » !

Des exemples cocasses (l. 10-28)

• Dans les paragraphes suivants, Rica illustre cette folie de « changement » par des exemples : un portrait caricatural de « femme » et des gros plans sur des éléments d'habillement.

• Le texte fait sourire : les croquis caricaturaux (la femme « peinte », les dames tenues « en l'air » comme des oiseaux bizarres), les exagérations absurdes, la scène insolite que suscite le jeu possible sur « mouches » (éléments de maquillage et insectes) sont pleines d'humour. La surprise de Rica, déconcerté par ces bizarreries, ses mots impropres (« peintes, révolution, piédestal, tenait en l'air ») sont des éléments de fantaisie. Mais derrière ces croquis se cachent les critiques satiriques.

• La mode ôte aux gens leur identité, les rend méconnaissables (vocabulaire de l'étrange : « méconnaît, étranger, fantaisies »). En une durée relativement brève (« six mois »), elle propulse les êtres dans le temps, comme s'ils appartenaient à une époque ancienne (« antique »). Elle modifie nationalités et cultures : d'une Française policée, elle fait une « Américaine » (à prendre comme synonyme de « sauvage »). D'une femme vivante, elle fait un tableau (« peinte, peinture »). Elle détruit les liens les plus naturels : le « fils » ne reconnaît pas sa « mère ».

• Elle transforme aussi le corps. Montesquieu juxtapose de brefs croquis et joue sur les proportions et les précisions presque géométriques : « visage au milieu d'elle-même » (à cause de la « hauteur » des « coiffures »), pieds à la même « place » (à cause de la hauteur des « talons »), formes qui « montent » et « descend[ent] ». Plus de « taille », plus de « dents » (« il n'en est pas question »).

• La mode bouleverse cocassement l'environnement : l'écho entre « montent/descendent » (pour les coiffures) et « hausser/baisser/élargir » pour les « portes » souligne cette emprise sur l'architecture, « art » ancestral qui implique harmonie et stabilité. Les verbes, très forts, « ont été obligés/exigeaient » et la métaphore « ont été asservies » assimilent la mode à un despote dont les « caprices » régentent le monde et sa culture.

L'absolutisme en question (l. 29-34)

• Le dernier paragraphe repose sur la comparaison (l. 29) qui assimile les « mœurs » à la mode, soutenue par des échos entre le vocabulaire et la

ÉPREUVE ORALE

syntaxe du paragraphe et du reste de la lettre : l'idée de changement est rendue par les verbes « changent », « rendre [grave] », « imprime… à » et par la métaphore du « moule qui donne la forme », qui rappellent « tout serait changé » et « changement » ; Rica procède avec la même juxtaposition sans lien des phrases qui se succèdent en cascade.

• Il opère ainsi un élargissement des « cibles » : le lecteur peut appliquer ce que Rica a dit de la mode à tous les domaines, notamment politique et social, avec la mention des charges d'État (« roi, monarque, Prince, souverain »), le mot « nation » et l'élargissement spatial (« Cour, Ville, provinces »). La succession hiérarchique en decrescendo et le rebondissement d'un palier à l'autre par un jeu de répétition (« Cour/Cour ; Ville/Ville, provinces ») donnent l'impression d'un élan irrésistible.

• Le paragraphe, par sa structure, souligne la passivité des Français (soumis sans esprit critique au pouvoir) et la facilité du « roi » à s'imposer. La fin condamne sans appel le pouvoir exorbitant du « souverain » et le déséquilibre entre lui (désigné par sa charge) et « les autres », qu'un pluriel collectif renvoie dans l'anonymat.

Conclusion

[Faire le bilan de l'explication] Montesquieu, grâce au regard étranger faussement naïf, allie fantaisie, humour et dénonciation sévère : la satire dépasse le phénomène de la mode, s'applique aux domaines politique et social et critique le roi lui-même.

[Mettre l'extrait en perspective] Déjà pratiqué par Montaigne ou La Bruyère, ce procédé efficace d'argumentation indirecte trouve son écho moderne dans le film *Un Indien dans la ville* (1994) ou le documentaire *L'Exploration inversée* (2007).

DES POINTS EN +

Vous avez intérêt à mettre en relation le texte et les productions modernes qui présentent les mêmes enjeux. Cela suggérera à l'examinateur des questions intéressantes pour l'entretien (voir question 3).

2. LA QUESTION DE GRAMMAIRE

• Ces phrases ont la même structure : proposition principale (« ils ont oublié/Ils ignorent »)/subordonnée interrogative indirecte (« comment… été/hiver »).

• Leur structure interne est identique : [Sujet/verbe] [adverbe interrogatif/sujet/verbe/complément circonstanciel de temps]. On parle de parallélisme.

• Les phrases sont juxtaposées (asyndète) et les derniers mots sont antithétiques. Le parallélisme, la juxtaposition et l'antithèse soulignent la rapidité des variations de la mode.

DES QUESTIONS POUR L'ENTRETIEN

Lors de l'entretien, vous devrez présenter une autre œuvre lue au cours de l'année. L'examinateur introduira l'échange et peut vous poser des questions sous forme de relances. Les questions ci-dessous ont été conçues à titre d'exemples.

1 Sur votre dossier est mentionnée la lecture cursive d'une autre œuvre relevant de la littérature d'idées : *Micromégas*, de Voltaire. Présentez-la brièvement.

2 Quels en sont les thèmes essentiels ? Quel sens donner à la dernière page ?

3 Pensez-vous qu'il serait intéressant d'adapter aujourd'hui ce conte en film ? Justifiez votre réponse.

40 Sujet d'oral • Explication & entretien

Madame de Lafayette, *La Princesse de Clèves*, « Il parut alors une beauté… »

20 minutes
20 points

1. Lisez le texte à voix haute. Puis expliquez-le.

DOCUMENT

Il parut alors une beauté à la cour, qui attira les yeux de tout le monde, et l'on doit croire que c'était une beauté parfaite, puisqu'elle donna de l'admiration dans un lieu où l'on était si accoutumé à voir de belles personnes. Elle était de la même maison que le vidame de Chartres, et une des plus grandes héritières de France. Son père était mort jeune, et l'avait laissée sous la conduite de madame de Chartres, sa femme, dont le bien, la vertu et le mérite étaient extraordinaires. Après avoir perdu son mari, elle avait passé plusieurs années sans revenir à la cour. Pendant cette absence, elle avait donné ses soins à l'éducation de sa fille ; mais elle ne travailla pas seulement à cultiver son esprit et sa beauté, elle songea aussi à lui donner de la vertu et à la lui rendre aimable. La plupart des mères s'imaginent qu'il suffit de ne parler jamais de galanterie devant les jeunes personnes pour les en éloigner : Madame de Chartres avait une opinion opposée ; elle faisait souvent à sa fille des peintures de l'amour ; elle lui montrait ce qu'il a d'agréable, pour la persuader plus aisément sur ce qu'elle lui en apprenait de dangereux ; elle lui contait le peu de sincérité des hommes, leurs tromperies et leur infidélité ; les malheurs domestiques où plongent les engagements ; et elle lui faisait voir, d'un autre côté, quelle tranquillité suivait la vie d'une honnête femme, et combien la vertu donnait d'éclat et d'élévation à une personne qui avait de la beauté et de la naissance ; mais elle lui faisait voir aussi combien il était difficile de conserver cette vertu, que par une extrême défiance de soi-même, et par un grand soin de s'attacher à ce qui seul peut faire le bonheur d'une femme, qui est d'aimer son mari et d'en être aimée.

Cette héritière était alors un des grands partis qu'il y eût en France ; et, quoiqu'elle fût dans une extrême jeunesse, l'on avait déjà proposé plusieurs mariages. Madame de Chartres, qui était extrêmement glorieuse, ne trouvait presque rien digne de sa fille. La voyant dans sa seizième année, elle voulut la mener à la cour. Lorsqu'elle arriva, le vidame alla au-devant d'elle ; il fut surpris de la grande beauté de mademoiselle de Chartres, et il en fut surpris avec raison : la blancheur de son teint et ses cheveux blonds lui donnaient un éclat que l'on n'a jamais vu qu'à elle ; tous ses traits étaient réguliers, et son visage et sa personne étaient pleins de grâce et de charmes.

Madame de Lafayette, *La Princesse de Clèves*, 1678.

2. QUESTION DE GRAMMAIRE.
Faites l'analyse syntaxique de la première phrase : délimitez les propositions, puis analysez la nature et la fonction de chacune.

CONSEILS

1. Le texte

Faire une lecture expressive

• Soyez attentif à la ponctuation : un point-virgule suppose une pause plus marquée qu'une virgule.

• Veillez à faire entendre les effets d'insistance et d'opposition qui parcourent le texte.

Situer le texte, en dégager l'enjeu

• Après avoir rappelé le contexte de parution de *La Princesse de Clèves*, rappelez que cet extrait se situe au début du roman.

• Soulignez l'importance de ce passage : il s'agit du premier portrait de l'héroïne à l'occasion de son entrée à la cour.

2. La question de grammaire

• Repérez les six verbes conjugués et délimitez les six propositions.

• Identifiez les liens entre ces propositions. Vous devez ici distinguer deux cas : la coordination et la subordination.

ÉPREUVE ORALE

40 PRÉSENTATION

1. L'EXPLICATION DE TEXTE

Introduction

[Présenter le contexte] Le XVIIe siècle fait de la littérature l'espace privilégié d'une réflexion sur les valeurs et les comportements. Les œuvres littéraires se doivent d'édifier leurs lecteurs.

[Situer le texte] La publication de *La Princesse de Clèves* fait date dans l'histoire littéraire : cette œuvre est considérée comme le premier roman d'analyse psychologique. Au croisement de l'esthétique classique et du courant de la préciosité, le récit y met en scène une jeune femme vertueuse confrontée aux tourments de la passion amoureuse. À la présentation de la cour d'Henri II qui sert de décor au roman succèdent plusieurs portraits, dont celui de l'héroïne.

[En dégager l'enjeu] Dans l'extrait, le portrait physique et moral de Mademoiselle de Chartres est l'occasion pour l'autrice de mettre en place les principaux enjeux moraux de son roman.

Explication au fil du texte

Une apparition (l. 1-4)

• L'entrée à la cour, où la jeune fille doit être présentée, est une scène théâtralisée marquée par le jeu des regards qui convergent sur la nouvelle venue (elle « attir[e] les yeux de tout le monde ») : son entrée semble une apparition qui crée surprise et « admiration ».

• Le portrait est évasif : seule la « beauté » de la Princesse de Chartres (qui n'est même pas nommée) est mentionnée au début. L'emploi de la tournure impersonnelle « il parut » ainsi que des articles indéfinis (« *une* beauté parfaite ») accentuent ce caractère. La métonymie « une beauté » souligne la perfection physique de l'héroïne, qui semble surpasser les « belles personnes » qui fréquentent habituellement la cour.

> **MOT CLÉ**
> La métonymie est une figure de style par laquelle on désigne un objet ou un concept en utilisant un terme qui y est associé par un rapport logique (d'inclusion par exemple).

Loin de la cour (l. 4-9)

• Le portrait est vite suspendu au profit d'informations sur la « maison » de l'héroïne. À sa grande beauté s'ajoute son statut social : elle est « une des plus grandes héritières de France ». Le superlatif marque l'appartenance de la jeune femme à une haute noblesse.

- Après un bref portrait de Madame de Chartres, la mère de l'héroïne, caractérisée par ses qualités morales hors du commun, l'extrait s'attache ensuite à l'éducation qu'elle a prodiguée à sa fille. La mère de la Princesse s'est ainsi retirée de la cour « plusieurs années » pour éduquer elle-même sa fille au lieu de la confier à un couvent ou des précepteurs, à rebours des usages de son époque. Le soin apporté à cette éducation transparaît dans le lexique employé : « ses soins », « elle travailla », « elle songea aussi ». Les imparfaits à valeur d'habitude (« elle faisait », « elle lui montrait », etc.) montrent que cette éducation passe par de fréquents entretiens.

Une éducation hors du commun (l. 9-26)

- L'éducation reçue par la princesse vise à « cultiver son esprit et sa beauté », autrement dit à développer les qualités qui lui permettront de tenir son rang à la cour, mais « pas seulement », puisque sa mère s'efforce de « lui donner de la vertu ».

- L'éducation à la vertu de l'héroïne semble porter en premier lieu sur les dangers de la passion amoureuse. Madame de la Fayette s'inscrit dans une réflexion bien de son temps sur l'éducation des jeunes filles. Elle critique implicitement l'éducation que « la plupart des mères » donne généralement aux jeunes filles, qui les laisse ignorantes des dangers de la « galanterie » et de la séduction. L'emploi du présent de vérité générale (« où plongent », « ce qui seul peut faire ») signale l'adhésion de Madame de La Fayette au programme éducatif de son personnage.

- Ce passage introduit la réflexion morale sur l'amour qui est au centre du roman. L'amour apparaît comme incompatible avec la vertu, à moins de s'accomplir dans le mariage. « Les engagements », c'est-à-dire les relations amoureuses hors mariage sont associées aux « tromperies » des hommes et aux « malheurs domestiques » : les femmes ont tout à y perdre selon Madame de Chartres. L'amour est ainsi mis du côté du danger et du « malheur », tandis que la vertu est associée à la « tranquillité » et à « l'élévation ».

Une héroïne idéalisée (l. 27-36)

La fin de l'extrait se recentre sur Mademoiselle de Chartres.

- Il y est question des « mariages » qu'on lui a déjà proposés. L'exigence de sa mère, qualifiée d'« extrêmement glorieuse », vient renforcer le portrait flatteur de la jeune fille, « un des plus grands partis qu'il y eût en France ».
- C'est seulement à cet endroit que le lecteur apprend l'âge de la jeune fille (« dans sa seizième année »), et que le personnage est finalement nommé.
- L'arrivée de la jeune fille à la cour conduit à la rencontre avec le « vidame de Chartres », personnage haut placé, et déjà mentionné au début du texte. C'est à travers son regard que le portrait physique de la jeune femme est complété.

L'héroïne se distingue par une perfection que signalent les hyperboles (« un éclat que l'on n'a jamais vu qu'à elle ») et les pluriels (« tous ces traits », « charmes »). Le portrait reste abstrait : il insiste davantage sur la « grâce » de la jeune fille et la surprise que sa beauté suscite que sur le détail de ses « traits ». Cela permet au lecteur de se constituer une image idéalisée du personnage.

Conclusion

[Faire le bilan de l'explication] L'entrée en scène du personnage principal dans le roman coïncide avec son arrivée à la cour, qui sera le décor de ses mésaventures. Le lecteur découvre une héroïne idéale, dont l'éducation hors du commun sera cependant mise à l'épreuve par l'expérience de la passion amoureuse. Ce portrait initial de l'héroïne introduit les principaux enjeux du roman, tant au niveau de l'intrigue que de la réflexion morale. En outre, la future Princesse de Clèves est d'emblée présentée comme une femme sur laquelle pèsent le regard à la fois admiratif et envieux de la Cour royale et le souvenir d'une mère vertueuse. Les principaux obstacles à la passion amoureuse sont ainsi installés dès l'apparition du personnage.

[Mettre l'extrait en perspective] La vision de l'amour et de la vertu qui y transparaît situe le roman et son autrice dans une morale janséniste, caractérisée par la rigueur et le pessimisme.

2. LA QUESTION DE GRAMMAIRE

• La première phrase comprend six verbes conjugués : elle est donc composée de six propositions :

[Il parut alors une beauté à la cour], [qui attira les yeux de tout le monde], et [l'on doit croire] [que c'était une beauté parfaite], [puisqu'elle donna de l'admiration dans un lieu] [où l'on était si accoutumé à voir de belles personnes].

• On distingue ainsi :

– une proposition principale suivie d'une proposition subordonnée relative introduite par le pronom relatif *qui,* complétant le nom « beauté » ;

– une autre proposition principale coordonnée suivie d'une proposition subordonnée complétive introduite par la conjonction de subordination *que,* qui complète le verbe de la principale et qui contient une proposition subordonnée circonstancielle de cause introduite par la conjonction *puisque*, ayant la fonction de complément circonstanciel du verbe principal laquelle contient une proposition subordonnée relative introduite par le pronom relatif *où,* laquelle complète le nom « lieu ».

DES QUESTIONS POUR L'ENTRETIEN

Lors de l'entretien, vous devrez présenter une autre œuvre que vous avez lue au cours de l'année. L'examinateur introduira l'échange et peut vous poser des questions sous forme de relances. Les questions ci-dessous ont été conçues à titre d'exemples.

1. Sur votre dossier est mentionnée la lecture cursive d'un autre roman : *Le Ravissement de Lol V. Stein* de Marguerite Duras. Pouvez-vous le présenter brièvement ?
2. Que pensez-vous de l'héroïne du roman ?
3. Avez-vous apprécié cette lecture ? Que vous a-t-elle apporté en complément de celle de *La Princesse de Clèves* ?
4. Pouvez-vous comparer la vision de l'amour présente dans ces deux romans ?

41 Sujet d'oral • Explication & entretien

Madame de Lafayette, *La Princesse de Clèves*, « Les palissades étaient fort hautes... »

20 minutes
20 points

1. Lisez le texte à voix haute. Puis expliquez-le.

DOCUMENT

Les palissades étaient fort hautes, et il y en avait encore derrière, pour empêcher qu'on ne pût entrer ; en sorte qu'il était assez difficile de se faire passage. Monsieur de Nemours en vint à bout néanmoins ; sitôt qu'il fut dans ce jardin, il n'eut pas de peine à démêler où était Madame de Clèves. Il vit beaucoup de lumières dans le cabinet, toutes les fenêtres en étaient ouvertes ; et, en se glissant le long des palissades, il s'en approcha avec un trouble et une émotion qu'il est aisé de se représenter. Il se rangea derrière une des fenêtres, qui servait de porte, pour voir ce que faisait Madame de Clèves. Il vit qu'elle était seule ; mais il la vit d'une si admirable beauté, qu'à peine fut-il maître du transport que lui donna cette vue. Il faisait chaud, et elle n'avait rien sur sa tête et sur sa gorge, que ses cheveux confusément rattachés.

Elle était sur un lit de repos, avec une table devant elle, où il y avait plusieurs corbeilles pleines de rubans ; elle en choisit quelques-uns, et Monsieur de Nemours remarqua que c'étaient des mêmes couleurs qu'il avait portées au tournoi. Il vit qu'elle en faisait des nœuds à une canne des Indes, fort extraordinaire, qu'il avait portée quelque temps, et qu'il avait donnée à sa sœur, à qui madame de Clèves l'avait prise sans faire semblant de la reconnaître pour avoir été à Monsieur de Nemours. Après qu'elle eut achevé son ouvrage avec une grâce et une douceur que répandaient sur son visage les sentiments qu'elle avait dans le cœur, elle prit un flambeau et s'en alla proche d'une grande table, vis-à-vis du tableau du siège de Metz, où était le portrait de Monsieur de Nemours ; elle s'assit, et se mit à regarder ce portrait avec une attention et une rêverie que la passion seule peut donner.

On ne peut exprimer ce que sentit Monsieur de Nemours dans ce moment. Voir au milieu de la nuit, dans le plus beau lieu du monde, une personne qu'il adorait ; la voir sans qu'elle sût qu'il la voyait, et la voir tout occupée de choses qui avaient du rapport à lui et à la passion qu'elle lui cachait, c'est ce qui n'a jamais été goûté ni imaginé par nul autre amant.

Madame de Lafayette, *La Princesse de Clèves*, 1678.

2. QUESTION DE GRAMMAIRE.
Identifiez les propositions subordonnées introduites par « que » dans le deuxième paragraphe.

CONSEILS

1. Le texte

Faire une lecture expressive

• Soyez attentif à la ponctuation : un point-virgule suppose une pause plus marquée qu'une virgule.

• Votre lecture doit donner à entendre l'émotion de Nemours et l'insistance sur le caractère hors du commun de cette scène.

Situer le texte, en dégager l'enjeu

• Après avoir rappelé le contexte de parution de *La Princesse de Clèves*, situez le passage dans l'œuvre.

• Soulignez l'importance de ce passage dans l'intrigue : il s'agit de la scène où monsieur de Nemours a confirmation que la Princesse partage son amour, ce qu'elle s'est efforcée de lui dissimuler.

2. La question de grammaire

• Relevez les propositions subordonnées introduites par « que » ou « qu' ».

• *Que* est soit pronom relatif soit conjonction de subordination.

ÉPREUVE ORALE

41 PRÉSENTATION

1. L'EXPLICATION DE TEXTE

Introduction

[Présenter le contexte] Au XVIIe siècle, les passions sont au centre de la réflexion morale. La littérature se fait l'écho des débats philosophiques et religieux en peignant les excès auxquels ces passions conduisent les êtres. *La Princesse de Clèves*, considéré comme le premier roman psychologique, met ainsi en scène le conflit entre la vertu et la passion amoureuse.

[Situer le texte] Afin d'échapper à son amour adultère pour le duc de Nemours, Madame de Clèves, l'héroïne, quitte la cour royale et se retire à Coulommiers. Le duc, suivi à son insu par un espion de Monsieur de Clèves, s'introduit en pleine nuit dans la propriété afin de voir la femme qu'il aime.

[En dégager l'enjeu] Dans l'extrait, la mise en scène et le jeu des regards construisent une scène d'amour indirecte qui donne à voir l'intensité de la passion des personnages.

Explication au fil du texte

La quête amoureuse (l. 1-13)

• Le début de l'extrait présente Monsieur de Nemours comme un chevalier endurant des épreuves pour rejoindre sa bien-aimée : il franchit les « palissades » « fort hautes », placées pour « empêcher qu'on ne pût entrer », et ce parcours est qualifié de « difficile ». Le personnage s'inscrit dans la tradition de l'amour courtois ; ses qualités de courage et d'endurance, qui lui permettent de venir à bout des obstacles, se rattachent également à une conception traditionnelle de la virilité. En outre, la Princesse semble ainsi presque barricadée : la conquête que va entreprendre Nemours est érotisée puisqu'elle aboutit au dévoilement du corps presque dénudé de la femme qu'il aime.

> **MOT CLÉ**
> L'amour courtois (ou *fin'amor*) est un art de vivre et d'aimer qui se développe dans la littérature médiévale et qui y codifie la représentation des relations amoureuses. Les poèmes des troubadours et des trouvères, ainsi que les romans de chevalerie valorisent cet idéal où l'amour est une quête.

• Ces obstacles surmontés, accéder à Madame de Clèves devient facile : la « lumière » et les « fenêtres » « toutes » ouvertes semblent une invitation.

- La vue de Madame de Clèves et de son « admirable beauté » transforme le valeureux galant en un spectateur immobile, figé par la surprise et l'émotion. Cette première vision par Nemours de la Princesse, partiellement dénudée et sans apprêts, puisqu'elle n'a « rien sur sa tête et sur sa gorge », et que « ses cheveux » sont « confusément rattachés », dégage beaucoup de sensualité.
- La scène est une véritable mise en abyme : chacun est regardé sans savoir qu'il l'est, puisque Nemours observe la Princesse alors qu'il est lui-même espionné à son insu. Le lecteur se trouve en position surplombante dans ce jeu des regards.

On peut noter que, tout au long du texte, le lexique du regard est omniprésent. Le verbe « voir » apparaît à huit reprises.

L'intimité de la Princesse (l. 14-27)

- La mention du « lit » sur lequel repose la Princesse contribue à l'érotisme diffus qui parcourt toute la scène, et qui s'explique par le point de vue adopté, celui de Nemours.
- Dans ce petit théâtre de l'intimité où elle se croit à l'abri des regards, la Princesse se livre sans contrainte à ses rituels amoureux. Les nombreux objets qui apparaissent dans l'extrait, comme « la canne des Indes » et les rubans correspondant aux couleurs de Nemours, constituent des symboles ou des substituts de l'être aimé. Le tableau est un support à la rêverie amoureuse. Le désir amoureux s'exprime chez la Princesse à travers ces objets qu'elle manipule.
- C'est la première fois que Nemours voit la femme qu'il aime hors du cercle mondain auquel ils appartiennent : ce viol de l'intimité de la princesse constitue donc comme une tombée des masques. L'« ouvrage » auquel la Princesse se livre est, pour Nemours, une preuve qu'elle partage son amour. En outre, loin des regards, la Princesse peut laisser apparaître sur son visage la trace des « sentiments qu'elle [a] dans le cœur ».

Les excès de la passion (l. 28-33)

- Le caractère condamnable de cette scène transparaît dans l'excès d'émotions qui agite le personnage. On est bien loin de l'honnête homme gouverné par la modération et la sagesse. La formule « on ne peut exprimer » traduit l'intensité de cette passion et du plaisir que Nemours tire de la scène qui s'est déroulée sous ses yeux.
- Dans la dernière phrase, la structure accumulative, renforcée par la répétition de l'infinitif « voir », l'expression superlative « le plus beau lieu du monde » et le tour hyperbolique de la chute soulignent encore le caractère exceptionnel de cet amour.

Conclusion

[Faire le bilan de l'explication] Ainsi, cette scène muette révèle à la fois l'intensité de la passion amoureuse vécue par les personnages et l'impasse à laquelle elle est condamnée. Le jeu des regards propose au lecteur une sorte de petit théâtre des passions. L'extrait se distingue du reste du roman par la sensualité qui s'y déploie.

[Mettre l'extrait en perspective] Dans une intrigue où le désir ne peut s'exprimer qu'indirectement et qu'à l'insu de l'autre transparaît le pessimisme qui caractérise la vision de l'amour portée par Madame de Lafayette.

2. LA QUESTION DE GRAMMAIRE

Selon le cas, *que* est :

– un pronom relatif qui introduit une subordonnée relative, complément d'un nom, l'antécédent, que le pronom représente dans la subordonnée ;

– une conjonction de subordination qui introduit une subordonnée complétive, complément du verbe de la principale.

que pronom relatif	*que* conjonction de subordination
• « qu'il avait portées au tournoi » (antécédent : « des mêmes couleurs ») • « qu'il avait portée quelque temps » et « qu'il avait donnée à sa sœur » (antécédent : « une canne des Indes ») • « que répandaient sur son visage les sentiments (antécédent : « une grâce et une douceur ») qu'elle avait dans le cœur » (antécédent : « les sentiments ») • « que la passion seule peut donner » (antécédent : « rêverie »)	• « que c'étaient des mêmes couleurs » • « qu'elle en faisait des nœuds à une canne des Indes »

DES QUESTIONS POUR L'ENTRETIEN

Lors de l'entretien, vous devrez présenter une autre œuvre que vous avez lue au cours de l'année. L'examinateur introduira l'échange et peut vous poser des questions sous forme de relances. Les questions ci-dessous ont été conçues à titre d'exemples.

1. Sur votre dossier est mentionnée la lecture cursive d'un autre roman : *Raison et sentiments* de Jane Austen. Pouvez-vous le présenter brièvement ?
2. Quelles sont les visions de l'amour qui s'opposent dans ce roman ?
3. Avez-vous apprécié cette lecture ? Que vous a-t-elle apporté en complément de celle de *La Princesse de Clèves* ?

Stendhal, *Le Rouge et le Noir*, « Ce fut en vain qu'il appela Julien... »

20 minutes
20 points

**1. Lisez le texte à voix haute.
Puis expliquez-le.**

DOCUMENT

Ce fut en vain qu'il appela Julien deux ou trois fois. L'attention que le jeune homme donnait à son livre, bien plus que le bruit de la scie, l'empêcha d'entendre la terrible voix de son père. Enfin, malgré son âge, celui-ci sauta lestement sur l'arbre soumis à l'action de la scie, et de là sur la poutre transversale qui soutenait le toit. Un coup violent fit voler dans le ruisseau le livre que tenait Julien ; un second coup aussi violent, donné sur la tête, en forme de calotte, lui fit perdre l'équilibre. Il allait tomber à douze ou quinze pieds plus bas, au milieu des leviers de la machine en action, qui l'eussent brisé, mais son père le retint de la main gauche, comme il tombait :

– Eh bien, paresseux ! tu liras donc toujours tes maudits livres, pendant que tu es de garde à la scie ? Lis-les le soir, quand tu vas perdre ton temps chez le curé, à la bonne heure.

Julien, quoique étourdi par la force du coup et tout sanglant, se rapprocha de son poste officiel, à côté de la scie. Il avait les larmes aux yeux, moins à cause de la douleur physique que pour la perte de son livre qu'il adorait.

« Descends, animal, que je te parle. » Le bruit de la machine empêcha encore Julien d'entendre cet ordre. Son père qui était descendu, ne voulant pas se donner la peine de remonter sur le mécanisme, alla chercher une longue perche pour abattre des noix, et l'en frappa sur l'épaule. À peine Julien fut-il à terre, que le vieux Sorel, le chassant rudement devant lui, le poussa vers la maison. Dieu sait ce qu'il va me faire ! se disait le jeune homme. En passant, il regarda tristement le ruisseau où était tombé son livre ; c'était celui de tous qu'il affectionnait le plus, le *Mémorial de Sainte-Hélène*[1].

Stendhal, *Le Rouge et le Noir*, livre I, chapitre 4, 1830.

1. *Mémorial de Sainte-Hélène* : récit dans lequel Emmanuel de Las Cases a recueilli les mémoires de Napoléon Ier lors de son exil à Sainte-Hélène à partir de 1815.

2. QUESTION DE GRAMMAIRE.

Analysez l'emploi des temps du passé dans le premier paragraphe (l. 1 à 8).

CONSEILS

1. Le texte

Faire une lecture expressive

- Adoptez un rythme alerte pour la première partie, narrative, qui évoque une succession d'actions rapides.
- Prenez garde aux passages de discours direct qui y sont enchâssés : le père Sorel apostrophe par deux fois son fils, sur un ton de plus en plus violent. Julien, lui, s'exprime pour lui-même.

Situer le texte, en dégager l'enjeu

- Dans ce roman publié en 1830, l'action se déroule sous la Restauration (1815-1830).
- L'extrait étudié se situe au début du roman. Il correspond à la première apparition du héros dans le livre. Julien y est présenté dans un portrait en action, caractéristique du réalisme de Stendhal.

2. La question de grammaire

- Dans ce récit au passé à la 3e personne, le temps de base est le passé simple. À quel autre temps est-il associé ?
- Quelle est la valeur de ces deux temps dans ce contexte ?

42 PRÉSENTATION

1. L'EXPLICATION DE TEXTE

Introduction

[Présenter le contexte] À la fin du chapitre 3 du *Rouge et le Noir*, le héros du roman, Julien Sorel, n'a pas encore été présenté au lecteur. Celui-ci sait seulement qu'il est le fils d'un charpentier et qu'il étudie le latin pour entrer au séminaire.

[Situer le texte] C'est dans ce texte situé au début du chapitre 4 que Julien entre dans le roman. Son père, venu lui annoncer que le maire veut l'engager comme précepteur, le trouve non pas près de la scie hydraulique qu'il devrait surveiller, mais juché sur une poutre, en train de lire.

[En dégager l'enjeu] La scène de confrontation qui suit permet à Stendhal d'amorcer le portrait de son héros, jeune homme romantique malmené par un père à qui tout l'oppose.

Explication au fil du texte

- Dès le début de l'extrait, Julien est à part, plongé dans la lecture de son livre qui le coupe du monde extérieur, bruyant et hostile (« bruit de la scie », « terrible voix »). L'adjectif « terrible » introduit une menace, d'autant plus inquiétante pour le lecteur que le héros n'en a pas conscience.
- Quoiqu'assis en hauteur, Julien n'est pas à l'abri de son père, qui fait preuve d'une agilité surprenante (« lestement », l. 3). Cette insistance sur les capacités physiques du père contraste avec l'activité toute intellectuelle du fils.
- Lignes 5-6, la description purement factuelle des coups et de leurs conséquences (« un coup violent fit voler… ») souligne la brutalité aveugle du père.
- Le père retient *in extremis* son fils, mais la brutalité des gestes cède la place à la violence des paroles. Elles traduisent son mépris à l'égard de son fils (« paresseux ! »), de la lecture (« maudits livres », l. 9) et de toute étude (les leçons du curé sont une perte de temps, l. 10).
- Quoique blessé par son père, Julien trouve la force de lui obéir. Mais la douleur physique lui importe peu : il ne songe qu'au livre « qu'il adorait » (l. 13). Le terme donne au goût de Julien pour cet ouvrage une dimension presque religieuse (on « adore » un dieu).

• Le dernier paragraphe de l'extrait reprend les motifs du premier : le bruit qui couvre la voix du père, le père qui cherche à atteindre le fils. L'insulte du père, « animal » (l. 14), préfigure le traitement qu'il lui fait subir : il le frappe avec une perche et le « chass[e] rudement devant lui », le « pouss[e] vers la maison » (l. 19-20), comme un animal.

• Ainsi, entre le début et la fin de l'extrait, Julien est littéralement redescendu « à terre » (l. 18), ramené de force dans le monde physique par son père et privé de son livre, qui était sa seule échappatoire. Sa fascination pour celui-ci reste cependant intacte puisqu'il ne peut en détacher les yeux : « En passant, il regarda tristement le ruisseau où était tombé son livre » (l. 20).

• Notons enfin que le choix du livre est significatif : le *Mémorial de Sainte-Hélène*, racontant l'exil de Napoléon Ier, fait écho à la situation de Julien lui-même, prisonnier dans un monde où il n'a pas sa place.

DES POINTS EN +
Vous pouvez préciser que, sous la Restauration, une telle lecture doit rester secrète car le bonapartisme est mal reçu. Il est donc impensable de la faire chez le curé, comme le proposait le père ignorant.

Conclusion

[Faire le bilan de l'explication] Cette scène de confrontation, qui intervient juste avant la description physique du personnage, permet à Stendhal de nous présenter ses principaux traits de caractère : Julien Sorel apparaît ainsi en jeune héros romantique, en opposition totale avec son père et avec son milieu. Le lecteur devine qu'il va évoluer vers d'autres sphères dans la suite du roman.

[Mettre l'extrait en perspective] Ce portrait est réaliste mais bien éloigné du style d'un romancier contemporain comme Balzac. Pas de description minutieuse du milieu, ou du physique du personnage, Stendhal procède par petites touches ; le portrait de son héros se complétera, au fil du récit, au fur et à mesure de son apprentissage.

2. LA QUESTION DE GRAMMAIRE

• Parmi les 12 verbes du premier paragraphe, 6 sont au passé simple (« appela », « empêcha », « sauta », « fit », etc.) ; 5 sont à l'imparfait (« donnait », « soutenait », etc.). Le dernier verbe est au subjonctif plus-que-parfait : « eussent brisé » ; il équivaut à un conditionnel passé (= auraient brisé)

• Le passé simple permet de rapporter les actions successives au premier plan du récit. L'imparfait, lui, sert à évoquer les actions de second plan. Ces deux temps sont les plus utilisés dans un récit littéraire au passé.

DES QUESTIONS POUR L'ENTRETIEN

Lors de l'entretien, vous devrez présenter une autre œuvre que vous avez lue au cours de l'année. L'examinateur introduira l'échange et peut vous poser des questions sous forme de relances. Les questions ci-dessous ont été conçues à titre d'exemples.

1 Sur votre dossier est mentionnée la lecture cursive d'un autre roman : *La Place* d'Annie Ernaux. Pouvez-vous le présenter brièvement ?

2 Que pensez-vous du personnage du père dans ce roman ? Finalement la narratrice dénonce-t-elle son père ou lui rend-elle hommage ?

3 Avez-vous apprécié cette lecture ? Que vous a-t-elle apporté en complément de celle du *Rouge et le Noir* ?

43 Sujet d'oral • Explication & entretien

Stendhal, *Le Rouge et le Noir*, « Avec la vivacité et la grâce... »

20 minutes
20 points

1. Lisez le texte à voix haute. Puis expliquez-le.

DOCUMENT

Avec la vivacité et la grâce qui lui étaient naturelles quand elle était loin des regards des hommes, Mme de Rênal sortait par la porte-fenêtre du salon qui donnait sur le jardin, quand elle aperçut près de la porte d'entrée la figure d'un jeune paysan presque encore enfant, extrêmement pâle et qui venait de pleurer. Il était en chemise bien blanche, et avait sous le bras une veste fort propre de ratine[1] violette.

Le teint de ce petit paysan était si blanc, ses yeux si doux, que l'esprit un peu romanesque de Mme de Rênal eut d'abord l'idée que ce pouvait être une jeune fille déguisée, qui venait demander quelque grâce à M. le maire. Elle eut pitié de cette pauvre créature, arrêtée à la porte d'entrée, et qui évidemment n'osait pas lever la main jusqu'à la sonnette. Mme de Rênal s'approcha, distraite un instant de l'amer chagrin que lui donnait l'arrivée du précepteur. Julien, tourné vers la porte, ne la voyait pas s'avancer. Il tressaillit quand une voix douce lui dit tout près de l'oreille :

– Que voulez-vous ici, mon enfant ?

Julien se tourna vivement, et frappé du regard si rempli de grâce de Mme de Rênal, il oublia une partie de sa timidité. Bientôt, étonné de sa beauté, il oublia tout, même ce qu'il venait faire. Mme de Rênal avait répété sa question.

– Je viens pour être précepteur, madame, lui dit-il enfin, tout honteux de ses larmes qu'il essuyait de son mieux.

Mme de Rênal resta interdite ; ils étaient fort près l'un de l'autre à se regarder. Julien n'avait jamais vu un être aussi bien vêtu et surtout une femme avec un teint si éblouissant, lui parler d'un air doux. Mme de Rênal regardait les grosses larmes, qui s'étaient arrêtées sur les joues si pâles d'abord et maintenant si roses de ce jeune paysan.

Bientôt elle se mit à rire, avec toute la gaieté folle d'une jeune fille ; elle se moquait d'elle-même et ne pouvait se figurer tout son bonheur. Quoi, c'était là ce précepteur qu'elle s'était figuré comme un prêtre sale et mal vêtu, qui viendrait gronder et fouetter ses enfants !

– Quoi, monsieur, lui dit-elle enfin, vous savez le latin ?

Stendhal, *Le Rouge et le Noir*, livre premier, chapitre VI, 1830.

1. Ratine : étoffe de laine.

2. QUESTION DE GRAMMAIRE.

« Quoi, c'était là ce précepteur [...] ses enfants ? »
Transposez au style direct ces pensées rapportées au style indirect libre. Commentez les changements grammaticaux.

CONSEILS

1. Le texte

Faire une lecture expressive

• Faites sentir la subjectivité des portraits peints en focalisation interne alternée (l. 3-13, 22-27), la jovialité et le soulagement (l. 28-32) de Mme de Rênal.

• Théâtralisez un peu le dialogue : « voix douce » (l. 14) puis soulagée (l. 32) de Mme de Rênal, honte et émotion de Julien au bord des larmes (l. 21-22).

Situer le texte, en dégager l'enjeu

• Après avoir rappelé le titre, le sous-titre et le sujet du roman, résumez brièvement les chapitres précédents, précisez l'identité et le statut de chacun des personnages.

• L'extrait rend compte d'une première rencontre capitale. Analysez comment Stendhal ménage la progression de ce moment-clé, comment il y peint d'une façon complexe ses personnages et comment il rend compte de leurs émotions.

2. La question de grammaire

• Imaginez que Stendhal ait écrit : *Elle pensa :* « ... » et faites comme si Mme de Rênal pensait tout haut, comme en voix off au cinéma. Que se dirait-elle ?

• Comparez votre phrase et celle du texte. Observez quelle ponctuation, quels mots ont changé (indices personnels, verbes) et analysez précisément ces changements.

43 PRÉSENTATION

1. L'EXPLICATION DE TEXTE

Introduction

[Présenter le contexte] *Le Rouge et le Noir* (ou *Chronique de 1830*) de Stendhal raconte l'évolution sociale, sous la Restauration, de Julien Sorel, jeune homme pauvre, rêveur, méprisé par sa famille (des gens simples), mais cultivé et ambitieux.

[Situer le texte] Au début du roman, il se présente chez Monsieur de Rênal, maire d'une petite ville de province, pour une place de précepteur. C'est la jeune Madame de Rênal, mère de deux enfants, qui l'accueille. Stendhal nous fait partager la surprise de ces deux êtres mis face à face, dans une situation inattendue.

[En dégager l'enjeu] Après avoir, comme un metteur en scène, mis en place cadre et personnages, Stendhal, sur un rythme retenu plein d'émotion, s'appuyant sur le jeu des regards croisés de la jeune femme et de l'adolescent, construit leur portrait et rend compte de leurs émotions lors de cette rencontre capitale pour l'intrigue.

Explication au fil du texte

La mise en place d'une scène capitale (l. 1-14)

Stendhal prépare en vrai dramaturge la rencontre des deux personnages.

• Le décor est rapidement esquissé : « une porte-fenêtre » donne sur « un jardin » ; cette scène en « extérieur » permet plus de liberté et allège le poids des conventions sociales. Stendhal précise en effet que Mme de Rênal se croit seule, « loin des regards des hommes » ; elle est donc « naturelle ». Des sortes de jeux de scène précisent les déplacements : Mme de Rênal « sor[t] » avec une mobilité gracieuse s'opposant à l'immobilité de Julien, qui, placé devant la porte « n'os[e] pas lever » la main jusqu'à la sonnette ; il ne voit donc pas Mme de Rênal « s'avancer » mais elle, elle a tout loisir d'observer le jeune homme.

• Le passé simple « elle aperçut » souligne le caractère soudain de son premier regard, presque involontaire. Julien est alors décrit du point de vue de la jeune femme : il redevient un inconnu, « un jeune paysan » comme un autre. Puis le regard devient attentif, enregistre des détails et les interprète : il décrit l'origine sociale (« paysan »), l'âge (« presque encore enfant »), analyse avec précision les vêtements de Julien, leur nature et leur tissu (« chemise, veste, ratine »), leur couleur (« blanche, violette »), leur propreté (« propre »).

• Après les détails relevés de façon spontanée, Mme de Rênal observe de façon plus réfléchie : son regard revient sur le visage et le « teint si blanc », sent intuitivement l'étrangeté, le déclassement de Julien dans son milieu, puisqu'il n'a pas le teint bruni par les travaux des champs. Tout cela l'amène à une hypothèse « romanesque », à concevoir un mini scénario suivant lequel Julien pourrait être une « jeune fille » déguisée.

• Face à Julien, Mme de Rênal a le regard d'une femme spontanée, pleine de bonté (pourtant toujours incertaine sur l'identité du jeune homme, elle éprouve de la « pitié » pour cette « pauvre créature »), maternelle, capable d'un « amer chagrin ».

• Julien est peu décrit physiquement. Pas d'indication d'une beauté particulière : seuls son teint « pâle » et ses « yeux doux » révèlent en lui un être sensible, vulnérable, presque androgyne.

La scène s'anime : l'émotion des premières paroles (l. 14-21)

La scène, jusque-là silencieuse et traitée comme un arrêt sur image, s'anime.

• Elle se sonorise avec la « voix douce » de Mme de Rênal dont le son « tout près de son oreille » fait « tressailli[r] » Julien. Stendhal transcrit alors au discours direct les paroles des deux personnages. Parallèlement, le jeu du « regard » change : d'unilatéral (l. 13-14), il devient réciproque (l. 17-18), chargé d'émotion (Julien semble sous le coup de la « grâce » d'une apparition céleste). La rencontre devient échange. La question de Mme de Rênal traduit un mélange de respect (elle vouvoie Julien) et de sollicitude protectrice (« *mon* enfant »).

• Suit un moment de silence de Julien, d'abord incapable de parler (« étonné » et « frappé » sont des mots très forts) : c'est la première fois qu'une femme si belle lui adresse gentiment la parole, à lui, adolescent sans expérience de la beauté féminine. Le temps est comme suspendu.

• Lorsqu'il reprend ses esprits, sa réponse à la question réitérée de Mme de Rênal (évoquée indirectement) témoigne de sa politesse (« madame ») et est assortie d'un gros plan sur ses « larmes » et sur un geste gêné (« essuyait »).

Portraits à travers des regards « miroir » : un moment-clé (l. 23-32)

Stendhal complète alors le portrait des personnages et suggère leurs émotions.

- La proximité (« fort près l'un de l'autre ») entre deux inconnus de sexes opposés et de rangs sociaux éloignés est sûrement troublante pour l'une et pour l'autre. Le jeu de leurs regards, marqué par les verbes du champ lexical de la vue (« se regarder, n'avait jamais vu, regardait »), et la variation des temps soulignent la progression de la rencontre : l'imparfait de durée « regardaient » suggère une observation attentive, le plus-que-parfait « n'avait jamais vu », qui exprime l'antériorité et la négation, souligne l'inexpérience de Julien.
- Stendhal, narrateur omniscient, se sert de ce jeu de regards croisés pour faire un double portrait des personnages, physique et moral (marqué par la subjectivité de chacun d'eux) et pour préciser toutes les nuances des émotions liées à ces regards.
- Le portrait de Mme de Rênal vue par Julien, rapide et direct, est exprimé sous une forme très élogieuse : les adverbes d'intensité (« aussi, si ») donnent aux mots mélioratifs « bien vêtu » et « éblouissant » la valeur de superlatifs. Julien retient chez Mme de Rênal trois caractéristiques : l'élégance vestimentaire (la qualification « aussi bien vêtu » est une marque de la différence sociale à laquelle il est très sensible) ; l'éclat du visage, auquel le « teint si éblouissant » confère sa « beauté » ; il est sensible à ce qui se dégage de toute sa personne, à la douceur de son apparence : elle a la « voix douce », le « regard si rempli de grâce », l'« air doux ».
- C'est d'un œil différent, lucide, que Mme de Rênal regarde Julien : elle ne le voit pas encore comme « un précepteur » à part entière, il est encore le « jeune paysan », mais elle oscille entre ses craintes passées à l'idée d'un précepteur qui gronderait ses enfants et sa joie retrouvée. Le regard qu'elle porte sur Julien révèle sa spontanéité, sa générosité et son amour des enfants (les siens mais aussi un « enfant » comme Julien dont elle remarque les « larmes »), mais aussi sa « gaieté » juvénile (« rire, jeune fille ») et sa capacité à « se moqu[er] d'elle-même », comme en témoigne l'évocation péjorative au style indirect libre d'un précepteur « père fouettard » ! Sa dernière question (rhétorique ?) prouve sa surprise et son soulagement de mère et marque que son jugement sur Julien a évolué : « mon enfant » (l. 15) s'est changé en un « monsieur » respectueux.

Conclusion

[Faire le bilan de l'explication] Des « larmes » au « rire », Stendhal varie le tempo de la rencontre pour mieux peindre ses personnages et leurs émotions, qu'il considère avec un attendrissement un peu ironique. Le lecteur pressent que ce moment-clé ne sera pas sans lendemain : Mme de Rênal y prend dès lors les traits de l'initiatrice, de la première femme qui amorce l'apprentissage affectif et social de Julien.

[Mettre l'extrait en perspective] Il y a, dans cette scène, un parfum mozartien : Julien est le Chérubin des *Noces de Figaro*, ému, sans savoir pourquoi, devant la Comtesse. C'est à cette parenté que Stendhal veut faire penser quand il met, en épigraphe du chapitre II, les paroles de Chérubin qui chante son trouble d'adolescent amoureux.

2. LA QUESTION DE GRAMMAIRE

« Quoi, c'est là ce précepteur que je me suis figuré comme un prêtre sale et mal vêtu qui viendrait gronder et fouetter mes enfants ? ».

Changements :

– la présence de guillemets ;

– les indices personnels sont passés de la 3e à la 1re personne du singulier (pronoms : elle s' > je me ; adjectifs possessifs : ses > mes) ;

– les temps verbaux : l'imparfait est devenu un présent, le plus-que-parfait un passé composé.

DES POINTS EN +
Le choix du style indirect libre permet, de façon plus vivante que le style indirect, de rendre compte du monologue intérieur, du flux de pensée des personnages.

DES QUESTIONS POUR L'ENTRETIEN

Lors de l'entretien, vous devrez présenter une autre œuvre que vous avez lue au cours de l'année. L'examinateur introduira l'échange et peut vous poser des questions sous forme de relances. Les questions ci-dessous ont été conçues à titre d'exemples.

1 Sur votre dossier est mentionnée la lecture cursive d'un autre roman : *L'Étranger*, de Camus. Pouvez-vous le présenter brièvement ?

2 En quoi ce roman confirme-t-il son titre, *L'Étranger* ?

3 En quoi *Le Rouge et le Noir* et *L'Étranger* présentent-ils des types de héros profondément différents ?

ÉPREUVE ORALE

44 Sujet d'oral • Explication & entretien

Yourcenar, *Mémoires d'Hadrien*, « Le paysage de mes jours… »

20 minutes
20 points

1. Lisez le texte à voix haute. Puis expliquez-le.

DOCUMENT

Le paysage de mes jours semble se composer, comme les régions de montagne, de matériaux divers entassés pêle-mêle. J'y rencontre ma nature, déjà composite, formée en parties égales d'instinct et de culture. Çà et là, affleurent les granits de l'inévitable ; partout, les éboulements du hasard. Je m'efforce de reparcourir ma vie pour y trouver un plan, y suivre une veine de plomb ou d'or, ou l'écoulement d'une rivière souterraine, mais ce plan tout factice n'est qu'un trompe-l'œil du souvenir. De temps en temps, dans une rencontre, un présage, une suite définie d'événements, je crois reconnaître une fatalité, mais trop de routes ne mènent nulle part, trop de sommes ne s'additionnent pas ; je perçois bien dans cette diversité, dans ce désordre, la présence d'une personne, mais sa forme semble presque toujours tracée par la pression des circonstances ; ses traits se brouillent comme une image reflétée sur l'eau. Je ne suis pas de ceux qui disent que leurs actions ne leur ressemblent pas. Il faut bien qu'elles le fassent, puisqu'elles sont ma seule mesure, et le seul moyen de me dessiner dans la mémoire des hommes, ou dans la mienne propre ; puisque c'est peut-être l'impossibilité de continuer à s'exprimer et à se modifier par l'action qui constitue la différence entre l'état de mort et celui de vivant. Mais il y a entre moi et ces actes dont je suis fait un hiatus indéfinissable. Et la preuve, c'est que j'éprouve sans cesse le besoin de les peser, de les expliquer, d'en rendre compte à moi-même. Certains travaux qui durèrent peu sont assurément négligeables, mais des occupations qui s'étendirent sur toute la vie ne signifient pas davantage. Par exemple, il me semble à peine essentiel, au moment où j'écris ceci, d'avoir été empereur.

Marguerite Yourcenar, *Mémoires d'Hadrien*, « Anima vagula blandula », 1951 © Éditions Gallimard.

2. QUESTION DE GRAMMAIRE.
Analysez les portées de la négation présentes des lignes 5 (« Je m'efforce… ») à 14 (« … reflétée sur l'eau. »).

CONSEILS

1. Le texte

Faire une lecture expressive

- Soyez attentif à la ponctuation : certaines phrases sont très longues, et nécessitent de bien poser la respiration.
- Votre lecture doit faire entendre l'importance des modalisateurs et des oppositions dans cet extrait.

Situer le texte, en dégager l'enjeu

- Après avoir rappelé les caractéristiques des *Mémoires d'Hadrien*, situez l'extrait dans l'œuvre.
- Le passage proposé ici s'inscrit clairement dans le parcours associé « Soi-même comme un autre », montrez dès l'introduction comment cet extrait s'articule à la question de l'autobiographie.

2. La question de grammaire

- Relevez les propositions à la forme négative.
- Vous devez identifier les différentes portées de la négation : totale, partielle, ou restrictive.

ÉPREUVE ORALE

44 PRÉSENTATION

1. L'EXPLICATION DE TEXTE

Introduction

[Présenter le contexte] Le XXe siècle est marqué par une remise en cause du roman et des codes narratifs hérités du réalisme et du naturalisme.

[Situer le texte] En publiant les *Mémoires d'Hadrien*, Yourcenar renouvelle en profondeur le roman historique tout en proposant une réflexion très personnelle sur l'Histoire, le pouvoir et l'existence. Ces mémoires fictives s'efforcent de reconstituer la vie et l'intériorité de l'empereur romain Hadrien. L'extrait se situe à la fin de la toute première partie. À travers une réflexion sur la place du hasard dans l'existence et la difficulté de déterminer ce qui constitue l'individualité de chacun, on peut lire le projet romanesque de Yourcenar.

[En dégager l'enjeu] Dans cet extrait, la métaphore filée du « paysage » de la vie permet d'interroger le sens de l'existence et le geste autobiographique.

Explication au fil du texte

Écrire le « paysage de mes jours » (l. 1-8)

• Dès le début de l'extrait, le lecteur se trouve confronté à une métaphore frappante, puisque c'est le terme « paysage » qui est utilisé pour représenter l'existence. Cette image est déjà une indication sur la manière dont le personnage pense l'entreprise autobiographique : il veut composer une vision panoramique de sa vie, semblable aux « régions de montagne », et non reconstituer les étapes d'une chronologie. Il s'agit de trouver les points communs, les motifs récurrents, et non de refaire la trame des événements.

• La « diversité » des « matériaux » qui composent l'existence de l'empereur est soulignée dès l'entrée du passage. Le désordre semble dominer, puisque ces matériaux sont « entassés pêle-mêle ». Yourcenar exploite ici le double sens du mot « nature », qui renvoie au caractère de son personnage et à la réalité qui lui sert à décrire. L'empereur insiste ici aussi sur le caractère « composite » de sa « nature », à la fois « instinct » et « culture », et qu'il ne veut pas trahir en la simplifiant artificiellement dans l'écriture.

• L'entreprise autobiographique est présentée par Hadrien comme une tentative de « reparcourir [s]a vie ». Cependant, la possibilité de dessiner un « plan », de cartographier précisément ce « paysage » est immédiatement mise à distance. Si le « souvenir » reconstitue un « plan », autrement dit rend lisible le passé, ce n'est qu'une illusion, un « trompe-l'œil ». Affleurent ici une méfiance à l'égard de la mémoire et une éthique du doute qu'on retrouve tout au long de l'œuvre. La métaphore filée du « paysage », qui passe par l'évocation d'une « veine de plomb ou d'or » ou « l'écoulement d'une rivière souterraine », confère une dimension poétique et lyrique au texte.

Ordre et désordre (l. 8-14)

- L'empereur évoque la possibilité de parfois « reconnaître une fatalité », c'est-à-dire une forme de nécessité dans ce qui lui arrive, mais pour la mettre aussitôt à distance par la modalisation (« je crois »).

MOT CLÉ
La modalisation renvoie à tous les termes (verbes, adverbes, adjectifs...) par lesquels le locuteur montre son degré d'adhésion au discours qu'il tient, par exemple pour exprimer le doute.

- L'objection faite à soi-même est en effet constante dans cet extrait. La répétition de l'adverbe « mais » témoigne de cette recherche de nuance. De la même manière, les énumérations de termes proches (« dans cette diversité, dans ce désordre ») révèlent une recherche de précision dans le vocabulaire. Les longues phrases ponctuées de points-virgules épousent les détours de la réflexion et témoignent d'un effort pour restituer la réalité dans toute sa complexité.

- Au-delà des « événements », c'est lui-même que l'empereur considère comme un autre : Hadrien cherche à évoquer les « traits » de ce que serait sa « personne ». Ici encore, toute nécessité semble écartée : la « pression des circonstances » détermine la « forme » que prend sa personne. La comparaison avec « l'image reflétée sur l'eau » peut se lire comme une référence aux difficultés de l'entreprise biographique menée par Yourcenar, qui dispose d'informations toujours partielles et biaisées pour donner « forme » à la vie et à l'intériorité de son personnage.

Une éthique de l'action (l. 14-20)

- Par la formule « je ne suis pas de ceux », Hadrien écarte tout un champ des possibles du discours sur soi, en refusant l'idée que ses actions ne lui « ressemblent pas ». L'importance de l'action comme « seul moyen » de se comprendre, de se « mesurer », mais aussi de se « dessiner » pour le futur, autrement dit de donner une « forme » à soi-même et à sa vie apparaît ici.

- La deuxième partie de la phrase définit comme le fait de « s'exprimer et se modifier par l'action ». On retrouve par ailleurs ici l'alternance entre le discours sur soi et le discours à valeur générale qui caractérise *Mémoires d'Hadrien* : la réflexion sur soi se veut aussi conception d'une sagesse. Cela rappelle que le destinataire du texte est un futur empereur : pour l'empereur philosophe qu'est Hadrien, il s'agit de transmettre une éthique à un de ses successeurs.

L'incertitude comme art de vivre et de penser (l. 20-26)

• Dans les dernières lignes, Hadrien met à nouveau à distance ce qu'il vient d'affirmer, en soulignant l'écart, le « hiatus indéfinissable » entre lui et ses actes. Cela peut s'entendre aussi comme une mise question par l'autrice de son propre projet d'écriture. Si on ne peut pas réduire Hadrien à ses actes, à ce qui laisse des traces dans l'histoire, comment pourrait-on reconstituer sa « personne », son être, sa « nature » ?

• Dans ce passage, l'empereur se rapproche du Montaigne des *Essais*, lorsqu'il affirme devoir « sans cesse » « peser », « expliquer » ce qu'il fait. La vision qu'il construit de lui-même est toujours en mouvement, toujours à refaire. Hadrien souligne aussi le biais temporel : le discours sur soi est à mettre en regard du « moment où j'écris ceci ». À travers ce discours, Yourcenar réfléchit sur les artifices de l'écriture autobiographique et plus largement sur l'illusion permanente que constitue toute tentative de récit de soi, quand bien même il serait fait à soi-même.

• Cet extrait met également en exergue un des thèmes importants de l'œuvre, qui est l'écart entre le public et le privé, entre ce qui est le plus visible d'une existence (« des occupations qui s'étendirent sur toute la vie ») et ce qui y est véritablement « essentiel ». La figure d'Hadrien, d'abord connu comme « empereur », cristallise cette préoccupation fréquente dans l'œuvre de Yourcenar.

Conclusion

[Faire le bilan de l'explication] Pour conclure, cet extrait est une esquisse de portrait moral de l'empereur. La réflexion sur l'écriture de soi et sur les artifices qui la constitue dessine un homme soucieux de ne pas réduire la complexité du monde et de l'existence. On peut lire aussi ce texte comme une mise en abyme, si l'on considère que s'y expriment les doutes et les préoccupations de Yourcenar à l'entrée de son œuvre.

[Mettre l'extrait en perspective] À travers sa tentative de restitution d'une existence illustre, Yourcenar préfigure les recherches romanesques contemporaines autour de la fiction biographique et de l'autofiction.

2. LA QUESTION DE GRAMMAIRE

• La négation est une forme de phrase qui permet de nier ou de réfuter une affirmation.

• Elle peut avoir plusieurs portées :

– la négation totale, qui porte sur toute la proposition, et s'exprime avec « ne… pas » ou « ne… point »,

– la négation partielle, qui porte sur une partie de la proposition, et s'exprime par « ne » associé à des mots négatifs comme « personne », « aucun », « jamais »,

– la négation restrictive, exprimée par « ne… que », est un cas particulier qui correspond au sens de « seulement », « uniquement ».

Négation totale	Négation partielle	Négation restrictive
« trop de sommes ne s'additionnent pas »	« trop de routes ne mènent nulle part »	« ce plan tout factice n'est qu'un trompe-l'œil du souvenir »

DES QUESTIONS POUR L'ENTRETIEN

Lors de l'entretien, vous devrez présenter une autre œuvre que vous avez lue au cours de l'année. L'examinateur introduira l'échange et peut vous poser des questions sous forme de relances. Les questions ci-dessous ont été conçues à titre d'exemples.

1. Sur votre dossier est mentionnée la lecture cursive d'un autre roman : *Vies minuscules* de Pierre Michon. Pouvez-vous le présenter brièvement ?
2. Que pensez-vous du lien entre fiction et histoire dans ce récit ?
3. Avez-vous apprécié cette lecture ? Que vous a-t-elle apporté en complément de celle des *Mémoires d'Hadrien* ?
4. Contrairement au héros du roman de Yourcenar, les personnages de Michon sont d'illustres inconnus. Quelle mission assigne-t-il ainsi à la littérature ?

45 Sujet d'oral • Explication & entretien

Yourcenar, *Mémoires d'Hadrien*, « Je rassemblais mes pensées... »

20 minutes
20 points

1. Lisez le texte à voix haute. Puis expliquez-le.

DOCUMENT

Je rassemblais mes pensées : Antinoüs était mort. Enfant, j'avais hurlé sur le cadavre de Marullinus déchiqueté par les corneilles, mais comme hurle la nuit un animal privé de raison. Mon père était mort, mais un orphelin de douze ans n'avait remarqué que le désordre de la maison, les pleurs de sa mère, et sa propre terreur ; il n'avait rien su des affres que le mourant avait traversées. Ma mère était morte beaucoup plus tard, vers l'époque de ma mission en Pannonie ; je ne me rappelais pas exactement à quelle date. Trajan n'avait été qu'un malade à qui il s'agissait de faire faire un testament. Je n'avais pas vu mourir Plotine. Attinanus était mort, c'était un vieillard. Durant les guerres daces, j'avais perdu des camarades que j'avais cru ardemment aimer ; mais nous étions jeunes, la vie et la mort étaient également enivrantes et faciles. Antinoüs était mort. Je me souvenais de lieux communs fréquemment entendus : on meurt à tout âge ; ceux qui meurent jeunes sont aimés des dieux. J'avais moi-même participé à cet infâme abus de mots ; j'avais parlé de mourir de sommeil, de mourir d'ennui. J'avais employé le mot agonie, le mot deuil, le mot perte. Antinoüs était mort.

L'Amour, le plus sage des dieux... Mais l'amour n'était pas responsable de cette négligence, de ces duretés, de cette indifférence mêlée à la passion comme le sable à l'or charrié par un fleuve, de ce grossier aveuglement d'homme trop heureux, et qui vieillit. Avais-je pu être si épaissement satisfait ? Antinoüs était mort. Loin d'aimer trop, comme sans doute Servianus à ce moment le prétendait à Rome, je n'avais pas assez aimé pour obliger cet enfant à vivre.

Marguerite Yourcenar, *Mémoires d'Hadrien*, « Saeculum aureum »,
1951 © Éditions Gallimard.

2. QUESTION DE GRAMMAIRE. Analysez les pronoms personnels et possessifs des lignes 1 à 6.

CONSEILS

1. Le texte

Faire une lecture expressive

• Veillez à restituer la tonalité pathétique de ce passage.

• Le deuxième paragraphe est dominé par l'amertume et la colère : faites entendre cette rupture de ton.

Situer le texte, en dégager l'enjeu

• Après avoir rappelé les caractéristiques des *Mémoires d'Hadrien*, situez l'extrait dans l'œuvre.

• Le passage est à la fois une déploration de la mort de l'être aimé et une réflexion sur le deuil : articulez ces deux enjeux dès l'introduction.

2. La question de grammaire

• Relevez et classez les pronoms dans cet extrait.

• Pensez à distinguer les différentes personnes, mais aussi les formes au singulier et au pluriel et au féminin et au masculin.

45 PRÉSENTATION

1. L'EXPLICATION DE TEXTE

Introduction

[Présenter le contexte] Le XXe siècle fait la part belle aux interrogations sur l'histoire et le rôle qu'elle peut jouer.

[Situer le texte] Les *Mémoires d'Hadrien* tentent de restituer l'existence privée et publique d'un personnage historique que des siècles séparent de l'autrice. Yourcenar s'efforce de pointer les écarts avec cette époque disparue, mais aussi de trouver des points de communication entre les temps. La réflexion sur l'amour et sur la perte de l'être aimé fait partie de ces points de contact avec le passé. Dans l'extrait, Hadrien, dont l'amant Antinoüs vient de se donner la mort, essaye de comprendre cette mort qui le dévaste.

ÉPREUVE ORALE

[En dégager l'enjeu] Cette tentative de l'empereur vieillissant de donner forme à l'incompréhensible prend la forme d'une réflexion sur la place du deuil dans sa vie et sur la manière dont la mort bouscule l'existence.

Explication au fil du texte

La litanie des morts (l. 1-8)

• Dans un roman où domine un ordre assez rigoureux de la réflexion, l'expression « je rassemblais mes pensées » souligne la difficulté inhabituelle d'Hadrien à penser la mort d'Antinoüs, et suggère déjà la dérive que provoque le chagrin. La première occurrence de la formule, sobre et frappante, qui va scander le passage « Antinoüs était mort », est présentée comme la principale « pensée » qui habite Hadrien.

• L'empereur se livre ensuite à une relecture de sa vie à travers les deuils qu'il a connus pour apprivoiser la réalité de la mort d'Antinoüs. Il évoque l'image frappante du « cadavre de Marullinus déchiqueté par les corneilles », mais souligne d'emblée que son jeune âge et l'horreur de la scène ne lui ont pas donné accès à la réalité de cette mort. Les deux phrases suivantes calquent la formulation initiale (« mon père était mort », « ma mère était morte »), mais pour souligner la différence fondamentale avec la mort de l'homme aimé : Hadrien, jeune, n'a compris de la mort que les répercussions concrètes, « le désordre de la maison, les pleurs de sa mère et sa propre terreur ». La mort de sa mère n'a pas été un bouleversement particulier.

Une perte incompréhensible (l. 8-13)

• Outre les figures familiales Hadrien rappelle les êtres qui ont compté dans sa vie d'empereur, et qui sont morts. Par la négation restrictive, Trajan, à qui il a succédé, est réduit au rôle qu'il a joué, « un vieillard à qui il s'agissait de faire signer un testament ». La mort de Plotine et celle d'Attinanus sont aussi mises à distance, soit parce qu'Hadrien n'en a pas été témoin, soit parce que « c'était un vieillard » : la mort est acceptable, elle a du sens.

• Hadrien évoque enfin des deuils qui pourraient s'apparenter à la mort d'Antinoüs, puisqu'il s'agit de « camarades qu'[il] avai[t] cru ardemment aimer ». Cependant, ces morts sont mises à distance, situées dans des circonstances passées où « la vie et la mort étaient également enivrantes et faciles ». La répétition de la phrase « Antinoüs était mort », qui vient clore cette litanie des deuils passés, suggère que la mort du jeune homme est irréductible aux expériences antérieures.

MOT CLÉ
Avant d'avoir le sens d'une répétition, la litanie renvoie à un type de prière caractérisée par la répétition des mêmes formules (la litanie des saints dans la liturgie catholique, par exemple).

Discours sur la mort (l. 13-17)

• Hadrien réfléchit ensuite aux discours sur la mort. Il rappelle d'abord les « lieux communs » censés rendre la réalité plus acceptable mais ne les commente même pas, comme si leur incongruité parlait d'elle-même. Il évoque ensuite, à partir de la ligne 16, les « mots » eux-mêmes, en soulignant l'écart entre l'usage quotidien de ces termes, « l'infâme abus de mots », et le sens qu'ils prennent lorsque la réalité de la « perte » vient les habiter.

• Le paragraphe se clôt sur la répétition du refrain qui scande le texte, « Antinoüs était mort », et qui fait entendre le caractère insupportable de cette réalité à laquelle Hadrien ne cesse de se heurter.

L'amour en question (l. 18-24)

• Le second paragraphe se concentre sur ce qui est sous-jacent tout au long du texte : « l'amour ». Hadrien reprend l'association traditionnelle entre Eros et Thanatos, mais pour la mettre à distance aussitôt : à la figure divine, personnifiée, de « l'Amour », succède le sentiment humain (« l'amour »), sans majuscule, et les raisons de la mort sont mises du côté des travers humains, des limites du sentiment amoureux.

• À la fin de l'extrait, Hadrien évalue la culpabilité qu'il éprouve. L'accumulation de ses fautes (« aveuglement », « négligence », « duretés », « indifférence mêlée à la passion »), les termes évaluatifs (« grossier », « trop », « si épaissement ») ainsi que la question rhétorique à la ligne 22 traduisent la colère et le dégoût de soi. Une dernière répétition de « Antinoüs était mort » vient clore ces accusations. La dernière phrase est un aveu : à la colère succède le regret de n'avoir « pas assez aimé pour obliger cet enfant à vivre ».

Conclusion

[Faire le bilan de l'explication] Cet extrait est une réflexion sur le deuil et la perte autant que sur l'amour et les limites que l'égoïsme humain lui oppose. En reconstituant la douleur de l'empereur face à cet événement central qu'est la mort de l'homme aimé, Yourcenar relie le destin de son personnage à la condition humaine ordinaire, loin des considérations sur la gestion de l'empire romain.

[Mettre l'extrait en perspective] L'évocation de l'amour et de la perte permet à Yourcenar de manifester combien « la substance, la structure humaine ne changent guère », comme elle l'écrit dans ses « Carnets de notes ».

2. LA QUESTION DE GRAMMAIRE

• Un pronom est un mot qui en remplace un autre, qui peut être de nature diverse (un nom, un adjectif, etc.)

• Les pronoms personnels renvoient aux personnes du verbe. Dans le passage, on trouve des pronoms personnels de la première personne (« je »), qui renvoie d'abord au « je » du temps de l'écriture (« je rassemblais »), puis à l'enfant qu'était Hadrien (« j'avais hurlé »). On trouve aussi le pronom personnel de la troisième personne, « il », qui renvoie ici à « un orphelin de douze ans » (« il n'avait rien su »).

> **DES POINTS EN PLUS**
> Les pronoms de la première personne témoignent du travail d'introspection d'Hadrien. Les occurrences des pronoms de la troisième personne montrent la distance que l'empereur établit entre lui, écrivant, et l'enfant qu'il a été.

• Les pronoms possessifs expriment la possession. Dans l'extrait, on trouve des possessifs de la première personne, au masculin singulier (« mon père ») ou pluriel (« mes pensées »), mais aussi des possessifs de la troisième personne, au féminin singulier (« sa mère », « sa propre terreur »).

DES QUESTIONS POUR L'ENTRETIEN

Lors de l'entretien, vous devrez présenter une autre œuvre que vous avez lue au cours de l'année. L'examinateur introduira l'échange et peut vous poser des questions sous forme de relances. Les questions ci-dessous ont été conçues à titre d'exemples.

1. Sur votre dossier est mentionnée la lecture cursive d'un autre roman : *Rimbaud le fils* de Pierre Michon. Pouvez-vous le présenter brièvement ?
2. Que pensez-vous de la figure d'écrivain qui apparaît dans ce texte ?
3. Avez-vous apprécié cette lecture ? Que vous a-t-elle apporté en complément de celle des *Mémoires d'Hadrien* ?
4. Ce roman se rattache au genre de la fiction biographique. Quel intérêt peut avoir ce genre de texte selon vous ?

46 Sujet d'oral • Explication & entretien

Racine, *Phèdre*, acte I, scène 3

20 minutes
20 points

1. Lisez le texte à voix haute. Puis expliquez-le.

DOCUMENT

PHÈDRE
Quand tu sauras mon crime et le sort qui m'accable,
Je n'en mourrai pas moins, j'en mourrai plus coupable.

ŒNONE
Madame, au nom des pleurs que pour vous j'ai versés,
Par vos faibles genoux que je tiens embrassés,
Délivrez mon esprit de ce funeste doute.

PHÈDRE
Tu le veux. Lève-toi.

ŒNONE
Parlez : je vous écoute.

PHÈDRE
Ciel ! que lui vais-je dire ? Et par où commencer ?

ŒNONE
Par de vaines frayeurs cessez de m'offenser[1].

PHÈDRE
Ô haine de Vénus ! Ô fatale colère !
Dans quels égarements l'amour jeta ma mère[2] !

ŒNONE
Oublions-les, Madame. Et qu'à tout l'avenir
Un silence éternel cache ce souvenir.

PHÈDRE
Ariane[3], ma sœur ! de quel amour blessée
Vous mourûtes aux bords où vous fûtes laissée !

ŒNONE
Que faites-vous, Madame ? Et quel mortel ennui[4]
Contre tout votre sang vous anime aujourd'hui ?

ÉPREUVE ORALE

Phèdre

Puisque Vénus le veut, de ce sang déplorable
Je péris la dernière, et la plus misérable.

Œnone

Aimez-vous ?

Phèdre

De l'amour j'ai toutes les fureurs.

Œnone

Pour qui ?

Phèdre

Tu vas ouïr le comble des horreurs.
J'aime... À ce nom fatal, je tremble, je frissonne.
J'aime...

Œnone

Qui ?

Phèdre

Tu connais ce fils de l'Amazone[5],
Ce prince si longtemps par moi-même opprimé ?

Œnone

Hippolyte ? Grands Dieux !

Phèdre

C'est toi qui l'as nommé.

Œnone

Juste ciel ! tout mon sang dans mes veines se glace.
Ô désespoir ! ô crime ! ô déplorable race !
Voyage infortuné ! Rivage malheureux,
Fallait-il approcher de tes bords dangereux ?

Jean Racine, *Phèdre*, acte I, scène 3, 1677.

---

1. Offenser : blesser, troubler profondément.
2. La mère de Phèdre, Pasiphaé, envoûtée par Vénus, s'est accouplée à un taureau.
3. Ariane a été abandonnée par Thésée après l'avoir aidé à vaincre le Minotaure, monstre né des amours de Pasiphaé avec un taureau.
4. Ennui : douleur, tourment.
5. L'Amazone : reine des amazones, première femme de Thésée et mère d'Hippolyte.

2. QUESTION DE GRAMMAIRE.

Aux vers 3 à 5, repérez les différents verbes conjugués puis donnez leur mode et leur temps.

CONSEILS

1. Le texte

Faire une lecture expressive

• Soignez la prononciation des alexandrins : souvenez-vous que le *e* se prononce à l'intérieur d'un mot (« égar<u>e</u>ments ») et en fin de mot suivi d'une consonne (« vain<u>es</u> frayeurs »). N'oubliez pas de faire les liaisons (« Dans quel<u>s é</u>garements ») et de prononcer « ouïr » en deux syllabes.

• Votre ton doit suggérer le trouble et la détresse croissante de Phèdre, égarée par l'amour, et l'inquiétude d'Œnone, qui progresse jusqu'à l'effroi.

Situer le texte, en dégager l'enjeu

• Quand s'ouvre la pièce, un mal mystérieux ronge Phèdre, qui cherche à mourir. Sa confidente, Œnone, craint pour sa vie et l'interroge de manière pressante : la scène 3 de l'acte I est essentielle car elle aboutit au dévoilement du secret que Phèdre souhaitait garder pour elle à jamais.

• Vous montrerez qu'ici l'aveu ne se fait pas sans difficultés et que le langage sert autant à multiplier les détours pour le retarder qu'à le formuler explicitement. Vous soulignerez les différentes étapes qui mènent à cet aveu.

• Observez l'évolution du discours d'Œnone : elle souligne le drame de la passion, à mesure qu'elle saisit ce qui tourmente sa maîtresse.

2. La question de grammaire

• Soulignez les verbes ; faites attention aux formes composées.

• Distinguez bien l'indicatif et l'impératif.

46 PRÉSENTATION

1. L'EXPLICATION DE TEXTE

Introduction

[Présenter le contexte] Racine s'empare dans sa pièce *Phèdre* d'une héroïne de la mythologie dévorée par un amour monstrueux : elle s'éprend de son beau-fils Hippolyte et incarne la passion dans toute sa démesure tragique.

ÉPREUVE ORALE

[Situer le texte] Lors de sa première apparition, Phèdre semble mourante, minée par un mal qu'elle s'obstine à taire. Poussée par Œnone, elle se résout peu à peu à rompre le silence.

[En dégager l'enjeu] Cet échange haletant éclaire les affres d'une passion qui se sait coupable et peine à se dire.

Explication au fil du texte

Avouer, une décision difficile (v. 1-6)

- Les deux premiers vers permettent à Phèdre d'exprimer, au futur, la certitude d'être condamnée par Œnone : « tu sauras », « j'en mourrai plus coupable ». La mort apparaît d'emblée comme la seule issue. Des termes forts à la rime (« coupable ») ou à la césure (« crime ») soulignent le poids du remords.

> **DES POINTS EN +**
> Dans sa préface, Racine décrit Phèdre comme « ni tout à fait coupable, ni tout à fait innocente » : l'impuissance de l'héroïne suscite de la pitié et de l'effroi.

- Au vers 1, le « sort » est sujet du verbe « accabler », et Phèdre COD (« m' ») : elle a perdu le contrôle de son existence et se peint comme une victime passive.
- Œnone met en avant les liens étroits et anciens qui l'unissent à Phèdre (avant d'être sa confidente, elle a été sa nourrice) : elle pèse de tout le poids de son affection sur Phèdre afin d'obtenir la confidence et elle multiplie les impératifs (« Délivrez mon espoir », « Parlez ».)
- L'alexandrin du vers 6, réparti sur les deux femmes, insiste sur le fait que Phèdre consent malgré elle à cet aveu, comme si elle cédait à la volonté d'Œnone (« Tu le veux. Lève-toi. »). À l'instar de la confidente, le spectateur ne peut qu'être intrigué par ces mystères.

Hésitations et scrupules de Phèdre (v. 7-18)

- Au vers 7, la double question souligne la difficulté de la confession. L'apostrophe exclamative au « ciel » est un cri de désespoir, tandis qu'Œnone, dans son ignorance, se refuse à croire au pire et balaie les mauvaises pensées de sa maîtresse (« vaines frayeurs » et plus loin « oublions-les »).
- Dans une double exclamation pathétique, Phèdre donne un premier indice, encore évasif, de son drame : « Ô haine de Vénus ! ». Elle rappelle ensuite les drames intimes des femmes de sa famille (sa mère, sa sœur Ariane) qui permettent de glisser peu à peu vers le sien. Elle se situe dans une généalogie maudite.

> **DES POINTS EN +**
> Par amour pour Thésée, Ariane l'avait aidé à tuer le Minotaure, son demi-frère monstrueux. Puis Thésée avait abandonné la jeune femme sur l'île de Naxos. Il avait ensuite épousé Phèdre, la sœur d'Ariane. Une famille compliquée…

• L'amour ressenti (vers 10 et 13) est systématiquement associé à des conséquences terribles (« égarements », « blessée », « mourûtes ») ; il apparaît comme une malédiction. Le ton adopté par Phèdre est celui de la déclamation lyrique, les vers 13-14 deviennent chant de désespoir : le ton plaintif, fortement exclamatif, est porteur d'une musicalité créée par le jeu des sonorités (notamment la rime interne « mourûtes/fûtes », qui met en lumière le sort funeste d'Ariane).

• Les questions d'Œnone montrent qu'elle ne comprend pas d'emblée où Phèdre veut en venir : « Que faites-vous, Madame ? »

• L'évocation du « sang » (vers 16 et 17), c'est-à-dire de la lignée sur laquelle s'acharnent les dieux, permet de faire surgir la fatalité à l'œuvre dans le destin d'une famille maudite. La mention répétée de « Vénus » en précise la nature : c'est bien la passion qui consume Phèdre, pour son malheur, en témoigne la rime riche « déplorable »/« misérable ». Elle se voit comme l'ultime victime de cette fatalité accablant une lignée désastreuse (vers 18). De même que c'est Œnone qui « veut » que Phèdre avoue (vers 6), ici c'est Vénus qui « veut » (vers 17) que Phèdre soit rongée par une passion qu'elle tarde à avouer.

• Le superlatif « la plus misérable » crée un effet de gradation intrigant, conforté par le vers 20 : « Tu vas ouïr le comble des horreurs ».

Un aveu sidérant (v. 19-28)

• S'ensuit un dialogue vif. Par des questions de plus en plus brèves (trois syllabes, puis deux puis une seule) et pressantes, Œnone, mise sur la voie, se livre à un exercice de maïeutique pour obtenir la douloureuse vérité, qui se dévoile au fil des répliques.

> **DES POINTS EN +**
> La maïeutique est l'art de conduire son interlocuteur à formuler les vérités qu'il a en lui, grâce à un échange, à des questions éclairantes.

• L'amour se présente sous une forme extrême, incontrôlable, comme l'indique la rime « fureurs », en écho à « horreurs ».

• Les brusques interruptions du propos de Phèdre (les points de suspension, l'anaphore de « J'aime… ») révèlent ses réticences à aller jusqu'au bout de son aveu : elle ne peine pas à mettre les mots sur ce qu'elle vit (elle répète qu'elle aime), mais n'arrive pas à dire le nom, à désigner l'objet de son amour. Cette souffrance à dire se traduit physiquement : l'effroi de Phèdre s'exprime à travers son corps (« je tremble, je frissonne »). Le motif du destin tragique apparaît à nouveau : « nom fatal » fait écho au « sort » du vers 1 et à la « fatale colère » de Vénus.

• La révélation tant attendue prend la forme d'une périphrase : Phèdre aime « ce fils de l'Amazone ». Phèdre semble encore une fois incapable de prononcer ce nom et laisse sa confidente préciser l'effroyable vérité : le drame de l'amour incestueux. L'aveu est d'autant plus surprenant pour Œnone et pour le spectateur que Phèdre simulait la haine contre Hippolyte !

• L'effroi d'Œnone n'a d'égal que sa surprise, révélée par des questions et des exclamations brèves. Les craintes de Phèdre quant à sa condamnation sont confirmées par les courtes exclamations et apostrophes désespérées d'Œnone (« grands dieux ! », « juste ciel ! ») ; elle reprend à son compte le terme « crime », d'abord utilisé par Phèdre. Un rythme ternaire clôt l'extrait et laisse éclater le désespoir d'Œnone, qui comme par un effet d'écho redouble celui de Phèdre.

Conclusion

[Faire le bilan de l'explication] Alors qu'elle aspirait à mourir avec son secret, Phèdre se résout donc à tout avouer à sa confidente : cet échange trahit le trouble d'une héroïne animée « par une passion illégitime dont elle a horreur toute la première », comme le rappelle Racine dans sa préface. La révélation de la vérité se fait au prix de bien des détours, dans une scène capitale marquée par une vive tension : le spectateur, comme Œnone, est suspendu aux paroles d'une Phèdre bouleversée.

[Mettre l'extrait en perspective] L'engrenage s'enclenche : mieux aurait valu se taire, et la série d'aveux qui ponctuent cette tragédie de la parole va précipiter les personnages vers leur perte.

2. LA QUESTION DE GRAMMAIRE

« Madame, au nom des pleurs que pour vous j'ai versés,
Par vos faibles genoux que je tiens embrassés,
Délivrez mon esprit de ce funeste doute. »

• Trois verbes dans ces trois vers, tous à des temps différents.

• Le verbe « ai versés » est conjugué au mode indicatif, à la première personne du passé composé. Le participe passé « versés » s'accorde au masculin pluriel avec l'antécédent de son COD « que » placé avant lui : « pleurs ».

• Le verbe « tiens » est conjugué à la première personne du présent de l'indicatif.

DES POINTS EN +
Vous pouvez préciser que ces trois verbes renvoient respectivement au passé (liens forts d'Œnone et de Phèdre), au présent de l'énonciation et au futur escompté à travers l'impératif. Œnone multiplie les stratégies pour obtenir l'aveu.

• Le verbe « Délivrez » est quant à lui conjugué au présent du mode impératif, à la deuxième personne du pluriel : Œnone vouvoie Phèdre.

DES QUESTIONS POUR L'ENTRETIEN

Lors de l'entretien, vous devrez présenter une autre œuvre que vous avez lue au cours de l'année. L'examinateur introduira l'échange et peut vous poser des questions sous forme de relances. Les questions ci-dessous ont été conçues à titre d'exemples.

1. Sur votre descriptif est mentionnée la lecture cursive d'une autre pièce de théâtre : *Cyrano de Bergerac* d'Edmond Rostand. Pouvez-vous la présenter brièvement ?
2. Comment la pièce s'empare-t-elle de la passion amoureuse ? En quoi lui confère-t-elle une dimension tragique ?
3. Expliquez en quoi l'aveu des sentiments amoureux se révèle particulièrement délicat dans *Cyrano de Bergerac.*
4. Avez-vous apprécié cette lecture ? Quels liens pouvez-vous tisser avec *Phèdre* ?

47 Sujet d'oral • Explication & entretien

Racine, *Phèdre*, acte II, scène 5

20 minutes
20 points

1. Lisez le texte à voix haute.
Puis expliquez-le.

DOCUMENT

PHÈDRE

Oui, Prince, je languis, je brûle pour Thésée.
Je l'aime, non point tel que l'ont vu les enfers,
Volage[1] adorateur de mille objets divers,
Qui va du Dieu des morts déshonorer la couche ;
Mais fidèle, mais fier, et même un peu farouche,
Charmant, jeune, traînant tous les cœurs après soi,
Tel qu'on dépeint nos Dieux, ou tel que je vous voi.
Il avait votre port, vos yeux, votre langage.
Cette noble pudeur[2] colorait son visage,
Lorsque de notre Crète il traversa les flots,
Digne sujet des vœux des filles de Minos[3].
Que faisiez-vous alors ? Pourquoi sans Hippolyte
Des héros de la Grèce assembla-t-il l'élite ?
Pourquoi trop jeune encor ne pûtes-vous alors
Entrer dans le vaisseau qui le mit sur nos bords[4] ?
Par vous aurait péri le monstre de la Crète
Malgré tous les détours de sa vaste retraite[5].
Pour en développer l'embarras incertain
Ma sœur du fil fatal eût armé votre main.
Mais non, dans ce dessein je l'aurais devancée.
L'amour m'en eût d'abord inspiré la pensée.
C'est moi, Prince, c'est moi dont l'utile secours
Vous eût du Labyrinthe[6] enseigné les détours.
Que de soins m'eût coûtés cette tête charmante !
Un fil n'eût point assez rassuré votre amante.

Compagne du péril qu'il vous fallait chercher,
Moi-même devant vous j'aurais voulu marcher,
Et Phèdre au Labyrinthe avec vous descendue,
Se serait avec vous retrouvée, ou perdue.

Jean Racine, *Phèdre*, acte II, scène 5, 1677.

1. Volage : inconstant, frivole.
2. Pudeur : retenue chaste.
3. Filles de Minos : Ariane et Phèdre.
4. Bords : rivages.
5. Retraite : lieu où l'on se retire, s'abrite.
6. Labyrinthe : nom propre devenu nom commun.

2. QUESTION DE GRAMMAIRE.
Analysez la phrase : « Par vous aurait péri le monstre de la Crète / Malgré tous les détours de sa vaste retraite. », en mettant en évidence les groupes de mots et leur fonction.

CONSEILS

1. Le texte

Faire une lecture expressive

• Vous devez faire entendre les 12 syllabes composant chaque alexandrin : pensez à prononcer le e quand il compte dans la mesure du vers, en fin de mot (ex. : « Mais fidèle, mais fier… ») ou à l'intérieur d'un mot (ex. : « Pour en développer… »).

• Faites aussi entendre les liaisons ; notez-les au crayon sur votre texte (ex. : « Que faisiez-vous alors ? »)

• Votre ton doit suggérer que Phèdre se laisse peu à peu emporter dans une folle rêverie amoureuse.

Situer le texte, en dégager l'enjeu

• Après avoir rappelé les liens unissant Phèdre, Hippolyte et Thésée, expliquez pourquoi Phèdre vient voir Hippolyte.

• La tirade étudiée précède le moment où Phèdre avoue explicitement son amour Hippolyte : vous montrerez qu'il y a ici un aveu indirect, qui passe par l'évocation d'un passé complètement réinventé.

• Observez comment Phèdre désigne les personnages qu'elle évoque (et se désigne elle-même) ; observez le jeu des substitutions de personnages auquel elle se livre involontairement.

ÉPREUVE ORALE

2. La question de grammaire

• Dans cette phrase simple, identifiez le verbe (à un temps composé) et le groupe nominal sujet.

• Puis retrouvez deux groupes prépositionnels compléments circonstanciels ; n'oubliez pas d'indiquer la circonstance exprimée.

47 PRÉSENTATION

1. L'EXPLICATION DE TEXTE

Introduction

[Présenter le contexte] Dans *Phèdre* (1677), Racine puise aux sources antiques pour peindre le destin d'une héroïne incarnant une passion coupable : Phèdre est en effet la proie d'un amour impossible et scandaleux pour le jeune prince Hippolyte, fils de son époux Thésée.

[Situer le texte] Phèdre vient d'avouer à sa nourrice la passion qui la dévore. Quand une rumeur annonce la mort du roi Thésée, elle demande à s'entretenir avec Hippolyte : elle veut placer son jeune fils sous la protection du nouveau souverain.

[En dégager l'enjeu] Cette tirade permet d'observer comment, égarée par l'amour, elle substitue progressivement la figure d'Hippolyte à celle de Thésée, faisant ainsi l'aveu indirect de sa passion.

Explication au fil du texte

Les deux Thésée (v. 1-11)

• Les deux premiers vers de l'extrait permettent à Phèdre d'exprimer avec force son amour envers Thésée comme le soulignent le lexique de la passion (« languis », « brûle ») ainsi que le vibrant « Je l'aime » au début du vers 2.

• Mais d'emblée cette affirmation est contredite par la suite de la phrase où – à l'aide des connecteurs « non point tel… Mais… tel qu'on… » – elle oppose deux Thésée : celui d'aujourd'hui, héros négatif, présenté comme un séducteur inconstant (« Volage adorateur »), indigne d'admiration (son dernier « exploit » : être allé enlever la femme d'un dieu, qu'un ami convoitait), et le Thésée d'autrefois, jeune homme, qui attire malgré lui (« un peu farouche ») un cortège innombrable de femmes (« traînant tous les cœurs après soi »), cortège dans lequel Phèdre a le droit de son fondre.

- Phèdre trahit sa véritable passion une première fois dans le vers 7 en établissement un rapprochement entre ce Thésée idéalisé et le jeune Hippolyte qui lui fait face (« tel que je vous voi »).
- Selon elle, le Thésée d'autrefois ressemble trait pour trait à Hippolyte : Phèdre détaille ainsi les charmes de celui qu'elle adore (« votre port, vos yeux, votre langage »).

Hippolyte acteur imaginaire de l'épopée crétoise (v. 12-19)

- Une question presque agressive (« Que faisiez-vous alors ? ») trahit la confusion de l'héroïne : celle-ci semble imaginer que le père et le fils aient pu être contemporains… Les deux questions qui suivent, directement adressées à Hippolyte, n'appellent aucune réponse. On y entend à la fois le regret, le reproche et le dépit amoureux.
- L'évocation de l'épisode héroïque du combat de Thésée, secondée par Ariane (« Ma sœur »), contre le Minotaure (vers 16 à 19) confirme l'effacement du véritable protagoniste, Thésée, au profit de son fils. Une Phèdre de plus en plus délirante réécrit l'exploit en substituant Hippolyte à son père (les quatre vers sont encadrés par des expressions évoquant le jeune prince : « Par vous… votre main. »)
- Notons que les périphrases utilisées par Racine pour évoquer cet épisode étaient transparentes pour le spectateur de l'époque classique : le « monstre de la Crète » désigne le Minotaure ; « les détours de sa vaste retraite » désignent le Labyrinthe, construit par Dédale, dans lequel le monstre était enfermé ; le « fil fatal » s'applique au fil qu'Ariane confia à Thésée pour qu'il s'aventure dans le Labyrinthe sans s'y égarer et puisse en ressortir.

> **DES POINTS EN +**
> « Par vous aurait péri le monstre de la Crète » : ce vers préfigure un moment terrible ; Phèdre va bientôt demander à Hippolyte de la tuer (« Crois-moi ce monstre affreux ne doit point t'échapper »). C'est elle le monstre, non plus le Minotaure tué par Thésée.

Phèdre, nouvelle Ariane (v. 20-29)

- Le début du vers 20 (« Mais non ») marque un degré supplémentaire dans l'égarement. Ce n'est plus Ariane qui aide Thésée, devenu Hippolyte, à sortir du Labyrinthe mais Phèdre elle-même.
- Elle accomplit ce geste par « amour ». L'exclamation « Que de soins m'eût coûtés cette tête charmante ! » laisse percevoir une passion de plus en plus explicite ; cependant la fureur amoureuse se colore ici d'une dimension presque maternelle, protectrice (« secours », « soins », « rassuré »).

• Phèdre se rêvant en nouvelle Ariane ne laisse pas Hippolyte affronter seul le danger mais le suit à l'intérieur du Labyrinthe. Elle n'est plus seulement une auxiliaire mais une « compagne », cette idée étant renforcée par la répétition de « avec vous » : « Et Phèdre au labyrinthe avec vous descendue // Se serait avec vous retrouvée, ou perdue ».

• Le terme « perdue » doit être compris de deux manières différentes : perte physique (celle dans le labyrinthe) et perte morale (celle de l'adultère). Le Labyrinthe peut ainsi être vu comme la métaphore de l'amour interdit : le danger n'est plus le Minotaure mais la passion amoureuse.

Conclusion

[Faire le bilan de l'explication] Dans cette rêverie où Phèdre oublie progressivement le père pour son fils et réécrit un épisode passé où Hippolyte et elle-même formeraient un couple inédit, sa passion transparaît malgré elle. Elle est au bord de l'aveu, qui va exploser directement et violemment dans la suite immédiate de la scène. Phèdre ne peut lutter contre la fureur amoureuse qui la ronge et qu'elle vit comme une fatalité. C'est là qu'est la source de la tragédie.
[Mettre l'extrait en perspective] Il est possible de lire une telle absence de libre arbitre comme le trait d'une vision janséniste de l'homme. Selon cette doctrine que Racine, élevé par les Jansénistes de Port-Royal, défend à la fin de sa carrière, la volonté humaine n'est jamais libre.

2. LA QUESTION DE GRAMMAIRE

« Par vous aurait péri le monstre de la Crète
Malgré tous les détours de sa vaste retraite. »

• Le verbe autour duquel est construite cette phrase simple est « aurait péri » (au conditionnel passé, avec une valeur d'irréel du passé).

• Son sujet (inversé) est le GN « le monstre de la Crète ».

• La phrase comprend deux groupes prépositionnels compléments circonstanciels :
– « par vous », qui exprime le moyen ;
– « Malgré tous les détours de sa vaste retraite » qui exprime l'opposition.

DES POINTS EN +
Vous pouvez signaler que l'inversion de l'ordre canonique de la phrase (S-V-C) a pour effet de mettre en avant le complément circonstanciel « Par vous » et d'insister ainsi sur la substitution d'Hippolyte à Thésée dans le combat contre le Minotaure.

DES QUESTIONS POUR L'ENTRETIEN

Lors de l'entretien, vous devrez présenter une autre œuvre que vous avez lue au cours de l'année. L'examinateur introduira l'échange et peut vous poser des questions sous forme de relances. Les questions ci-dessous ont été conçues à titre d'exemples.

1. Sur votre dossier est mentionnée la lecture cursive d'une autre pièce de théâtre : *Huis Clos* de Jean-Paul Sartre. Pouvez-vous la présenter brièvement ?
2. En quoi cette pièce est-elle tragique ? Les personnages inspirent-ils pitié ?
3. Avez-vous apprécié cette lecture ? Que vous a-t-elle apporté en complément de celle de *Phèdre* ?

48 Sujet d'oral • Explication & entretien

Beaumarchais, *Le Mariage de Figaro*, acte I, scène 1

20 minutes
20 points

1. Lisez le texte à voix haute. Puis expliquez-le.

DOCUMENT

Acte I

Le théâtre représente une chambre à demi démeublée, un grand fauteuil de malade est au milieu. Figaro, avec une toise[1], mesure le plancher. Suzanne attache à sa tête, devant une glace, le petit bouquet de fleurs d'orange appelé chapeau de la mariée.

Scène 1

FIGARO, SUZANNE.

FIGARO. – Dix-neuf pieds[2] sur vingt-six.

SUZANNE. – Tiens, Figaro, voilà mon petit chapeau ; le trouves-tu mieux ainsi ?

FIGARO *lui prend les mains.* – Sans comparaison, ma charmante. Oh ! que ce joli bouquet virginal, élevé[3] sur la tête d'une belle fille, est doux, le matin des noces, a l'œil amoureux d'un époux !...

SUZANNE *se retire.* – Que mesures-tu donc là, mon fils[4] ?

FIGARO. – Je regarde, ma petite Suzanne, si ce beau lit que Monseigneur nous donne aura bonne grâce ici.

SUZANNE. – Dans cette chambre ?

FIGARO. – Il nous la cède.

SUZANNE. – Et moi, je n'en veux point.

FIGARO. – Pourquoi ?

SUZANNE. – Je n'en veux point.

FIGARO. – Mais encore ?

SUZANNE. – Elle me déplaît.

FIGARO. – On dit une raison.

SUZANNE. – Si je n'en veux pas dire ?

FIGARO. – Oh ! quand elles sont sûres de nous !

SUZANNE. – Prouver que j'ai raison serait accorder que je puis avoir tort. Es-tu mon serviteur[5], ou non ?

FIGARO. – Tu prends de l'humeur contre la chambre du château la plus commode, et qui tient le milieu des deux appartements. La nuit, si Madame est incommodée, elle sonnera de son côté ; zeste[6] ! En deux pas tu es chez elle. Monseigneur veut-il quelque chose ? Il n'a qu'à tinter du sien ; crac ! en trois sauts me voilà rendu.

SUZANNE. – Fort bien ! mais quand il aura *tinté* le matin, pour te donner quelque bonne et longue commission, zeste ! en deux pas, il est à ma porte, et crac ! en trois sauts…

FIGARO. – Qu'entendez-vous par ces paroles ?

SUZANNE. – Il faudrait m'écouter tranquillement.

FIGARO. – Eh, qu'est-ce qu'il y a ? bon Dieu !

SUZANNE. – Il y a, mon ami, que, las de courtiser les beautés des environs, Monsieur le Comte Almaviva veut rentrer au château, mais non pas chez sa femme ; c'est sur la tienne, entends-tu, qu'il a jeté ses vues, auxquelles il espère que ce logement ne nuira pas… Et c'est ce que le loyal Bazile[7], honnête agent de ses plaisirs, et mon noble maître à chanter, me répète chaque jour, en me donnant leçon.

FIGARO. – Bazile ! ô mon mignon ! si jamais volée de bois vert appliquée sur une échine, a dûment redressé la moelle épinière à quelqu'un…

SUZANNE. – Tu croyais, bon garçon ! que cette dot qu'on me donne était pour les beaux yeux de ton mérite ?

FIGARO. – J'avais assez fait pour l'espérer.

SUZANNE. – Que les gens d'esprit sont bêtes !

FIGARO. – On le dit.

SUZANNE. – Mais c'est qu'on ne veut pas le croire !

FIGARO. – On a tort.

SUZANNE. – Apprends qu'il la destine à obtenir de moi, secrètement, certain quart d'heure, seul à seule, qu'un ancien droit du seigneur[8]… Tu sais s'il était triste !

FIGARO. – Je le sais tellement que, si Monsieur le Comte, en se mariant, n'eût pas aboli ce droit honteux, jamais je ne t'eusse épousée dans ses domaines.

SUZANNE. – Hé bien ! s'il l'a détruit, il s'en repent ; et c'est de ta fiancée qu'il veut le racheter en secret aujourd'hui.

Beaumarchais, *Le Mariage de Figaro*, acte I, scène 1, 1784.

1. Toise : instrument de mesure, mètre. À cette époque, les longueurs se mesurent en pieds, et non en mètres
2. Pied : mesure de longueur ; environ 32,5 cm (19 pieds sur 26 : environ 6 mètres sur 8).
3. Élevé : dressé.
4. Mon fils : terme d'affection marquant la protection.
5. Serviteur : le mot n'a pas ici son sens social, mais il appartient au langage amoureux et galant.
6. Zeste : Interjection familière, elle exprime un mouvement rapide.
7. Bazile : maître de clavecin de la comtesse, maîtresse de Suzanne.
8. Suzanne fait allusion à un ancien droit féodal qui autorisait le seigneur d'une terre à précéder le mari auprès de la jeune mariée dans le lit conjugal.

2. QUESTION DE GRAMMAIRE. Quelle particularité syntaxique présentent les répliques de Figaro : « Quand elles sont sûres de nous ! » et de Suzanne : « Mais quand il aura *tinté*… il est à ma porte et crac ! en trois sauts… » ? Explicitez le sens de chacune d'elles.

CONSEILS

1. Le texte

Faire une lecture expressive

• Demandez à l'examinateur s'il préfère que vous lisiez l'ensemble du texte (noms des personnages, didascalies, répliques) ou seulement les répliques que l'on entend sur scène.

• Faites apparaître le caractère des personnages : Suzanne coquette, vive, provocatrice ; Figaro amoureux, puis incrédule et outré (marquez la progression dans son ton).

Situer le texte, en dégager l'enjeu

• Au siècle des Lumières, le théâtre est un genre propre à traiter de questions sociales pour un large public tout en le faisant rire.

• Comment Beaumarchais dans cette scène d'exposition d'une comédie met-il en place la situation et dessine-t-il les personnages ? En quoi ce couple de serviteurs est-il représentatif du contexte des Lumières ?

2. La question de grammaire

• Ces répliques sont-elles correctes syntaxiquement ? Comportent-elles les éléments nécessaires pour produire un sens explicite clair ? Si des éléments manquent, complétez les phrases pour expliciter le sens de ces répliques.

• Une proposition indépendante (ou principale) doit comporter un verbe conjugué et une proposition subordonnée ne peut pas se lire/dire seule mais nécessite une proposition principale dont elle dépend.

48 PRÉSENTATION

1. L'EXPLICATION DE TEXTE

Introduction

[Présenter le contexte] Beaumarchais fait de Figaro – personnage principal de sa première comédie, *Le Barbier de Séville* – le protagoniste de son *Mariage de Figaro*.

[Situer le texte] C'est lui, avec sa fiancée, la servante Suzanne, qui ouvre le spectacle, au moment où il prend les dimensions d'une pièce « à demi démeublée ».

[En dégager l'enjeu] Cette scène d'exposition, pleine d'allant et de surprises, bien dans l'esprit du XVIIIe siècle, donne le ton et l'allure d'une comédie étourdissante qui mérite bien son autre titre : « La Folle Journée ».

Explication au fil du texte

« La chambre du château la plus commode » (l. 1-28)

• C'est une scène d'exposition enlevée, rapide : le spectateur découvre le décor (les didascalies le précisent : « une chambre » avec un « grand fauteuil de malade » énigmatique – il jouera dans l'acte I un grand rôle !). Le dialogue permet vite d'identifier les personnages (« Tiens, Figaro », « ma petite Suzanne »). Le moment où débute l'action est rapidement mentionné : « le matin des noces ». Nous apprenons aussi quel est le statut social des protagonistes : ils sont au service de deux aristocrates (« Monseigneur » et « Madame ») et vivent à leurs côtés dans un château.

• Ce début bouleverse les repères traditionnels de la comédie : habituellement dans les comédies classiques (des XVIIe et XVIIIe siècles) le mariage (en général entre les maîtres) clôt la comédie. Ici la pièce s'ouvre sur l'imminence du mariage des valets. On voit le couple des futurs époux évoluer parmi les symboles de l'amour et des noces (« beau lit », « bouquet de fleurs d'orange », « chapeau de la mariée »).

• Le dialogue porte les marques du discours amoureux et de la tendresse. Les fiancés se tutoient et ponctuent leurs phrases de termes affectueux (« ma petite Suzanne ») et galants (« es-tu mon serviteur ? », « ma charmante »). Parfois, l'emploi de la troisième personne introduit une solennité courtoise (« la tête d'une belle jeune fille », « l'œil amoureux d'un époux » – métonymie par laquelle Figaro se désigne lui-même). Les gestes traduisent la joie de ce jour qui promet d'être une fête : à l'enthousiasme de Figaro qui se démène comme un beau diable (il mesure la chambre), répond la coquetterie de Suzanne, qui tourne autour de son fiancé pour qu'il admire sa toilette (« Voilà mon petit chapeau : le trouves-tu mieux ainsi ? »).

• Mais, dans ce ciel limpide, survient rapidement un premier nuage : une chamaillerie à propos de la chambre que « Monseigneur » (le Comte Almaviva) attribue au couple. Quand Suzanne l'apprend, elle se cabre, elle se bute (répétition pleine de résolution du verbe « vouloir »). Figaro, toujours aussi entreprenant, veut convaincre : il résume la situation des valets dans leur futur domicile par un petit scénario « idéal » à ses yeux (chacun à proximité de son maître ou de sa maîtresse, prêt à le/la servir à tout moment), et il le fait avec ses moyens de valet ingénieux mais naïf : on imagine, à travers la verve qu'il déploie (emploi dynamique de l'interjection « zeste », de l'onomatopée « crac »), sa gestuelle d'acrobate (les « deux pas », les « trois sauts ») pour mimer ce qu'il raconte…

Les révélations de Suzanne… (l. 29-58)

• Sur une exclamation, brève comme un cri (« Fort bien ! ») la situation se modifie et s'éclaircit (on comprend alors les réticences de Suzanne). Elle s'empare du scénario de son fiancé, le parodie, en jouant notamment sur la reprise du verbe *tinter* et celle des interjections, pour dévoiler la réalité de la situation. Désormais c'est Suzanne qui conduit le dialogue. Figaro a perdu l'initiative : il ne fait plus que réagir (sa colère contre Bazile), s'emporter, jurer (« bon Dieu »), répondre aux propos ou questions de Suzanne ou exprimer son dépit (lui qui pensait en avoir « assez fait » « assez fait » pour espérer la reconnaissance de son maître).

> **À NOTER**
> Figaro fait ici allusion aux intrigues qu'il avait menées dans *Le Barbier de Séville* pour que son maître, Almaviva, parvienne à épouser Rosine.

• Suzanne révèle les intentions cachées du Comte Almaviva : il veut la séduire, il se sert de Bazile comme entremetteur, il espère pouvoir acheter Suzanne (l'octroi d'une dot) et il regrette d'avoir renoncé à l'« ancien droit du seigneur ». Mais elle fait ces révélations avec tact, délicatesse et humour utilisant des sous-entendus malicieux (« certain quart d'heure… ») ou des termes ironiques (« loyal », « honnête agent ») pour décrire des agissements sordides ou scandaleux.

• Au fil de ses révélations, Suzanne fait la leçon à son trop naïf fiancé : elle emploie un ton didactique (« Il faudrait m'écouter », « tu croyais… », « apprends que… »), recourt à des phrases aux allures de maximes, avec des antithèses (« Prouver que j'ai *raison* serait accorder que je puis avoir *tort* »),

• Mais en même temps elle se moque gentiment de la crédulité de son fiancé (« Que les gens [= Figaro !] d'esprit sont bêtes ! ») qu'elle traite avec une tendresse amusée de « bon garçon ». Cet humour moqueur de la jeune femme – qui a un statut de servante particulier : elle reçoit des leçons de musique, comme la Rosine du *Barbier de Séville*, future Comtesse Almaviva… – éclate dans l'image « les beaux yeux de ton mérite » (comme si le Comte était tombé amoureux… de Figaro !)

• L'action se noue autour d'un personnage absent mais inquiétant : « Monseigneur », homme de « plaisirs », se révèle un obstacle redoutable, menaçant de perturber la fête initialement annoncée. Lui et son allié Bazile incarnent le pouvoir (voire la violence brutale), la corruption et l'immoralité. Face à eux, les serviteurs, incarnations de la jeunesse, de la vertu et de l'innocence. Tel est désormais l'enjeu de la pièce et l'urgence de la situation.

Conclusion

[Faire le bilan de l'explication] Conduite dans un élan joyeux, cette scène d'exposition met le spectateur au courant de la situation et peint les personnages principaux.

[Mettre l'extrait en perspective] Elle propose un couple de serviteurs singuliers : l'intrigue semble devoir reposer autant sur le valet ingénieux (Figaro) que sur la servante avisée et pleine d'esprit (Suzanne). La suite prouvera la supériorité des femmes sur les hommes pour conduire cette « Folle Journée » à un dénouement heureux…

2. LA QUESTION DE GRAMMAIRE

- Les répliques à analyser sont incomplètes :

– l'exclamation de Figaro est constituée d'une proposition subordonnée circonstancielle de temps sans proposition principale.

– la réplique de Suzanne comporte une subordonnée circonstancielle de temps suivie d'une proposition principale (« il est… ») mais la conjonction de coordination « et » laisse attendre une autre proposition principale coordonnée.

- Les répliques complètes seraient : « Quand elles sont sûres de nous, elles en prennent à leur aise » et : « et crac, en trois sauts, il est dans mon lit ».

Ces anomalies soulignent l'implicite malicieux des répliques entre Figaro et Suzanne.

DES QUESTIONS POUR L'ENTRETIEN

Lors de l'entretien, vous devrez présenter une autre œuvre lue au cours de l'année. L'examinateur introduira l'échange et peut vous poser des questions sous forme de relances. Les questions ci-dessous ont été conçues à titre d'exemples.

1 Sur votre dossier est mentionnée la lecture cursive d'une autre pièce de théâtre : *Dom Juan* de Molière. Présentez-la brièvement.

2 Quelles scènes mettent bien en relief les relations maître-valet dans cette comédie ? Caractérisez brièvement ces relations.

3 Quelle évolution remarquez-vous entre *Dom Juan* et *Le Mariage de Figaro* ?

49 Sujet d'oral • Explication & entretien

Beaumarchais, *Le Mariage de Figaro*, acte I, scène 8

20 minutes
20 points

1. Lisez le texte à voix haute. Puis expliquez-le.

DOCUMENT

Le Comte Almaviva, libertin sans scrupule, intrigue pour séduire Suzanne, femme de chambre de son épouse. Il vient lui rendre visite dans sa chambre, sans savoir que Chérubin, le petit page[1], s'est caché derrière le fauteuil.

SUZANNE, LE COMTE, CHÉRUBIN, *caché.*

SUZANNE *aperçoit le Comte.* – Ah !...

Elle s'approche du fauteuil pour masquer Chérubin.

LE COMTE *s'avance.* – Tu es émue, Suzon ! tu parlais seule, et ton petit cœur paraît dans une agitation... bien pardonnable, au reste, un jour comme celui-ci[2].

SUZANNE, *troublée.* – Monseigneur, que me voulez-vous ? Si l'on vous trouvait avec moi...

LE COMTE. – Je serais désolé qu'on m'y surprît ; mais tu sais tout l'intérêt que je prends à toi. Bazile[3] ne t'a pas laissé ignorer mon amour. Je n'ai qu'un instant pour t'expliquer mes vues ; écoute.

Il s'assied dans le fauteuil.

SUZANNE, *vivement.* – Je n'écoute rien.

LE COMTE, *lui prend la main.* – Un seul mot. Tu sais que le Roi m'a nommé son ambassadeur à Londres. J'emmène avec moi Figaro ; je lui donne un excellent poste ; et, comme le devoir d'une femme est de suivre son mari...

SUZANNE. – Ah ! si j'osais parler !

LE COMTE, *la rapproche de lui.* – Parle, parle, ma chère ; use aujourd'hui d'un droit que tu prends sur moi pour la vie.

SUZANNE, *effrayée.* – Je n'en veux point, Monseigneur, je n'en veux point. Quittez-moi, je vous prie.

LE COMTE. – Mais dis auparavant.

SUZANNE, *en colère*. – Je ne sais plus ce que je disais.

LE COMTE. – Sur le devoir des femmes.

SUZANNE. – Eh bien, lorsque Monseigneur enleva la sienne de chez le docteur, et qu'il l'épousa par amour, lorsqu'il abolit pour elle un certain affreux droit du seigneur[4]…

LE COMTE, *gaiement*. – Qui faisait bien de la peine aux filles ! Ah ! Suzette ! ce droit charmant ! Si tu venais en jaser sur la brune[5] au jardin, je mettrais un tel prix à cette légère faveur…

BAZILE, *parle en dehors*. – Il n'est pas chez lui, Monseigneur.

LE COMTE, *se lève*. – Quelle est cette voix ?

SUZANNE. – Que je suis malheureuse !

LE COMTE. – Sors, pour qu'on n'entre pas.

SUZANNE, *troublée*. – Que je vous laisse ici ?

BAZILE, *crie en dehors*. – Monseigneur était chez Madame, il en est sorti ; je vais voir.

LE COMTE. – Et pas un lieu pour se cacher ! Ah ! derrière ce fauteuil… assez mal ; mais renvoie-le bien vite.

Suzanne lui barre le chemin ; il la pousse doucement, elle recule, et se met ainsi entre lui et le petit page ; mais, pendant que le Comte s'abaisse et prend sa place, Chérubin tourne et se jette, effrayé, sur le fauteuil à genoux et s'y blottit. Suzanne prend la robe qu'elle apportait, en couvre le page, et se met devant le fauteuil.

Beaumarchais, *Le Mariage de Figaro*, acte I, scène 8, 1784.

---

1. Le petit page : jeune noble placé auprès d'un seigneur pour apprendre le métier des armes.
2. Suzanne doit se marier le jour même avec le valet Figaro.
3. Bazile : professeur de clavecin de la Comtesse.
4. Droit du seigneur : droit féodal selon lequel un seigneur pouvait obtenir les faveurs d'une servante avant sa nuit de noces.
5. Sur la brune : au crépuscule.

2. QUESTION DE GRAMMAIRE.

***« et, comme le devoir d'une femme est de suivre son mari… »* (l. 16-17). Précisez ce qui manque à cette phrase pour qu'elle soit complète et indiquez quel rapport logique exprime cette réplique.**

CONSEILS

1. Le texte

Faire une lecture expressive

• Il faut rendre compte des variations de tons du Comte (sûr de lui, beau parleur, parfois un peu ironique, agacé…) et du tempérament de Suzanne (vive, oscillant entre le trouble, la colère, la détermination).

• À la fin de la scène, il faut essayer de restituer la profondeur sonore : Bazile parle d'une voix forte « du dehors » (depuis la coulisse), obligeant Suzanne et le Comte à baisser la voix, de peur d'être surpris.

Situer le texte, en dégager l'enjeu

• *Le Mariage de Figaro* est la suite du *Barbier de Séville* (on y retrouve les mêmes personnages). Mais les choses ont bien changé : la complicité de Figaro et du Comte est devenue rivalité amoureuse. Le Comte veut désormais séduire Suzanne, la fiancée de Figaro !

• Après avoir rappelé la situation, analysez la stratégie du Comte, les réactions de Suzanne et les rapports qui s'instaurent entre eux au cours de cette entrevue. Montrez que cette scène entre un maître et une servante est représentative du XVIIIe siècle, dans son ton et sa visée.

2. La question de grammaire

• Interrogez-vous sur la signification des points de suspension qui terminent cette réplique.

• Reconstituez la phrase complète et identifiez la nature du groupe que vous aurez rétabli. Déduisez-en la nature du groupe qui constitue la réplique.

49 PRÉSENTATION

1. L'EXPLICATION DE TEXTE

Introduction

[Présenter le contexte] Le Comte Almaviva a décidé d'obtenir les faveurs de Suzanne, le jour même de ses noces avec Figaro.

[Situer le texte] La femme de chambre de la Comtesse se retrouve ici en tête à tête avec le Comte qui lui fait des avances.

ÉPREUVE ORALE

[En dégager l'enjeu] Le spectateur découvre pour la première fois le Comte mais aussi comment Suzanne résiste aux assauts de ce séducteur. Pour le spectateur, le plaisir de cette double découverte est accru par le comique de la situation car Chérubin, l'apprenti séducteur, est, caché derrière son fauteuil, témoin malgré lui de cet assaut amoureux.

Explication au fil du texte

Un grand seigneur séducteur (l. 1-12)

Le Comte Almaviva se croit seul avec Suzanne, occasion de la séduire en direct et, pour le spectateur, de découvrir un nouveau personnage.

• Il se comporte avec familiarité et supériorité (il la tutoie, elle le vouvoie) comme un maître avec son serviteur (code de l'époque, au théâtre comme dans la société réelle.) Il est sûr du pouvoir qu'il exerce sur ses sujets : Suzanne est mise sur la sellette (« Tu es émue », « tu parlais seule »), comme par un inquisiteur cherchant à percer ce qui se passe en elle (il interprète son « agitation », causée par la proximité du mariage avec Figaro). Il se comporte en maître du dialogue (c'est lui qui le mène : « Tu sais… », « écoute », sans même attendre de réponses) et en maître de l'espace : il s'assied sur le fauteuil comme sur un trône qui attendait son souverain.

• Il se livre aussi à un badinage amoureux en toute liberté (il ignore qu'il est écouté par un tiers), joue les tendres galants, s'adresse à Suzanne par un diminutif affectueux (« Suzon »), s'inquiète de son « petit cœur » et l'assure de son « amour ». Mais, derrière cette apparente sollicitude, on sent le conquérant impatient et pressé (« Je n'ai qu'un instant pour t'expliquer mes vues »), feignant d'agir en protecteur (« tu sais tout l'intérêt que je prends à toi »).

• Face à lui, Suzanne a le comportement d'une servante (elle garde ses distances : « Monseigneur ») mais surtout d'une femme émue (« troublée », l'interjection « Ah ! ») à la fois par cette arrivée inopinée, par la crainte de voir Chérubin surpris et par le fait qu'elle affronte un séducteur puissant (il peut faire obstacle à son mariage). Elle tente de gagner du temps et de reprendre un peu d'assurance, en s'appuyant sur une question rhétorique (« que me voulez-vous ? » – elle connaît la réponse) et par une supposition pleine de sel : « Si l'on vous trouvait avec moi… », à la fois défense de sa propre réputation, menace voilée au Comte (qui risque de compromettre sa réputation) et phrase qui prend aux oreilles du spectateur un sens cocasse (on sait qu'un tiers indiscret est déjà présent et se trouve avec eux…).

Suzanne résiste et contre-attaque (l. 13-29)

• Le Comte a planifié sa stratégie et argumente fallacieusement. Il va passer sans logique (sinon celle du désir) de la mention de Londres, au début, à celle du jardin, à la fin – cadre possible pour des amours illicites, plus immédiat, plus sensuel. Il tente Suzanne par des termes qui lui font miroiter un sort enviable (« le Roi/un excellent poste ») et il lui rappelle son « devoir » (« le devoir d'une femme est de… ») avec une suffisance (ton de la maxime) teintée d'un cynisme provocateur (n'est-il pas est en train de trahir son devoir conjugal et de chercher à entraîner Suzanne sur la même pente ?).

• Sa détermination et son assurance se marquent dans ses gestes (« lui prend les mains », « la rapproche de lui ») et ses paroles : il se fait de plus en plus pressant, multiplie les mots tendres (« ma chère », le diminutif « Suzette ») et, sur un ton presque précieux, jure un amour éternel (jeu sur le mot « droit » : « un droit que tu prends sur moi *pour la vie* »). Il tient des propos chargés de sous-entendus libertins (« Qui faisait bien de la peine aux filles ! ce droit charmant ») et finit par formuler une proposition concrète (un rendez-vous nocturne), en des termes enjôleurs comme s'il fredonnait une vieille chanson d'amour (« Si tu venais en jaser sur la brune[5] au jardin »). Dans le même esprit, pour déculpabiliser Suzanne, il lui présente son éventuelle infidélité vis-à-vis de Figaro comme une « légère faveur » qu'il attend d'elle alors qu'il lui propose tout bonnement de l'acheter (« un tel prix »).

• Suzanne résiste, la vivacité de ses émotions est perceptible (« Effrayée », « en colère »). Ses répétitions traduisent son trouble (« je n'en veux point, Monseigneur, je n'en veux point »), elle perd un instant le fil de ses propos. Mais sa résolution est sensible. Elle tient tête à celui qui veut la posséder. Elle prend l'initiative d'évoquer le « droit de cuissage » (« un certain affreux droit du seigneur ») en rebondissant sur la question du « devoir » des femmes. Elle le fait de façon habile, presque offensive : dans une longue phrase solennelle, elle évoque le personnage absent de la Comtesse Almaviva et fait revivre le jeune homme que fut naguère le Comte, manière de le rappeler à ses devoirs d'époux et à sa vertu chevaleresque (« lorsque Monseigneur enleva la sienne de chez le docteur, et qu'il l'épousa par amour… ».) C'est une vraie tactique pour détourner le Comte de son projet libertin, même si, sur le moment, elle n'entame pas la détermination pleine de gaieté du Comte.

Le Comte surpris (l. 30 à la fin)

• L'arrivée de Bazile est un coup de théâtre, qui répète le coup de théâtre précédent (suivant le principe de l'arrivée inopinée). C'est au tour du Comte de craindre d'être surpris seul avec Suzanne. Ses phrases courtes et haletantes, sur le mode interrogatif ou exclamatif, ses interjections (« Ah ! ») traduisent son dépit et sa contrariété.

• Suzanne est au comble de l'embarras, comme le marquent ses exclamations (« Que je suis malheureuse ! ») et ses interrogations angoissées (« Que je vous laisse ici ? ») : la voici comme prise au piège entre trois hommes, le maître séducteur, l'apprenti séducteur (caché) et l'entremetteur habituel du maître, qui approche.

• Mais domine en cette fin de scène le dynamisme comique, lisible dans les jeux de scène : des verbes de mouvement précisent les déplacements autour du fauteuil, notamment lorsque Chérubin quitte son refuge et se « blottit » « à genoux » sur le fauteuil. Beaumarchais organise une chorégraphie précise, rapide, réjouissante pour le spectateur qui s'amuse du jeu de chat et de souris entre le Comte et Chérubin. Elle emporte l'action dans un tourbillon qui justifie le sous-titre de la comédie : « La Folle journée ».

• Finalement, le Comte se retrouve dans la même position que Chérubin au début de la scène : cette variante du trompeur trompé ridiculise l'aristocrate libertin (le Comte, si sûr de la réussite de son projet, est pris à son propre piège) et elle amorce le travail satirique de mise en cause du grand seigneur que la pièce va accomplir.

Conclusion

[Faire le bilan de l'explication] Beaumarchais, dans une scène très enlevée, révèle la conduite abusive d'un aristocrate qu'il commence à malmener. Face à lui, il compose un personnage de servante, pleine de vie et de courage. Les camps en présence commencent à se dessiner, celui de l'amour sincère, juvénile – Suzanne, la Comtesse, Chérubin et Figaro – contre celui du mensonge, du caprice libertin auquel Bazile est aussi associé.

[Mettre l'extrait en perspective] Cette scène est représentative du théâtre du XVIIIe siècle : tout en faisant rire, elle met en scène les tensions sociales caractéristiques du siècle des Lumières.

2. LA QUESTION DE GRAMMAIRE

• Cette phrase ne comporte qu'une proposition subordonnée introduite par la conjonction « comme ». Il lui manque donc une proposition principale.

• Il s'agit d'une subordonnée circonstancielle qui exprime un rapport de cause (la conséquence se trouverait dans la proposition principale si elle était exprimée).

• Vous avez intérêt à expliciter le sens de cette réplique du Comte en complétant la phrase de celui-ci (par la proposition principale : « tu *devras* suivre Figaro et venir avec nous/moi ») et à montrer que la place de la subordonnée, en tête de phrase, vise à ôter d'emblée toute objection possible de la part de Suzanne dont c'est, selon le Comte, le « devoir ».

DES QUESTIONS POUR L'ENTRETIEN

Lors de l'entretien, vous devrez présenter une autre œuvre que vous avez lue au cours de l'année. L'examinateur introduira l'échange et peut vous poser des questions sous forme de relances. Les questions ci-dessous ont été conçues à titre d'exemples.

1. Sur votre dossier est mentionnée la lecture cursive d'une autre pièce de théâtre : *Les Bonnes* de Jean Genet. Pouvez-vous la présenter brièvement ?
2. Pourquoi, selon vous, cette pièce a-t-elle sa place dans le parcours « La comédie du valet » ?
3. Quelles particularités présentent les servantes dans cette pièce ?

50 Sujet d'oral • Explication & entretien

Beckett, *Oh les beaux jours*, acte I

20 minutes
20 points

▶ **1. Lisez le texte à voix haute.
Puis expliquez-le.**

DOCUMENT

Acte I

Étendue d'herbe brûlée s'enflant au centre en petit mamelon. Pentes douces à gauche et à droite et côté avant-scène. Derrière, une chute plus abrupte au niveau de la scène. Maximum de simplicité et de symétrie. Lumière aveuglante.

Une toile de fond en trompe-l'œil très pompier représente la fuite et la rencontre au loin d'un ciel sans nuages et d'une plaine dénudée.

Enterrée jusqu'au-dessus de la taille dans le mamelon, au centre précis de celui-ci, Winnie. La cinquantaine, de beaux restes, blonde de préférence, grassouillette, bras et épaules nus, corsage très décolleté, poitrine plantureuse, collier de perles. Elle dort, les bras sur le mamelon, la tête sur les bras. À côté d'elle, à sa gauche, un grand sac noir, genre cabas, et à sa droite une ombrelle à manche rentrant (et rentré) dont on ne voit que la poignée en bec-de-cane.

À sa droite et derrière elle, allongé par terre, endormi, caché par le mamelon, WILLIE.

Un temps long. Une sonnerie perçante se déclenche, cinq secondes, s'arrête. Winnie ne bouge pas. Sonnerie plus perçante, trois secondes.

Winnie se réveille. La sonnerie s'arrête. Elle lève la tête, regarde devant elle. Un temps long. Elle se redresse, pose les mains à plat sur le mamelon, rejette la tête en arrière et fixe le zénith. Un temps long.

WINNIE. – (*Fixant le zénith.*) Encore une journée divine. (*Un temps. Elle ramène la tête à la verticale, regarde devant elle. Un temps. Elle joint les mains, les lève devant sa poitrine, ferme les yeux. Une prière inaudible remue ses lèvres, cinq secondes. Les lèvres s'immobilisent, les mains restent jointes. Bas.*) Jésus-Christ Amen. (*Les yeux s'ouvrent, les mains se disjoignent, reprennent leur place sur le mamelon. Un temps. Elle joint de nouveau les mains, les lève de nouveau devant sa poitrine. Une arrière-prière inaudible remue de nouveau ses lèvres, trois secondes. Bas.*) Siècle des siècles Amen. (*Les yeux s'ouvrent, les mains se disjoignent, reprennent leur place sur le mamelon. Un temps.*) Commence, Winnie. (*Un temps.*) Commence ta journée, Winnie. *(Un temps. Elle se tourne vers le sac, farfouille dedans sans le déplacer, en sort une brosse à dents, farfouille de nouveau, sort un tube de dentifrice aplati, revient de face, dévisse le capuchon du tube, dépose le capuchon sur le mamelon, exprime non sans mal un peu de pâte sur la brosse, garde le tube dans une main et se brosse les dents de l'autre. Elle se détourne pudiquement, en se renversant en arrière et à sa droite, pour cracher derrière le mamelon. Elle a ainsi Willie sous les yeux. Elle crache, puis se renverse un peu plus.*) Hou-ou ! (*Un temps. Plus fort.*) Hou-ou ! (*Un temps. Elle a un tendre sourire tout en revenant de face. Elle dépose la brosse.)* Pauvre Willie – *(elle examine le tube, fin du sourire*) – plus pour longtemps – (*elle cherche le capuchon*) – enfin – (*elle ramasse le capuchon*) – rien à faire – (*elle revisse le capuchon*) – petit malheur – (*elle dépose le tube*) – encore un – (*elle se tourne vers le sac*) – sans remède (*elle farfouille dans le sac*) – aucun remède (*elle sort une petite glace, revient de face*) hé oui – (*elle s'inspecte les dents dans la glace*) – pauvre cher Willie – (*elle éprouve avec le pouce ses incisives supérieures, voix indistincte*) – bon sang ! – (*elle soulève la lèvre supérieure afin d'inspecter les gencives, de même*) – bon Dieu ! – (*elle tire sur un coin de la bouche, bouche ouverte, de même*) – enfin – (*l'autre coin, de même*) – pas pis – (*elle abandonne l'inspection, voix normale*) – pas mieux, pas pis – (*elle dépose la glace*) – pas de changement – (*elle s'essuie les doigts sur l'herbe*) – pas de douleur – (*elle cherche la brosse à dents*) – presque pas (*elle ramasse la brosse*) – ça qui est merveilleux – (*elle examine le manche de la brosse*) – rien de tel (*elle examine le manche, lit*) – pure… quoi – (*un temps*) – quoi ?

Samuel Beckett, *Oh les beaux jours*, © 1963 by Les Éditions de Minuit.

2. QUESTION DE GRAMMAIRE.

Lignes 41-45 et 50-55, quelle nature de mots et quelle modalité de phrase dominent ?

ÉPREUVE ORALE

CONSEILS

1. Le texte

Faire une lecture expressive

• Cette scène pose un problème à la lecture : faut-il ou non lire les didascalies ?

• Le mieux est de demander à l'examinateur. S'il vous répond « non », ne lisez que le texte (très court), mais respectez les didascalies, notamment la « prière inaudible », la « voix indistincte », les silences et les sonneries (« dring »).

Situer le texte, en dégager l'enjeu

• Dans la seconde moitié du XXe siècle, certains dramaturges prennent le contre-pied du théâtre traditionnel pour rendre compte de l'absurdité de la vie humaine. Ainsi Beckett dans *Oh les beaux jours* brise les conventions théâtrales.

• Après avoir analysé l'atmosphère créée à la représentation par la didascalie initiale, montrez en quoi cette scène d'exposition est déroutante et difficile à interpréter et quelle image de la condition humaine s'en dégage.

2. La question de grammaire

• Repérez l'« anomalie » des phrases de Winnie dans ces lignes. Que manque-t-il ? Reconstituez-les en intégralité. Quelle ressemblance leur modalité présente-t-elle alors ? Identifiez quels mots suggèrent cette modalité.

• Précisez quelle image de la condition humaine ces mots suggèrent.

50 PRÉSENTATION

1. L'EXPLICATION DE TEXTE

Introduction

[Présenter le contexte] Après les guerres mondiales, les dramaturges du XXe siècle, comme Ionesco dans *Oh ! les beaux jours*, entendent rendre compte de l'absurdité de la vie.

[Situer le texte] La pièce débute par une longue didascalie : deux personnages – un couple – sont visibles, puis la scène d'exposition proprement dite est composée d'un monologue sans réelle consistance de l'un d'eux, Winnie.

[Dégager l'enjeu du texte] Cette scène qui rejette les conventions théâtrales et ne prend sa mesure qu'à la représentation comporte une réflexion existentielle teintée d'ironie.

Explication au fil du texte

Une immense didascalie initiale : une atmosphère et des personnages déroutants (l. 1-20)

• La didascalie initiale démesurée installe un paysage déroutant. Les indications spatio-temporelles font apparaître un lieu désertique, vaste et vide : « herbe brûlée » « plaine dénudée » (est-ce le fruit d'une catastrophe naturelle ?) « lumière aveuglante », absence de « nuages ». Le « mamelon » suggère un relief sans grande consistance. L'expression « représente la fuite », le « ciel » « au loin », la « plaine » et le « zénith » donnent l'impression d'immensité. Mais ce décor est volontairement artificiel (« Maximum de simplicité et de symétrie », « toile de fond en trompe-l'œil » ; absence de construction) comme pour rappeler que l'on se trouve au théâtre. La « bande-son » inquiète : le silence prédomine, la « sonnerie perçante », désagréable, nous surprend à deux reprises – elle aussi rappelle l'artifice théâtral, cet avertissement qui annonce aux spectateurs l'imminence d'une représentation.

• Des positions sur scène déroutantes : Winnie est « enterrée » – ce qui limite les mouvements de l'actrice qui joue le rôle. Willie, « allongé par terre… caché », invisible pour le spectateur, est présent-absent et ne semble pas vivant ; tous deux dorment (« elle dort », « endormi »). Une impression funèbre prédomine, en dépit du grand soleil. Et les gestes de Winnie, son attitude (« fixe le zénith »), très ordinaires mais apparemment dénués de sens, ne la dissipe pas.

• Un couple atypique : la proximité phonétique de leurs noms (« Winnie/ Willie ») est étrange, presque comique (on pense à des noms de clowns). Winnie, physiquement décrite avec précision, est un mélange de personnage ordinaire (« grassouillette », « cabas »), de sensualité généreuse (« blonde, épaules nu(e)s, décolleté, poitrine plantureuse ») et d'élégance (« ombrelle »).

ÉPREUVE ORALE

Le monologue antithéâtral de Winnie (l. 21-40)

À NOTER
Antonin Artaud, reprochant au théâtre occidental son « assujettissement à la parole » (*Le Théâtre et son double*, 1938), a voulu révolutionner cet « art indépendant et autonome, au même titre que la musique, la peinture, la danse ».

• Quand commence la pièce, didascalies, sons, silences prédominent et les répliques sont très peu fournies, en contraste avec le « théâtre de la parole » traditionnel (Artaud). Certes, comme dans un vrai monologue, Winnie se parle à elle-même (« commence, Winnie »). Néanmoins, Willie est là sur scène (mais reste muet) ; du coup, la situation d'énonciation est étrange : c'est un faux monologue. La rareté du texte, l'attention démesurée accordée aux objets (quotidiens : « sac, brosse à dents, dentifrice, capuchon, petite glace »), aux bruitages, rendent précieux les intonations, gestes et mimiques et, paradoxalement, les mots. Par moments, la voix de Winnie, parce qu'« inaudible » ou « indistincte », est anti théâtrale.

• Winnie apparaît comme un personnage ordinaire. Ses activités **banales** retracent la routine de la journée : prière, toilette dentaire, salut à son compagnon, regard devant la « glace », considérations sur la journée qui s'ouvre… Elle est coquette (regard dans la « glace ») et affable (« tendre sourire », tendresse apitoyée de « Pauvre Willie »). Ses propos sont aussi ordinaires (« pas mieux, pas pis »), son niveau de langue courant, voire familier (onomatopées « hou-hou » ; jurons : « bon sang ! bon Dieu ! » ; phrases elliptiques). Elle est représentative d'une humanité moyenne.

• Beckett brise ici les conventions théâtrales pour faire réfléchir sur cette condition humaine et délivre un message existentiel pessimiste sur l'absence de Dieu, sur le temps et sur le langage. Winnie prie (mots concluant un rituel de prière : « Jésus Christ », « Amen », etc.), mais cette prière semble vaine (« inaudible »). Les silences suggèrent la rupture de tout dialogue avec un Dieu sans doute inexistant. Le temps s'étire et l'existence de Winnie s'enlise en lui, comme son corps pris dans le mamelon. La seule consolation de l'homme est la parole, qui donne la sensation d'exister. Mais c'est un leurre : les silences, les propos émiettés, l'absence de réponse de Willie soulignent l'impossibilité de communiquer, donc l'enfermement de Winnie, dont le dédoublement (elle s'adresse à elle-même et se regarde dans la « glace ») l'aide à se sentir moins seule.

Willie moribond ? Tragique et humour noir (l. 40 à la fin)

• Les éléments qui suggéraient la mort (l. 1-20) sont confirmés par le mutisme de Willie, les phrases à teneur négative (l. 41-56 : « pas, plus pour longtemps, rien à faire, sans, aucun ») et donnent à la scène une tonalité tragique.

• Mais le message métaphysique de Beckett est proposé avec distanciation : l'humour noir se mêle au pathétique. La répétition mécanique des gestes (jeu avec des babioles) et des paroles révèle ce qui est grotesque (comique de répétition) et pitoyable dans l'existence. Beckett suggère l'inconscience fataliste de Winnie, résolument optimiste, alors qu'elle va s'enfoncer dans la terre : aux premiers mots « journée divine » (écho au titre de la pièce) répondent les derniers mots « pas de douleur », « ça qui est merveilleux ».

Conclusion

[Faire le bilan de l'explication] L'efficacité de cette scène d'exposition qui ne donne pas d'indication sur l'intrigue et n'ouvre aucune attente tient à son étrangeté. Mais elle dépasse le simple divertissement et incite à la réflexion en donnant une dimension philosophique et métaphysique au théâtre.

[Mettre l'extrait en perspective] Paradoxalement c'est par le recours à la parole que Beckett met en scène l'absurdité, la vanité de l'existence et l'incommunicabilité entre les êtres, comme Ionesco ou Camus à la même époque ou, plus tard, Genet.

2. LA QUESTION DE GRAMMAIRE

• La plupart de ces phrases ne comportent pas de verbes et reposent sur des mots à valeur négative (adverbes : « plus, pas » ; préposition : « sans », pronom/adjectif indéfinis : « rien, aucun »).

• Si elles n'étaient pas elliptiques, elles seraient de modalité négative. Ex. : « [Il n'y a] rien à faire ; [Il n'y a] aucun remède ».

L'effet produit est celui d'un univers vide, sans relief, désespérant et absurde.

DES QUESTIONS POUR L'ENTRETIEN

Lors de l'entretien, vous devrez présenter une autre œuvre lue au cours de l'année. L'examinateur introduira l'échange et peut vous poser des questions sous forme de relances. Les questions ci-dessous ont été conçues à titre d'exemples.

1. Sur votre dossier est mentionnée la lecture cursive d'une autre pièce de théâtre : *Le Roi se meurt* de Ionesco. Pouvez-vous la présenter brièvement ?
2. Comparez l'image de la condition humaine que présentent ces deux pièces.
3. Laquelle des deux préféreriez-vous monter sur scène ? Pourquoi ?